Sylvia Stumpf/Katharina Vähning
Ausbildungs- und Studienführer
Gesundheitswesen
und Sportwissenschaften

D1719070

Sylvia Stumpf/
Katharina Vähning

Ausbildungs- und Studienführer Gesundheits- wesen und Sport- wissenschaften

Bibliografische Information Der Deutschen Bibliothek
Die Deutsche Bibliothek verzeichnet diese Publikation in der Deutschen
Nationalbibliografie; detaillierte bibliografische Daten sind im Internet
über http://dnb.ddb.de abrufbar.

Lexika Verlag erscheint bei Krick Fachmedien GmbH + Co. KG, Würzburg

© 2004 Krick Fachmedien GmbH + Co. KG, Würzburg
Druck: Schleunungdruck GmbH, Marktheidenfeld
Printed in Germany
ISBN 3-89694-420-7

Vorwort und Gebrauchsanleitung

Gesundheit und Pflege – das sind Wörter, die ständig in den Schlagzeilen zu finden sind. Von Reformen ist die Rede, noch öfter vom Stau der Reformen, vom Geldmangel der Krankenkassen und von der Eintrittsgebühr beim Arzt. Kurz gesagt, man hat den Eindruck, die Volksgesundheit geht den Bach herunter. „Wer möchte da noch einen Beruf im Gesundheitswesen ergreifen?", könnte man sich fragen. Doch eigentlich müsste es heißen: „Jetzt erst recht!" Denn: Die Probleme müssen bewältigt werden, und dazu braucht unsere Gesellschaft qualifizierte Fachkräfte, die die Herausforderung annehmen, das Gesundheitssystem auch in Zukunft am Laufen zu halten.

Schließlich wollen ältere und kranke Menschen heute und auch morgen versorgt werden. Es ist ja mittlerweile kein Geheimnis mehr, dass sich die Altersstruktur unserer Gesellschaft verändert: Bald wird ein Drittel der Deutschen über 60 Jahre alt sein. Und dank der medizinischen Versorgung und der gesünderen Lebensweise erwartet uns ein langes Leben. Der 100. Geburtstag ist keine Seltenheit mehr, und im Herbst 2003 gab es in Bayern sogar einen 110. Geburtstag zu feiern. Das macht die Senioren zu einem Wirtschaftsfaktor, der in den kommenden Jahren eine Menge neuer Berufe hervorbringen wird. Und die werden sich, wie in diesem Studienführer, rund um den Körper drehen: Pflege, ambulant und stationär, Gesundheitssport und Rehabilitation.

Der Studienführer will vor allem eines mit auf den Weg geben: Infos, Infos, Infos. Und davon gibt es in Pflege, Gesundheit und Sport reichlich. Das Feld der Pflege und Gesundheit ist aus den oben genannten Gründen derzeit stark in Bewegung: Die Ausbildungen in der Logopädie, Ergotherapie und Physiotherapie drängen nach europäischem Vorbild an die Hochschulen, das Ausbildungsgesetz zur Alten- und zur Krankenpflege wurde geändert, und neue Bachelor- und Masterstudiengänge liegen in den Akkreditierungsstellen und warten auf ihre Genehmigung. Das hat zur Folge, dass sich zu den hier beschriebenen knapp 70 Pflege- und Gesundheitsstudiengängen sowie den ungefähr 100 Sportstudiengängen noch weitere gesellen werden.

Doch ein Anfang ist gemacht. Der Studienführer gibt einen Überblick über die verschiedenen Studiengänge in Pflege, Gesundheit und Sport. Alle, die schon immer wissen wollten, was der Unterschied zwischen Pflegewissenschaft und Gesundheitswissenschaft ist, was es mit Public Health auf sich hat, ob man zum Studium der Pflege denn unbedingt ein Abitur braucht oder eine Pflegeausbildung oder welche Voraussetzungen für ein Sportstudium gelten, finden hier eine Antwort.

Das Besondere an diesem Studienführer ist, dass er sich nicht nur mit den Studiengängen beschäftigt, sondern schon früher einsteigt: bei den Ausbildungsgängen. Die beliebtesten sind hier beschrieben: Altenpflege, Kranken- und Gesundheitspflege, Ergotherapie, Logopädie, Motopädie und Physiotherapie. Das rundet das Thema noch einmal ab und gibt Interessenten für Pflege- und Gesundheitsberufe die Möglichkeit sich zu überlegen, in welche Richtung es gehen soll. Zugleich gibt es bereits ausgebildeten Pflegekräften einen Überblick über die Möglichkeiten der universitären Aus- und Weiterbildung. Der Studienführer soll also alle informieren, die sich berufen fühlen, sich um die Pflege und Gesundheit der Menschen zu kümmern.

Die in diesem Buch vorgestellten Berufe gehen oftmals mit einer extremen physischen und auch psychischen Belastung einher, daher bietet es sich im Vorfeld an, in einem Freiwilligen Sozialen Jahr oder einem Praktikum zu überprüfen, ob der gewünschte Beruf auch wirklich das Richtige für einen ist. Oftmals erhöhen sich dadurch auch die Aufnahmechancen an den Berufsfachschulen. Für Pflegekräfte ohne Abitur ist dieser Studienführer genauso interessant, denn jedes Bundesland hat Regelungen, die Berufstätigen den Zugang zu einem Studium ermöglichen.

Der Studienführer ist in zwei große Teile gegliedert. Im ersten Teil werden die Ausbildungsberufe behandelt. Dabei wurden die beliebtesten herausgegriffen und dem Alphabet folgend dargestellt. Hier finden sich die Aufgaben der einzelnen Berufe, die fachlichen und die persönlichen Voraussetzungen, die man erfüllen muss, um den Beruf zu erlernen, die Berufsaussichten, die Beschreibung der Ausbildung sowie die Möglichkeiten der Weiterbildung. Zusätzlich werden die Möglichkeiten aufgeführt, Ergotherapie, Logopädie und Physiotherapie an einer Hochschule zu studieren und die Unterschiede zwischen freiberuflicher Tätigkeit und Selbstständigkeit aufgeführt.

Der zweite Teil beschäftigt sich mit dem Studium. Dort geht es zunächst um das Studieren im Allgemeinen. Damit werden die ersten Schritte an den Hochschulen erleichtert. Dazu gehören neben der Orientierung an der Hochschule auch Hilfestellungen bei der Wohnungssuche, die Finanzierung und die Möglichkeit eines Auslandsstudiums. Dann geht es daran, das große Feld von Pflege, Gesundheit und Sport aufzugliedern und die Studiengänge nach Inhalt und Ausrichtung zu sortieren und vorzustellen. Dabei wurden die Studienmöglichkeiten zunächst in Tabellenform innerhalb des jeweiligen Studiengangs eingebaut. Die Detailinformationen zu den einzelnen Universitäten befinden sich im anschließenden Adressteil, der nach Bundesländern sortiert ist. So hat der Leser einen komprimierten Überblick über alle Hochschulen, die Pflege, Gesundheit und Sport anbieten.

Die Informationen, die hier gegeben werden, sind als Einstieg gedacht. Darüber zu informieren, wo man gezielte Information oder Hilfestellungen für den eigenen beruflichen oder schulischen Hintergrund erhält, ist vorrangiges Ziel dieses Studienführers. Das kann bei Schulen und Universitäten sein, bei Behörden, in weiterführender Literatur oder aber auch in den Weiten des Internets.

Obwohl sich in der Pflege hauptsächlich Frauen tummeln, wird hier der besseren Lesbarkeit wegen auf die weibliche Form verzichtet. Vielleicht fühlen sich so ja auch mehr Männer angesprochen, in den Pflegeberuf einzusteigen!

Augsburg, im März 2004, Sylvia Stumpf
München, im März 2004, Katharina Vähning

Inhalt

TEIL I BERUFLICHE AUSBILDUNG

1 Zur Ausbildung allgemein

Die Berufsbilder der Fachberufe im Gesundheitswesen sind zahlreich. Altenpfleger, Ergotherapeuten, Krankenpfleger, Logopäden, Motopäden und Physiotherapeuten, sie alle kümmern sich um die Pflege und Therapie kranker Menschen. Diese Pflege- und Therapiefachkräfte werden auch in den kommenden Jahren weiter an Bedeutung gewinnen. Grund dafür sind die verbesserten Überlebenschancen der Menschen, etwa nach einem schweren Autounfall oder einem Schlaganfall, die der medizinische Fortschritt mit sich bringt. Hinzu kommen die zahlreichen Zivilisationskrankheiten, die zum Beispiel durch sitzende Tätigkeiten oder auch falsches Sitzen hervorgerufen werden. Darüber hinaus werden die Menschen immer älter und brauchen in ihrer Lebensführung Unterstützung von Fachkräften. Und auch Kinder haben trotz angeborener Behinderungen heute größere Überlebenschancen und bessere Möglichkeiten medizinischer Förderung. Unabhängig vom Alter der Patienten gilt: Sie alle benötigen fachkundige Betreuung.

Im Folgenden werden die Berufe des Altenpflegers, des Ergotherapeuten, des Gesundheits- und Krankenpflegers, des Logopäden, des Motopäden sowie des Physiotherapeuten vorgestellt. Sie alle verbindet die Pflege und Therapie des menschlichen Körpers. Oft werden diese Berufe auch als nicht medizinische Heil- und Pflegeberufe bezeichnet, da sie nicht mit einem universitären Medizinstudium verbunden sind. Allerdings ist die Bezeichnung irreführend, da die Ausbildung sehr wohl medizinisches Wissen vermittelt. Die Physiotherapie, Ergotherapie sowie die Logopädie werden auch als Medizinalfachberufe bezeichnet, was implizieren soll, dass die medizinisch angehauchte Ausbildung an einer Berufsfachschule stattfindet. In diesem Buch verwenden wir die Bezeichnungen *Fachberufe im Gesundheitswesen* oder *Pflege- und Therapiefachberufe*.

Ziel des Buchs ist, einen Überblick über den Tätigkeitsbereich, die fachlichen und persönlichen Voraussetzungen, die Ausbildungs- und Weiterbildungsmöglichkeiten sowie den Ausbildungsinhalt und die späteren Berufsaussichten zu geben. Eine Liste der Berufsverbände, bei denen sich Interessenten nach Ausbildungsstätten erkundigen können, relevante Literatur, Zeitschriften, Links sowie wichtige Adressen werden im jeweiligen Abschnitt über den Ausbildungsberuf angegeben. Der Einfachheit halber wird auf die Differenzierung nach männlichen und weiblichen Berufsbezeichnungen verzichtet.

Die ersten Schritte

Um die Fachberufe im Gesundheitswesen zu erlernen, bewirbt man sich in der Regel an einer der so genannten Berufsfachschulen. Sie werden entweder vom Staat getragen und sind schulgeldfrei oder haben private Träger, die in der Regel Schulgeld verlangen. Nicht nur im Studium, auch in der Ausbildung kann ein Anspruch auf BAföG bestehen. Wer sich im Einzelfall erkundigen möchte, erhält nähere Informationen dazu beim Bundesministerium für Forschung und Bildung und bei den Ämtern für Ausbildungsförderung. Einige Schulen beherbergen auch Wohnheime, in denen preisgünstig Kost und Logis angeboten werden – allerdings sollte man das nicht als Selbstverständlichkeit voraussetzen. Des Weiteren gibt es für Arbeitslose, die sich in einem der pflegenden Berufe umschulen lassen wollen, die Möglichkeit, die Ausbildung vom Arbeitsamt mitfinanziert zu bekommen. Nähere Informationen gibt der Arbeitsberater des zuständigen Arbeitsamts.

Etwas anders gestalten sich der Ausbildungsweg zum Gesundheits- und Krankenpfleger sowie seit kurzem auch die Altenpflegeausbildung. Diese finden im so genannten dualen System statt, das bedeutet, dass der Auszubildende in einer Kranken- oder Pflegeanstalt fest angestellt ist und zur theoretischen Ausbildung eine Berufsschule besucht.

Stets ein Politikum

Aufgrund der zunehmenden Spezialisierung und der höheren Ansprüche an die Berufstätigen in der Pflege sprechen sich die Berufsverbände dafür aus, die Ausbildung in den Berufen des Gesundheitswesens an die Hochschulen zu verlagern. Erste Modelle gibt es bereits. So bietet die Europa Fachhochschule Fresenius in Idstein einen Diplomstudiengang zum Ergotherapeuten an, der die Ergotherapieausbildung und ein wissenschaftliches Studium vereint. Andere Fachhochschulen bieten in Kooperation mit Berufsfachschulen Bachelorstudiengänge im Bereich Ergotherapie, Logopädie und Physiotherapie an (mehr dazu im Kapitel 2.1).

Was sind die Voraussetzungen?

Um die Ausbildung in einem Fachberuf im Gesundheitswesen beginnen zu können, werden meist ein Mindestalter von 18 Jahren und ein Realschulabschluss vorausgesetzt. Alternativ zählt auch ein Hauptschulabschluss in Verbindung mit einer mindestens zweijährigen Berufsausbildung. Für Hauptschulabsolventen besteht weiterhin die Möglichkeit, eine einjährige Ausbildung in der Altenpflegehilfe oder

der Krankenpflegehilfe zu absolvieren. Die Berufe im Gesundheitswesen sind in den vergangenen Jahren auch bei Abiturienten immer beliebter geworden. Bereits heute besitzen etwa 80 Prozent der Auszubildenden das Abitur. Viele nutzen die Pflegeausbildung als Sprungbrett in ein weiterführendes Studium, beispielsweise Pflege- oder Gesundheitsmanagement oder Public Health.

Aber nicht nur die rein formalen Voraussetzungen zählen: Egal, ob jemand in der Altenpflege, im Behindertenheim oder als Physiotherapeut arbeitet, soziales Engagement ist für die Berufe im Gesundheitswesen ebenso unentbehrlich wie eine gute körperliche und seelische Grundkonstitution. Denn in der Pflege müssen zum Beispiel bettlägerige Patienten bewegt oder Patienten in den Rollstuhl gehoben werden. Wer mit Patienten arbeitet, wird dabei nicht nur mit dem „Körper" konfrontiert: Jeder Patient steht natürlich auch für eine eigene Krankheitsgeschichte und ein eigenes Schicksal, mit dem man zum einen umgehen und von dem man sich zum anderen auch distanzieren muss. Daher ist ein Interesse sowohl an psychologischen als auch an medizinischen Sachverhalten ebenso unabdingbar wie zuverlässiges Arbeiten und ein hohes Maß an Verantwortungsbewusstsein.

Wer sich für einen Ausbildungsberuf im Gesundheitswesen entschließt, sollte sicherlich aufgeschlossen gegenüber seinen Mitmenschen sein, sie fördern und auch anleiten können.

Wie verläuft die Ausbildung?

Die dreijährige Ausbildung in den Fachberufen im Gesundheitswesen ist in Theorie und Praxis aufgeteilt. Neben den beruflichen Grundlagen, die an der Fachschule gelehrt werden, findet die praktische Ausbildung in Krankenhäusern oder Heimen statt. Viele Schulen werden von karitativen Organisationen oder anderen kirchlichen Verbänden getragen, da vielerorts die Pflege in den Händen sozialer Vereinigungen, wie der Arbeiterwohlfahrt, dem Deutschen Caritasverband, dem Deutschen Paritätischen Wohlfahrtsverband, dem Deutschen Roten Kreuz, dem Diakonischen Werk der Evangelischen Kirche in Deutschland und dem Malteser Hilfsdienst liegt. Viele Krankenpflege- oder Physiotherapieschulen sind auch an Universitätskliniken angeschlossen.

Um an einen Ausbildungsplatz zu gelangen, müssen Interessenten zunächst die Bewerbungsunterlagen von der jeweiligen Schule anfordern. Die Zulassungsvoraussetzungen variieren von Schule zu Schule. Ein Praktikum von drei bis zwölf Monaten im gewählten Beruf ist sicherlich von Vorteil – nicht zuletzt, damit man selbst weiß, auf was man sich einlässt. Gern gesehen wird auch ein Freiwilliges Soziales

Jahr, das so genannte FSJ. Das FSJ hat den Vorteil, dass es im Falle eines geplanten Studiums auch Wartesemester einbringt, ebenso wie der Zivildienst im Gesundheitswesen.

Die Änderungen in der Altenpflege zum Ausbildungsbeginn 2003 haben zu Engpässen in den Ausbildungsstellen geführt. Dies wird sich hoffentlich in den kommenden Jahren geben, da der Bedarf an ausgebildeten Fachkräften unverändert hoch ist. Bei der schulischen Ausbildung halten sich Angebot und Nachfrage ungefähr die Waage. Zwar gehen an jeder Schule wesentlich mehr Bewerbungen ein, als Ausbildungsplätze vorhanden sind, aber da sich die meisten Bewerber an mehreren Schulen bewerben, kommen nahezu alle Interessenten unter.

Wie sind die Ausbildungsinhalte geregelt?

Um einen einheitlichen Standard beim Fachpersonal zu gewährleisten, wurde in den vergangenen Jahren der Inhalt der Ausbildung in den Gesundheitsberufen auf Bundesebene geregelt. Jüngste Beispiele sind die Novellierungen der Alten- und der Krankenpflegeausbildung. Hier wird dem Auszubildenden auch eine tariflich geregelte Vergütung gezahlt. Schwieriger sind die Bezeichnungen der Schulen einzuschätzen: Hier werden von Lehranstalt, Fachschule, Institut, Bildungszentrum oder in Baden-Württemberg auch Berufskolleg die unterschiedlichsten Begriffe verwendet. Um sicherzugehen, dass man nach Ausbildungsende auch einen vollwertigen Abschluss in der Tasche hat, sollte man vorab klären, ob die Ausbildung auch wirklich mit einem staatlichen oder staatlich anerkannten Abschluss endet. Ist dies nicht der Fall, sollte das Zeugnis zumindest im gesamten Bundesgebiet anerkannt werden.

Wo finde ich einen Job?

Eine Anstellung finden ausgebildete Fachkräfte in Krankenhäusern und Kliniken oder auch in privaten Praxen. Seit Januar 2003 zählen Physiotherapeuten, Ergotherapeuten und auch Logopäden zu den freien Berufen, mit der Folge, dass es für diese Berufsgruppen wesentlich einfacher ist, sich selbstständig zu machen. Zudem entfällt die Pflicht, zwei Jahre Berufspraxis nachzuweisen, um selbstständig arbeiten zu dürfen. Ähnliches gilt für Alten- und Krankenpfleger, soweit sie die Patienten nicht hauswirtschaftlich versorgen (mehr dazu im Kapitel 3 oder mehr Infos unter http://www.freie-berufe.de).

1.1 Altenpflege

Überblick

Von den Fachberufen im Gesundheitswesen wird vor allem der Beruf des Altenpflegers in absehbarer Zeit weiter an Bedeutung gewinnen. Grund dafür ist die Veränderung der Familienstruktur sowie die demographische Entwicklung der Bevölkerung: Menschen, die 80 Jahre und älter werden, sind keine Seltenheit mehr. Im Gegenteil, mittlerweile werden 13 Prozent aller Frauen sowie 4,7 Prozent aller Männer 90 Jahre und älter. Tendenz steigend: Im Jahre 2030 wird der Anteil der über 60-jährigen Menschen in der Bundesrepublik Deutschland bei etwa 35 Prozent liegen. Zusätzlich steigt die Zahl allein lebender Menschen, die im Pflegefall nicht von Familienangehörigen versorgt werden können. Angesichts dieser Entwicklung steht die Altenpflege vor einer großen Herausforderung.

Um dieser Herausforderung gerecht zu werden, gibt es seit dem Ausbildungsbeginn 2003 eine bundeseinheitliche Altenpflegeausbildung. Sie orientiert sich an der Struktur des Krankenpflegegesetzes und regelt den Zugang zum Beruf des Altenpflegers, der nunmehr den nicht ärztlichen Heilberufen zugeordnet und gesetzlich geschützt ist. In den Schulen und Heimen soll die „Fähigkeit zur selbstständigen, eigenverantwortlichen und ganzheitlichen Pflege" vermittelt werden. Es wurde ein klares Berufsbild geschaffen, das den Zugang zum Beruf des Altenpflegers attraktiver machen soll. Ziel der neuen Regelung ist es, dem Fachkräftemangel entgegenzuwirken und die Pflege zu verbessern.

Altenpflegeschüler sind nach der neuen Regelung fest bei den Trägern (also ambulante oder stationäre Einrichtungen) angestellt. Vor der Neuregelung haben sie die Berufsfachschule besucht, dort unter Umständen Schulgeld bezahlt und sind zum praktischen Teil der Ausbildung in die Heime gegangen.

Aufgaben und Tätigkeiten

Altenpfleger betreuen alte Menschen in ihrem täglichen Leben. Sie stehen im unmittelbaren Kontakt zu ihnen und sind Ansprechpartner für Hausarzt, Therapeuten und pflegende Angehörige. Zu ihren Aufgaben zählen Hilfe bei der Körperpflege, beim Essen sowie bei der Ausführung ärztlicher Verordnungen wie Verbandswechseln, Spülungen und Medikamentenverabreichungen. Ebenso geben Altenpfleger eigenständig Anleitung bei Bewegungs- und Atemübungen, sie erstellen Pflegediagnosen, planen individuelle Pflegeprozesse und dokumentieren die Pflege.

Eine elementare Aufgabe von Altenpflegern ist, alte Menschen zu ermutigen, ihr Leben eigenverantwortlich zu gestalten. Sie erkennen und fördern die Stärken alter Menschen, fördern den Kontakt im Wohnumfeld und gestalten einen altengerechten Lebensraum. Zu den psychologischen Aufgaben gehören die Betreuung und Pflege von alten Menschen mit psychischen Erkrankungen sowie die Begleitung von sterbenden Menschen und deren Angehörigen.

Voraussetzungen
Der Beruf in der Altenpflege bringt hohe physische und psychische Belastungen mit sich. Daher sollten Menschen, die sich für diesen Beruf entscheiden, körperlich und seelisch gesund sein. Belastend sind vor allem der für alle Pflegeberufe obligatorische Schichtdienst und der ständige Kontakt mit hautreizenden Reinigungs- und Desinfektionsmitteln. Die aber wohl wichtigste Voraussetzung ist ein grundsätzliches Verständnis für alte und kranke Menschen und die Bereitschaft, sich mit ihnen auseinander zu setzen.

✔ Fähigkeiten und Interessen

- Soziales Engagement
- Interesse an medizinischen und psychologischen Sachverhalten
- Kreativität, Interesse an handwerklich gestaltender und musischer Betätigung
- Sprachliches Ausdrucksvermögen und verständliche Aussprache
- Einsatzbereitschaft und Verantwortungsbewusstsein
- Ausdauer, Ausgeglichenheit, Selbstkontrolle, Geduld und Toleranz
- Kontaktfähigkeit, Einfühlungsvermögen, Flexibilität, Taktgefühl, Geschick im Umgang mit Menschen
- Kommunikationsfähigkeit und -bereitschaft
- Fähigkeit zu motivieren
- Eigeninitiative, selbstständige Arbeitsweise
- Psychische Belastbarkeit und Stabilität
- Körperkraft und Körpergewandtheit

Berufsaussichten

Die demographische Entwicklung, die Einführung der Pflegeversicherung, die in der Politik immer wieder auf dem Prüfstand steht, sowie erhebliche Einschnitte im Gesundheitswesen wirken sich auch auf das Berufsumfeld der Altenpfleger aus. Neue Konzepte für alte Menschen wie kommunale Altenpläne, Sozialstationen, Begegnungsstätten, Hilfsdienste und Versorgungsnetze, die außer der stationären auch teilstationäre und ambulante Betreuung umfassen, tun ihr Übriges. Insbesondere die Einführung der Pflegeversicherung hat die Pflegelandschaft verändert: Aus Altenheimen werden zunehmend reine Pflegeheime, ambulante Betreuungsformen gewinnen an Bedeutung, da versucht wird, ältere Menschen so lange wie möglich in der eigenen Wohnung zu betreuen.

Daher führt der Weg von Altenpflegern nicht selten in die Selbstständigkeit. Berufliche Möglichkeiten bieten sich in ambulanten Pflegediensten, in der Haus- und Familienpflege oder als Pflegeberater sowie in der Gesprächsführung und Beratung beim Umgang mit Sterben und Tod.

Bei leitenden Aufgaben wie etwa in der Pflegeleitung oder im Pflegemanagement stehen die 263.000 Altenpfleger oft im Wettbewerb mit Kolleginnen und Kollegen aus anderen Pflegeberufen. Zunehmend werden Positionen in diesem Bereich in Stellenausschreibungen gleichermaßen Altenpflege- wie Krankenpflegefachkräften angeboten. Dieses kommt auch im praktischen Pflegebereich nicht selten vor, zum Beispiel dann, wenn offene Stellen in der Altenpflege nicht schnell genug besetzt werden können.

> ✔ **Altenpfleger finden nach Angaben des Deutschen Berufsverbands für Altenpflege DBVA Anstellung in**
>
> - Geriatrischen Wohnheimen
> - Altenpflegeheimen
> - Rehabilitationszentren
> - Medizinischen Diensten der Krankenkassen
> - Geriatrischen Krankenhäusern
> - der Heimaufsicht
> - der ambulanten Pflege
> - Tageskliniken
> - der Tagespflege
> - der Kurzzeitpflege
> - der Gerontopsychiatrie

Qualifizierte Altenpflegekräfte haben besonders in Ballungsgebieten gute Chancen. Arbeitslosigkeit ist in der Altenpflege mit einer Quote von unter drei Prozent kein Thema. Es ist eine große Zahl an offenen Stellen vorhanden, die sich auch in den nächsten Jahren nicht decken lässt. Dafür gibt es mehrere Gründe: Zum einen sind in der Altenpflege sehr viele Frauen tätig. Das bringt häufig eine hohe Fluktuation mit sich, wenn Mütter in den Erziehungsurlaub gehen. Zum anderen leidet die Attraktivität des Berufs unter den unregelmäßigen Arbeitszeiten, denn Schichtdienst gehört in den Pflegeheimen zum Alltag. Dazu kommt das relativ niedrige Einkommen. Viele Altenpfleger versuchen einen schnellen beruflichen Aufstieg oder wechseln in einen weniger anstrengenden Beruf.

Einkommen
Altenpfleger, die nach dem Bundesangestelltentarif (BAT) bezahlt werden, erhalten in den mittleren Vergütungsgruppen ein Monatsgehalt von 1.687 Euro bis 2.009 Euro[1]. Private Träger lehnen ihre Bezahlung in der Regel an der des BAT an.

Ausbildung

Die Ausbildung dauert drei Jahre in Vollzeitform und enthält sowohl theoretische als auch fachpraktische Teile. Der Unterricht findet in staatlich anerkannten Schulen statt, die praktische Ausbildung in Altenheimen und ähnlichen Einrichtungen. Die Ausbildung ist als Erstausbildung, in Form einer Umschulung oder auch berufsbegleitend möglich. Träger der Ausbildung ist eine Einrichtung der Altenhilfe, die während der Ausbildung eine Ausbildungsvergütung zahlt.

Im theoretischen Teil stehen berufsspezifische und medizinische Kenntnisse auf dem Lehrplan. Die Azubis werden auf die Fähigkeit vorbereitet, Beziehungen mit alten Menschen zu gestalten und in der Altenpflege selbstständig, eigenverantwortlich und fachkompetent zu entscheiden und zu handeln.[2] Der Schulunterricht wechselt sich mit dem praktischen Teil der Ausbildung ab.

Zulassungsvoraussetzungen
- Mittlerer Bildungsabschluss oder der Nachweis eines gleichwertigen Bildungsstandes
- Hauptschulabschluss und zweijährige abgeschlossene Berufsausbildung
- Staatlich geprüfter Krankenpflegehelfer oder Altenpflegehelfer

Ausbildungsdauer und -abschluss
- Drei Jahre Vollzeitunterricht
- Abschluss: staatlich geprüfter Altenpfleger

---

1 Stand Mitte 2003
2 Deutscher Berufsverband für Altenpflege e.V.: „Berufsbild: Altenpflegerin/Altenpfleger"

Inhalt
Die Altenpflege-Ausbildungs- und Prüfungsverordnung (AltPflAPrV) vom 29.11. 2002 sieht theoretischen und praktischen Unterricht im Umfang von 2.100 Stunden und die aufgeführte praktische Ausbildung von 2.500 Stunden vor.

Theoretische Ausbildung in der Schule

Aufgaben und Konzepte in der Altenpflege

Theoretische Grundlagen in das altenpflegerische Handeln einbeziehen	80 Std.
Pflege alter Menschen planen, durchführen, dokumentieren und evaluieren	120 Std.
Alte Menschen personen- und situationsbezogen pflegen	720 Std.
Anleiten, beraten und Gespräche führen	80 Std.
Bei der medizinischen Diagnostik und Therapie mitwirken	200 Std.

Unterstützung alter Menschen bei der Lebensgestaltung

Lebenswelten und soziale Netzwerke alter Menschen beim altenpflegerischen Handeln berücksichtigen	120 Std.
Alte Menschen bei der Wohnraum- und Wohnumfeldgestaltung unterstützen	60 Std.
Alte Menschen bei der Tagesgestaltung und bei selbst organisierten Aktivitäten unterstützen	120 Std.

Rechtliche und institutionelle Rahmenbedingungen altenpflegerischer Arbeit

Institutionelle und rechtliche Rahmenbedingungen beim altenpflegerischen Handeln berücksichtigen	120 Std.
An qualitätssichernden Maßnahmen in der Altenpflege mitwirken	40 Std.

Altenpflege als Beruf

Berufliches Selbstverständnis entwickeln	60 Std.
Lernen lernen	40 Std.
Mit Krisen und schwierigen sozialen Situationen umgehen	80 Std.
Die eigene Gesundheit erhalten und fördern	60 Std.
Zur freien Gestaltung des Unterrichts	200 Std.

Fachpraktischer Teil am Patienten

Den fachpraktischen Teil leisten die Azubis in stationären und ambulanten Einrichtungen der Altenpflege ab. Dort werden sie von berufserfahrenen Fachkräften angeleitet und lernen im Team zu arbeiten sowie selbstständig und eigenverantwortlich hilfsbedürftige alte Menschen zu unterstützen, zu betreuen und zu beraten. Auf dem Lehrplan stehen Grundpflege, biografieorientierte Begleitung, Krankenbeobachtung und medizinische Behandlungspflege. Außerdem sind Praktika in geriatrischen und gerontopsychiatrischen Einrichtungen vorgesehen.[3]

Schulen

Es gibt 568 Altenpflegeschulen in Deutschland, bei denen die duale Ausbildung zum Altenpfleger aufgenommen werden kann. Eine Liste der Ausbildungsstätten gibt es in der KURS-Datenbank beim Arbeitsamt. Ein Blick in das Telefonbuch kann helfen, ein geeignetes Altenpflegeheim in der Nähe zu finden, das Altenpfleger ausbildet.

Vergütung

Die Ausbildungsvergütung ist nach tariflichen Regelungen gestaffelt und beträgt je nach Ausbildungsjahr 697 Euro (1. Jahr), 754 Euro (2. Jahr), 846 Euro (3. Jahr).

Weiterbildungs- und Aufstiegsmöglichkeiten

Für Altenpfleger ist es wichtig, mit der Entwicklung des altenpflegerischen und gerontologischen Wissens Schritt zu halten. Angeboten werden Fortbildungen zur Altenhilfe, Rehabilitation und Pflege, Altentherapie, Pflegeplanung und Dokumentation sowie Bewegung und Entspannung für Senioren. Mit entsprechender Weiterbildung können Altenpfleger zum Stationsleiter in der Altenpflege oder zum Pflegedienstleiter aufsteigen.

Weiterbildungsmöglichkeiten

Fachweiterbildungen

- Gerontopsychiatrie (befasst sich mit psychischen Erkrankungen im Alter)
- Altenhilfe
- Geriatrische Erkrankungen
- Gerontologie
- Transkulturelle Pflege
- Ganzheitliche Pflegekonzepte
- Gemeindekrankenpflege
- Seniorensport
- Gesprächsführung
- Unterrichtsdidaktik in der Altenpflege

---

[3] Deutscher Berufsverband für Altenpflege e.V.: „Berufsbild: Altenpflegerin /Altenpfleger"

- Management in der Altenhilfe
- Ansprechpartner für Fortbildungen sind in der Regel die Berufsverbände.

Weiterbildungen an Fachschulen
- Fachwirt
- Alten- und Krankenpflege
- Organisation und Führung, Schwerpunkt Sozialpflege
- Betriebswirt (staatllich geprüft)
- Gesundheitsökonomie
- Sozialwesen
- Sozialwirt
- Gesundheits- und Sozialökonom
- Fachaltenpfleger
- Stationsleiter in Kranken-/Alten-/Kinderkrankenpflege
- Pflegedienstleiter
- Gesundheits- und Sozialökonom
- Fachaltenpfleger (z.B. gerontopsychiatrische Fachkraft)
- Fachkraft für geriatrische Rehabilitation
- Wohngruppen-, Bereichs-, Pflegedienst- oder Heimleiter

Studium
- Diplom-Pflegewirt
- Diplom-Sozialarbeiter
- Diplom-Sozialpädagoge
- Diplom-Psychologe
- Diplom-Heilpädagoge
- Diplom-Pflegepädagoge
- Diplom-Pflegeleiter
- Diplom-Pfleger
- Diplom-Gesundheitsökonom
- Diplom-Gesundheitswirt
- Diplom-Betriebswirt Sozialmanagement
- Diplom-Kaufmann Betriebswirtschaft in Einrichtungen des Gesundheitswesens
- Lehrer für Pflegeberufe

Quelle: Arbeitsamt – IBZ

Adressen

Deutscher Berufsverband für Altenpflege e.V. (DBVA)
Sonnenwall 15, 47051 Duisburg
Tel. (02 03) 29 94 27, E-Mail: info@dbva.de
Internet: http://www.dbva.de

Deutscher Berufsverband für Pflegeberufe (DBfK)
Geisbergstraße 39, 10777 Berlin
Tel. (0 30) 21 91 57-0, E-Mail: dbfk@dbfk.de
Internet: http://www.dbfk.de

Deutscher Pflegeverband e.V. (DPV)
Mittelstraße 1, 56564 Neuwied
Tel. (0 26 31) 83 88 0, E-Mail: deutscher_pflegeverband_dpv@t-online.de
Internet: http://www.dpv-online.de

Bundesverband privater Anbieter sozialer Dienste e.V. (bpa)
Hannoversche Straße 19, 10115 Berlin
Tel. (0 30) 30 87 88-60, E-Mail: bund@bpa.de
Internet: http://www.bpa.de

Bundesverband Ambulante Dienste (bad) e.V.
Krablerstraße 136, 45326 Essen
Tel. (02 01) 35 40 01, E-Mail: info@bad-ev.de
Internet: http://www.bad-ev.de

Arbeitgeber- und Berufsverband Privater Pflege e.V. (ABVP)
Bundesgeschäftsstelle
Roscherstraße 13a, 30161 Hannover
Tel. (05 11) 3 38 98-0, E-Mail: info@abvp.net
Internet: http://www.abvp.net

Deutsches Zentrum für Altersfragen e.V. (DZA)
Manfred-von-Richthofen-Straße 2, 12101 Berlin
Tel. (0 30) 78 60 42-60, E-Mail: dza@dza.de
Internet: http://www.dza.de

@ Links

- http://www.bibb.de/altenpflege_saarland (Seite zur Altenpflegeausbildung im Saarland)
- http://www.bmfsfj.de/Anlage23795/Flyer.pdf (Flyer zur neuen Pflegeausbildung)
- http://www.berufe-mit-sinn.de (Pflegeberufe von A–Z)
- http://pflegen-online.de (Internet Community des Schlüterschen Verlags. Informationen rund um stationäre Krankenpflege, Altenpflege und ambulante Pflege.)
- http://www.bosch-stiftung.de/download/02020100_sonderdruck_pflege.pdf (PDF-Datei der Schrift „Pflege neu denken" von der Robert-Bosch-Stiftung)

📖 Literatur

Bücher
- **Abraham, Ivo; Botrell, Melissa M.; Fulmer, Terry (Hrsg.):** Pflegestandards für die Versorgung alter Menschen. Bern: Huber, 2001.
- **Bundesinstitut für Berufsbildung (Hrsg.):** Berufsausbildung in der Altenpflege. Leitfaden für die praktische Ausbildung. Bielefeld: W. Bertelsmann, 2003.
- **Kriesten, Ursula; Wolf, Heinz-Peter:** Übungshandbuch zur Pflegeplanung in der Altenpflege. 5. Auflage. Hannover: Schlütersche, 2002.
- **Neubert, Gerhard:** Praktische Ausbildung in der Altenpflege. Checklisten für Auszubildende und Praxisanleiter. Stuttgart: Kohlhammer, 2002.

Fachzeitschriften
- **A & A Altenpflegerin + Altenpfleger,** Organ des deutschen Berufsverbandes für Altenpflege e.V., Verlag: Deutscher Berufsverband für Altenpflege
- **Altenpflege.** Organ der Fachkräfte in ambulanter und stationärer Altenpflege. Verlag: Vincentz; http://www.vincentz.net/altenpflege
- **Zeitschrift für Gerontologie und Geriatrie.** Organ der Deutschen Gesellschaft für Gerontologie, Verlag: Steinkopff (http://www.steinkopff.springer.de)
- **Die Schwester – Der Pfleger,** Fachzeitschrift für Pflegeberufe. Verlag: Bibliomed (http://www.bibliomed.de).
- **Pflege Aktuell.** Verlag: Deutscher Berufsverband für Pflegeberufe (http://www.dbfk.de)

1.2 Ergotherapie

Überblick

Beschäftigungs- und Arbeitstherapie ist passee. Heute wird der Bereich, in dem kranke und behinderte Patienten in ihrer Eigenständigkeit unterstützt werden, Ergotherapie genannt. Während in der Nachkriegszeit die Rehabilitationsmaßnahme „Beschäftigungstherapie" zum Ziel hatte, kriegsverletzte Soldaten wieder einzugliedern, steht heute nicht mehr der pure Zweck im Mittelpunkt. Vielmehr soll durch therapeutische Behandlung die eigenständige Handlungsfähigkeit des Menschen in seinen Lebens- und Alltagsbezügen gefördert werden.

Die Behandlung findet nicht mehr nur in Krankenhäusern und Behinderteneinrichtungen statt, Ergotherapeuten unterhalten zunehmend eigene Praxen und rücken so in das persönliche Umfeld ihrer Patienten vor. Das Angebot der Ergotherapie erstreckt sich über die Bereiche der Orthopädie, Unfallheilkunde, inneren Medizin, Rheumatologie, Neurologie, Geriatrie, Pädiatrie, Kinder- und Jugendpsychiatrie sowie Psychiatrie und Psychosomatik. Dabei beraten und behandeln Ergotherapeuten Patienten, die Einschränkungen im Bereich der Motorik, der Sinnesorgane, der geistigen oder psychischen Fähigkeiten haben.

Die Bezeichnung „Ergotherapie" kommt aus dem Griechischen: *ergon* heißt so viel wie Werk, Tat, Aktivität und Leistung. Das ist auch der Inhalt des Berufs: Ergotherapeuten helfen Patienten, sich in Bezug auf Aktivität und Leistungsfähigkeit in physischer, psychischer und geistiger Hinsicht wieder einzugliedern.

Entwicklung des Berufs
Der Beruf des Ergotherapeuten ist in Deutschland noch verhältnismäßig jung. Er besteht erst seit etwa 50 Jahren. Die Ergotherapie entwickelte sich in den USA bereits Anfang des 20. Jahrhunderts. Sie wurde von einer aus Europa stammenden Idee beeinflusst, die in Amerika unter der Bezeichnung „moral treatment" bekannt wurde. Die Idee basiert auf der Annahme, dass eine menschliche Behandlung von Kranken, die tägliche Routine und Tätigkeiten verrichten können, die Krankheit lindert. Zunächst wurden vor allem psychisch Kranke und geistig Behinderte auf diese Weise behandelt. Mit dem ersten Weltkrieg waren es dann Kriegsversehrte mit verletzten Gliedmaßen. Ihnen half die Ergotherapie, ihre Leistungsfähigkeit wieder herzustellen und sie wieder in den Beruf einzugliedern. So etablierte sich die Ergotherapie relativ schnell in der medizinischen Struktur und ist heute in den Vereinigten Staaten eine anerkannte Therapiemethode, deren Ausbildung an Universitäten stattfindet.

In Deutschland begann Hermann Simon 1922 damit, „arbeitsmäßige Tätigkeit" unter therapeutischen Gesichtspunkten einzuführen. Auch hier wurden zunächst nur psychisch Kranke berücksichtigt. Die erste Ausbildungsschule ging 1953 in Hannover an den Start. Der Beruf wurde 1976 unter der Bezeichnung „Beschäftigungs- und Arbeitstherapeut" erstmals bundesrechtlich geregelt und anerkannt. Allerdings hat die Berufsgruppe Schwierigkeiten, ihren Arbeitsauftrag und die beruflichen Kompetenzen klar darzustellen, denn das Tätigkeitsfeld ist sehr komplex und für Außenstehende nicht ohne weiteres klar ersichtlich. So werden Ergotherapeuten in Heimen oftmals als Pfleger für Behinderte eingesetzt, wenn dort Fachkräfte fehlen. Die ehemalige Bezeichnung „Beschäftigungs- und Arbeitstherapeut" hat zu vielen Vorurteilen und Missverständnissen geführt, die durch die neue Berufsbezeichnung „Ergotherapeut", die seit 1999 gilt, nicht mehr in gleicher Weise bestehen.

Aufgaben und Tätigkeiten

Ergotherapeuten sind für schwer erkrankte, behinderte und alte Menschen wichtige Helfer. Sie unterstützen die Patienten dabei, sich so weit wie möglich selbst zu versorgen. Dazu ermitteln sie zunächst die vorhandenen und die gestörten körperlichen Funktionen des Patienten. Aufgrund dieser Erkenntnis werden dann alltägliche Aufgaben wie Essen, Trinken, Waschen, Ankleiden, Schreiben sowie Einkaufen eingeübt. Unter Umständen steht auch der Umgang mit Hilfsmitteln und Prothesen auf dem Plan. In der häuslichen Umgebung helfen niedergelassene Ergotherapeuten den Patienten, sich trotz ihrer Behinderung in der eigenen Umgebung zurechtzufinden und das Wohnumfeld entsprechend der Einschränkungen umzugestalten.

✔ Tätigkeiten

- Beschäftigungsmittel und Werkmaterialien festlegen
- Patienten anleiten
- Beschäftigungsgruppen planen und überwachen
- Bewegungsfunktionen trainieren, z.B. Gelenkmobilisation, Muskeltraining, Koordinationstraining, Gelenkschutztraining
- Einzel- und Gruppentherapie mit chronisch Kranken durchführen, etwa Maßnahmen zur aktiven Bewältigung der Situation von Patienten
- Affektive und emotionale Fähigkeiten der Patienten fördern
- Behinderte und Rehabilitanden bei handwerklichen und industriellen Fertigungstechniken anleiten und begleiten
- Teilnehmer auf berufliche Wiedereingliederung vorbereiten

Den Ergotherapeuten stehen für ihre Therapie verschiedene Verfahren zur Verfügung (vgl. DBA: Ergotherapie-Berufsinformation):

Das motorisch-funktionelle Verfahren
Das hilft Patienten, deren Handlungsfähigkeit durch Beeinträchtigungen des Muskel- und Bewegungsapparats eingeschränkt ist. Ziel der Behandlung ist es, die Fortbewegung, Grob- und Feinmotorik, Gleichgewicht und Koordination zurückzugewinnen. Außerdem soll die betroffene Muskulatur gekräftigt und die Belastbarkeit des Patienten verbessert werden.

Das neurophysiologische Verfahren
Damit werden Patienten behandelt, bei denen die Funktion des zentralen Nervensystems beeinträchtigt ist. Sie haben durch Lähmungen und Gefühlsstörungen die Kontrolle über gezielte Bewegungen verloren. Spezielle Techniken und Konzepte werden in der Behandlung angewandt, um funktionelle Bewegungsabläufe zu trainieren und sie in die Alltagshandlungen einzugliedern.

Neuropsychologische Verfahren
Patienten, die unter einer Beeinträchtigung der Denk- und Wahrnehmungsleistung leiden, kann mit diesem Verfahren geholfen werden. Dabei soll im Alltag die Behinderung der Orientierungs- und Strukturierungsfähigkeit minimiert werden. Hier kommen individuell abgestimmte Programme und Therapiemittel, um die betroffene Hirnleistung zu trainieren, zum Tragen.

Das psychosoziale Verfahren
Dieses Verfahren eignet sich für Menschen mit psychischen Erkrankungen und psychosomatischen Problemen. Dabei werden die Selbstwahrnehmung und das individuelle Ausdrucksvermögen gefördert, die Fähigkeit zu Kontakt, Kommunikation und Auseinandersetzung gesteigert sowie lebenspraktische Fähigkeiten erarbeitet.

Das arbeitstherapeutische Verfahren
Bei diesem Verfahren steht der Alltags- und Realitätsbezug im Vordergrund. Hier wird die Arbeit unter wirklichkeitsnahen Bedingungen als Mittel der Therapie eingesetzt. Der Patient soll eine Grundarbeitsfähigkeit erlangen, indem er eine neue Sicht und neue Strategien für seine künftige Arbeitssituation konstruiert.

Das adaptive Verfahren
Dieses Verfahren hilft Patienten, mit vorübergehenden oder bleibenden Defiziten zurechtzukommen. Dabei wird entweder die Umwelt an die Bedingungen des Patienten angepasst oder dem Patienten werden Möglichkeiten aufgezeigt, sein Defi-

zit auszugleichen. Dazu wird der Wohnraum oder der Arbeitsplatz behindertengerecht angepasst oder der Umgang mit Rollstuhl oder Prothesen trainiert.

Voraussetzungen
Den Beruf des Ergotherapeuten auszuüben verlangt körperliche und geistige Belastbarkeit. Er zeichnet sich durch den intensiven Kontakt zu Menschen aus, die bei den Übungen unterstützt und angeleitet werden müssen. Deshalb ist es notwendig, sich in die Situation anderer Menschen einfühlen zu können, ihnen zu helfen, sie zu fördern und anzuleiten. Ergotherapeuten müssen sich auf ständig wechselnde Menschen mit Erkrankungen, Behinderungen, Störungen von unterschiedlicher Art und Intensität einstellen. Daher ist ein Interesse an psychologischen und pädagogischen Sachverhalten und Fragestellungen notwendig.

✔ Fähigkeiten und Interessen

- Interesse an medizinischen Sachverhalten
- Selbstständiges Arbeiten
- Gute Beobachtungsgabe
- Handwerkliches Geschick und technisches Verständnis
- Zielorientiertes Arbeiten nach einem Gesamtkonzept
- Kontaktfähigkeit (persönlicher, Vertrauen erweckender Umgang mit den Patienten)
- Einfühlungsvermögen, Geduld und Ausdauer
- Durchsetzungsvermögen
- Beherrschtheit, Selbstkontrolle (Umgang mit zum Teil aggressiven Patienten)
- Psychische Stabilität, ausgeglichenes, Ruhe vermittelndes Auftreten und Verhalten
- Körperliche Belastbarkeit
- Funktionsfähigkeit der Hände und Arme
- Widerstandsfähigkeit der Haut, besonders an den Händen (z.B. Umgang mit Ton, Farben, Metall, Öl)

Quelle: www.berufenet.de

Berufsaussichten

Ergotherapeuten arbeiten sowohl im medizinischen Bereich als auch in Einrichtungen des Sozialwesens, in Werkräumen oder auch in den Krankenzimmern betreuter Personen. Bei ambulanter Betreuung sind sie an wechselnden Arbeitsorten tätig.

Die Spezialisierungsmöglichkeiten sind zahlreich: Fachleute in der Ergotherapie können sich unter anderem auf die Arbeit in Orthopädie, Unfallheilkunde und

Rheumatologie, an Sonderschulen für Körperbehinderte, in der Suchttherapie, Psychiatrie oder Geriatrie spezialisieren.

✔ Ausgebildete Ergotherapeuten arbeiten in

- Krankenhäusern und Kliniken
- Rehazentren, Berufsförderungswerken, Berufsbildungswerken
- Werk- und Tagesstätten für Behinderte
- Behindertenheimen
- Sonderschulen für Behinderte
- Kinder- und Erziehungsheimen
- Einrichtungen der Altenhilfe/-pflege
- Freien Wohlfahrtsverbänden
- Gesundheitsämtern (Sonderpädagogische Beratungsstellen)
- Sozialpsychiatrischen Zentren/Diensten
- Gemeindepsychiatrischen Zentren
- Jugendfürsorgeeinrichtungen
- Fachkliniken/Behandlungszentren für Suchtkranke/Drogenabhängige
- Kur- und Erholungseinrichtungen
- Beschäftigungs- und arbeitstherapeutischen Praxen
- Gemeinschaftspraxen
- Rehabilitationseinrichtungen
- Heilpädagogischen Einrichtungen
- Justizvollzugsanstalten
- Ferien-, Freizeit- und Fitnesseinrichtungen, insbesondere für Behinderte
- Schulen für Beschäftigungs- und Arbeitstherapie

Quelle: www.berufenet.de

Arbeitsmarkt

Die Arbeitsmarktsituation für Ergotherapeuten kann derzeit nicht als günstig bezeichnet werden. Von etwa 35.000 ausgebildeten Ergotherapeuten waren im April 2003 im gesamten Bundesgebiet etwa 3.300 arbeitslos gemeldet (Stand: Juli 2003). Es kommt vor, dass Ergotherapeuten direkt nach der Ausbildung nicht sofort eine Beschäftigung finden. Welche Konsequenzen der geplante Umbau des Gesundheitssystems für die Ergotherapie haben wird, bleibt abzuwarten.

Ergotherapeuten, die nach der Ausbildung zusätzlich ein Ergotherapiestudium absolvieren, verbessern unter Umständen ihre Karriere- und Verdienstmöglichkeiten. Bisher gibt es erst wenige Ergotherapeuten mit Hochschulabschluss. Der Deutsche Verband der Ergotherapeuten (DVE) setzt sich seit mehreren Jahren aktiv für eine komplette Überführung der Ausbildung an die Hochschule ein. Da das Studium noch sehr jung ist, muss der Arbeitsmarkt erst einmal die „akademisierten" Ergotherapeuten kennen lernen und „testen". Es liegen deshalb noch keine Erkenntnisse über deren Verbleib und Einkommensentwicklung vor.

Wie in vielen Berufen des Gesundheitswesens überwiegt auch hier der Frauenanteil und liegt bei 85 Prozent. Nach wie vor finden Ergotherapeuten meistens in Kliniken und Krankenhäusern, Behinderteneinrichtungen sowie Alten- und Pflegeheimen einen Job. Die Zahl der freien Praxen beläuft sich nach Angaben des DVE bundesweit auf über 1.400. Damit ist Flächendeckung zwar noch nicht erreicht, doch hat sich die Zahl der Praxen seit 1994 verdoppelt.

Einkommen
Der Verdienst von Ergotherapeuten in staatlichen Einrichtungen unterliegt dem Bundesangestelltentarif (BAT). Berufsanfänger werden in die Vergütungsgruppe BAT VII eingestuft, nach sechs Monaten in die Vergütungsgruppe BAT VI. Eine ledige, kinderlose Ergotherapeutin verdient im Alter von 23 Jahren etwa 1.545 Euro. Auch die Gehälter der privaten Arbeitgeber richten sich in der Regel nach dem Bundesangestelltentarif.

Ausbildung

Die Ausbildung zum Ergotherapeuten findet überwiegend an einer der 165 Berufsfachschulen statt. Seit wenigen Jahren hält die Ergotherapie auch Einzug in Fachhochschulen. Es werden Studiengänge angeboten, die neben der staatlich anerkannten Ergotherapeutenausbildung ein wissenschaftliches Studium anbieten, das mit einem Bachelor oder einem Diplom abschließt.

Über die Qualität einer Berufsfachschule können sich Interessenten anhand eines vom DVE erstellten Zertifikats informieren. Sowohl die Schulen als auch die Bewertungskriterien sind auf der Homepage vom DVE aufgelistet und können unter http://www.ergotherapie-dve.de abgerufen werden. Wer auf der Suche nach freien Ausbildungsplätzen ist, sollte sich in der KURS-Datenbank beim Arbeitsamt umsehen.

✔ Zulassungsvoraussetzungen

- Mittlerer oder gleichgestellter Bildungsabschluss
- Hauptschulabschluss plus zweijährige Berufsausbildung
- Einige Schulen verlangen ein Krankenpflegepraktikum oder ein berufsbezogenes Vorpraktikum.

In der Praxis besitzt nahezu die Hälfte der Schüler und Schülerinnen mindestens einen Berufsabschluss, wenige verfügen sogar über zwei Berufsabschlüsse oder über ein abgeschlossenes Studium. Zudem haben etwa zwei Drittel der Bewerber mittlerweile das Abitur.

✔ Ausbildungsdauer und -abschluss

* drei Jahre
* Abschluss: staatlich geprüfter Ergotherapeut

Auswahlverfahren

Die Berufsfachschulen für Ergotherapie führen in der Regel eine Bewerberauswahl durch und haben deshalb unterschiedliche Aufnahmeverfahren und Aufnahmekriterien. Hier ist eine rechtzeitige Nachfrage bei den Schulen über die aktuellen Voraussetzungen ratsam.

Inhalt

Das Ergotherapeutengesetz (EgThAPrV) vom 2.8.1999 schreibt theoretischen und praktischen Unterricht von 2.700 Stunden und eine praktische Ausbildung von 1.700 Stunden für den dreijährigen Lehrgang vor. Die Verteilung auf die Ausbildungszeit bestimmt jede Schule selbst.

Theoretischer und praktischer Unterricht an der Berufsfachschule

Berufs-, Gesetzes- und Staatskunde	40 Std.
Fachsprache, Einführung in das wissenschaftliche Arbeiten	80 Std.
Grundlagen der Gesundheitslehre und Hygiene	30 Std.
Biologie, beschreibende und funktionelle Anatomie, Physiologie	180 Std.
Allgemeine Krankheitslehre	30 Std.
Spezielle Krankheitslehre einschließlich diagnostischer, therapeutischer, präventiver und rehabilitativer Maßnahmen sowie psychosozialer Aspekte	280 Std.
Arzneimittellehre	20 Std.
Grundlagen der Arbeitsmedizin	30 Std.
Erste Hilfe	20 Std.
Psychologie und Pädagogik	210 Std.
Behindertenpädagogik	40 Std.
Medizinsoziologie und Gerontologie	70 Std.
Handwerkliche und gestalterische Techniken mit verschiedenen Materialien	500 Std.
Spiele, Hilfsmittel, Schienen und technische Medien	200 Std.

Grundlagen der Ergotherapie	140 Std.
Motorisch-funktionelle Behandlungsverfahren	100 Std.
Neurophysiologische Behandlungsverfahren	100 Std.
Neuropsychologische Behandlungsverfahren	100 Std.
Psychosoziale Behandlungsverfahren	100 Std.
Arbeitstherapeutische Verfahren	100 Std.
Adaptive Verfahren	40 Std.
Prävention und Rehabilitation	40 Std.

Praktische Ausbildung

Psychosozialer (psychiatrischer/psychosomatischer) Bereich	400 Std.
Motorisch-funktioneller, neurophysiologischer oder neuropsychologischer Bereich	400 Std.
Arbeitstherapeutischer Bereich	400 Std.
Zur Verteilung	500 Std.

Kosten
Ausbildungskosten für Schulen privater Träger variieren von 50 bis 680 Euro pro Monat. Staatliche Schulen verlangen kein Schulgeld. Es empfiehlt sich, frühzeitig bei der gewünschten Schule nach der Höhe des Schulgelds zu fragen. Je nach persönlicher Situation des Schülers wird auch BAföG gewährt. Näheres erfährt man bei den Ämtern für Ausbildungsförderung (http://www.bafoeg.bmbf.de), den jeweils zuständigen Kommunen bzw. den Landkreisen.

Begabtenförderung
Seit dem 1.7.1999 können erstmals besonders erfolgreiche Angehörige der Berufe im Gesundheitswesen, also auch junge Ergotherapeuten, in den Genuss der Begabtenförderung kommen. Im Auftrag des Bundesministeriums für Bildung und Forschung (BMBF) führt die „Stiftung Begabtenförderungswerk Berufliche Bildung GmbH" das Förderprogramm durch (Adresse siehe S. 33).

Hochschulausbildung
Diplom-Ergotherapeut (FH) mit integrierter Ausbildung zum staatlich anerkannten Ergotherapeuten kann man an der Europa FH Fresenius oder an der FH Nordhessen der DIPLOMA Private Hochschulgesellschaft mbH studieren.
Hier stehen nach dem Berufsabschluss zum Ergotherapeuten wissenschaftliches Arbeiten, Fachenglisch, Betriebswirtschaft, Statistik, Kaufmännisches Rechnen, EDV/Präsentation, Recht, Klinische Psychologie, Pädagogik/Methodik und Didaktik sowie Soft Skills (Kommunikations-, Kooperations-, Führungs-, Teamfähigkeit) auf dem Lehrplan.

Weiterbildung und Aufstiegsmöglichkeiten

Ergotherapeutische Behandlungstechniken werden ständig weiter, oder auch neu entwickelt. Um damit Schritt halten zu können, müssen sich Ergotherapeuten kontinuierlich fortbilden. Berufsverbände und andere Träger bieten eine Reihe fachspezifischer oder fachverwandter Weiterbildungen an, zum Beispiel: Ergotherapie bei speziellen Krankheitsbildern, neurophysiologische Behandlung von bewegungsgestörten Erwachsenen oder funktionelle Bewegungstherapie. Diese Kurse können auch als beruflicher Aufstieg betrachtet werden. Wer sich an Hochschulen weiterbilden möchte, benötigt außer dem erforderlichen Ausbildungsabschluss und erster Berufserfahrung auch die Hochschulreife. In einigen Bundesländern können besonders qualifizierte Berufstätige mit abgeschlossener Berufsausbildung und entsprechender Berufserfahrung auch ohne Hochschulzugangsberechtigung, sprich dem Abitur, ein Studium beginnen. Die jeweiligen Zugangsvoraussetzungen werden landesrechtlich geregelt.

✔ Weiterbildungsmöglichkeiten

Fachweiterbildungen
- Orthopädie, Unfallheilkunde und Rheumatologie
- Neurologie
- Kinderheilkunde
- Psychiatrie und Psychosomatik
- Suchttherapie
- Geriatrie
- Arbeitstherapie

Fachschulen
- Betriebswirt im Sozialwesen
- Fachwirt für soziale Dienstleistungen
- Sozialwirt
- Betriebswirt (staatlich geprüft) in der Gesundheitsökonomie
- Lehrkraft an Krankenpflegeschulen und an anderen Bildungseinrichtungen für Berufe im Gesundheitswesen
- Motopäde, Gesundheits- und Sozialökonom

Studium
- Diplom-Ergotherapeut
- Bachelor of Science in Occupational Therapy
- Bachelor of Therapy Management (BTM)

- Diplom-Berufspädagoge
- Diplom-Heilpädagoge (FH)
- Diplom-Sozialpädagoge (FH)
- Diplom-Pädagoge
- Diplom-Dokumentar (Medizinische Dokumentation und Informatik)
- Diplom-Betriebswirt/in (FH)
- Management in sozialen Einrichtungen
- Diplom-Gesundheitsökonom
- Diplom-Kaufmann (Healthcare- und Sozialmanagement)

Quelle: Arbeitsamt – IBZ

Folgende Fachhochschulen bieten einen akademischen Grad im Fachgebiet der Ergotherapie an:

- Private Fachhochschule Döpfer, Schwandorf
- FH Hildesheim/Holzminden/Göttingen (FH Hi/Ho/Gö)
- FH Osnabrück

Adressen

Deutscher Verband der Ergotherapeuten e.V. (DVE)
Postfach 22 08, 76303 Karlsbad
Tel. (0 72 48) 91 81-0, E-Mail: info@dve.info
Internet: http://www.ergotherapie-dve.de

Stiftung Begabtenförderungswerk Berufliche Bildung GmbH (SBB)
Adenauerallee 12–14, 53113 Bonn
Tel. (02 28) 10 44 20-25, E-Mail: info@begabtenfoerderung.de
Internet: www.begabtenfoerderung.de

Berufsgenossenschaft für Gesundheitsdienst und Wohlfahrtspflege (BGW)
Postfach 76 02 24, 22052 Hamburg
Tel: (0 40) 2 02 07-0, E-Mail: redaktion@bgw-online.de
Internet: http://www.bgw-online.de

@ Links

- http://www.ergotherapie.de (Infos und Jobs rund um die Ergotherapie)
- http://www.verlag-modernes-lernen.de (Stellenanzeigen aus der Fachzeitschrift „praxis ergotherapie", Der Stellenmarkt mit der Hauptzielgruppe Ergo-

therapeuten/Logopäden ist über die Menüfolge „Zeitschriften" – „Stellenmarkt" zu finden.)

- http://www.schulz-kirchner.de/ergotherapie/stellenmarkt.htm (Die Jobbörse des wissenschaftlichen Fachverlags bietet Stellen für Ergotherapeuten und Motopäden.)
- http://www.ergotherapeut.de/ (Das „Job-Forum" von ergoport bietet Stellenangebote und -gesuche von bzw. für Ergotherapeuten und verwandte Berufe. Die Beiträge werden in Form eines moderierten Diskussionsforums präsentiert, sodass man sich online zu den Angeboten äußern kann.)

📖 Literatur

Bücher
- **Götsch, Karin:** Ausbildungskonzept Ergotherapie. Idstein: Schulz-Kirchner, 2001.
- **Hagedorn, Rosemary:** Ergotherapie, Theorien und Modelle. Die Praxis begründen. Stuttgart: Thieme, 2000.

Fachzeitschriften
- **praxis ergotherapie.** Verlag: modernes lernen
  (http://www.verlag-modernes-lernen.de)
- **ERGOTHERAPIE & REHABILITATION,** Verlag: Schulz-Kirchner
  (http://www.schulz-kirchner.de/ergotherapie/zeitschrift.htm)

1.3 Gesundheits- und Krankenpflege

Überblick

Jeder kennt sie, die „Engel in Weiß", die in Krankenhausserien so verklärt dargestellt werden. Die Wirklichkeit ist oftmals weit weniger romantisch, denn Krankenpflege bedeutet morgens um sechs Uhr Patienten wecken, ihnen bei der Körperpflege helfen, Medikamente verabreichen und Essen austeilen, Patienten auf Operationen einstellen – und das auch in Wochenenddiensten und Nachtschichten.

Diese Aufgaben sind so alt wie der Beruf selbst, der Anfang des 20. Jahrhunderts als Frauenberuf erstmals gesetzlich geregelt wurde. Da jedoch die Berufsbezeichnung und die Tätigkeitsbeschreibung nicht der modernen Krankenpflege entsprechen, wurde die Regelung jüngst reformiert. Seit dem 1.1.2004 gilt die überarbeitete Version des Gesetzes zur Krankenpflegeausbildung. Einer der wichtigsten Eckpunkte ist die Änderung der Berufsbezeichnung von „Krankenschwester" bzw. „Krankenpfleger" in „Gesundheits- und Krankenpfleger/-in". In der Novelle ist auch der Aufgabenbereich neu festgelegt. Die Pflege ist demnach nicht mehr nur auf den heilenden Aspekt beschränkt, sondern beinhaltet auch vorsorgende, wiederherstellende und lindernde Maßnahmen.

Das ist nach Meinung des Berufsverbands der Pflegeberufe (DBfK) zwar ein Schritt in die richtige Richtung, doch die Aufwertung der Krankenpflegetätigkeit könnte noch weiter gehen: Statt bisher als Assistenz der Ärzte aufzutreten, soll die Verantwortung des Krankenpflegepersonals gegenüber den Patienten erhöht und damit die Ärzteschaft entlastet werden. In diesem Sinne wurde bereits im Juni 2000 von den Teilnehmern der WHO-Ministerkonferenz die Erklärung von München verabschiedet, in der eine Verbesserung des Pflege- und Hebammenwesens gefordert wird. Darin heißt es unter anderem, dass „Pflegende und Hebammen auf allen Ebenen der Grundsatzarbeit und der Umsetzung von Konzepten zur Entscheidungsfindung beitragen" sollen, den Pflegekräften finanzielle Anreize sowie bessere Laufbahnmöglichkeiten eröffnet werden und dass die „Aus- und Fortbildung sowie der Zugang zu einer akademischen Pflege- und Hebammenausbildung" verbessert werden soll. Zudem wird angestrebt, dass sich Pflegekräfte und Ärzte zusammen weiterbilden, um besser gemeinsam und unterstützend zu arbeiten. Ein Anliegen, das leider wohl noch einige Zeit auf sich warten lassen wird.

Aufgaben und Tätigkeiten

Gesundheits- und Krankenpfleger sind rund um die Uhr für kranke Menschen aller Altersgruppen da. Sie beobachten aufmerksam deren körperliches und seelisches Befinden und ergänzen damit die ärztliche Behandlung. Im Klartext heißt das, sie waschen und betten Patienten, wechseln Verbände oder verabreichen Medikamente nach ärztlicher Anordnung. Weiterhin stehen sie Ärzten bei Untersuchungen und operativen Eingriffen zur Seite und sind bei Arztvisiten mit dabei. Da die moderne Technik Einzug in die Krankenpflege gehalten hat, ist auch technisches Know-how gefragt: Gesundheits- und Krankenpfleger müssen auch mit Computern und medizinischen Geräten umgehen können. Neben den pflegerischen Aufgaben stehen auch Verwaltungsaufgaben wie die Planung von Pflegemaßnahmen oder die Pflegedokumentation auf der Liste der Tätigkeiten. (Derselbe Aufgabenbereich gilt auch für Kinderkrankenpfleger, nur dass ihre Patienten um einige Jahre jünger sind.)

Voraussetzungen
Die Krankenpflege ist eine Tätigkeit, die dem Personal Verantwortungsbewusstsein, besondere kommunikative Fähigkeiten und eigenständiges Handeln abverlangt. Sie erfordert einfühlsame und geduldige Menschen, die den Kranken die nötige Aufmerksamkeit entgegenbringen. Zudem müssen Pflegekräfte geistig und körperlich stark belastbar sein, um das tägliche Leiden anderer Menschen und leider auch die Konfrontation mit dem Tod besser bewältigen zu können.

☑ **Fähigkeiten und Interessen**

- Verständnis für Menschen in Ausnahmesituationen
- Kontakt- und Teamfähigkeit
- Interesse an naturwissenschaftlichen und medizinischen Sachverhalten
- Verantwortungsbewusstsein
- Verschwiegenheit
- Sinn für Sauberkeit, Hygienebewusstsein
- Körperkraft und Fitness
- Gutes Tastempfinden und Temperaturunterscheidungsvermögen

Quelle: www.berufenet.de

Berufsaussichten
Üblicherweise arbeiten Gesundheits- und Krankenpfleger auf den verschiedenen Stationen eines Krankenhauses, in Altenheimen oder in Pflegeeinrichtungen. Daneben sind sie in privaten Krankenpflegediensten, Hilfsorganisationen und kirchlichen Gemeinden zu finden. Dort trifft man sie meist in der Krankenstation bzw. in der häuslichen Pflege an. Doch auch in Blutspendezentralen und Arztpraxen oder in den Krankenstationen größerer Wirtschafts- und Industrieunternehmen werden sie gebraucht. Menschen mit Fernweh können auf einem „Traumschiff" anheuern. Abseits des Krankenbettes finden Gesundheits- und Krankenpfleger auch in der Verwaltung bei Krankenkassen, Kranken- und Pflegeversicherungen sowie Gesundheitsbehörden einen Job. Der Trend geht derzeit zur Freiberuflichkeit im ambulanten Pflegedienst, in der Pflegeberatung oder gleich zur Selbstständigkeit mit einem privaten Pflegeheim.

☑ **Ausgebildete Krankenpfleger arbeiten in**

- Krankenhäusern und Hochschulkliniken
- Vorsorge- und Rehabilitationskliniken
- der ambulanten Alten- und Krankenpflege
- Altenpflege- und Altenwohnheimen

- Behindertenheimen
- Einrichtungen für Kurzzeitpflege oder Tagesstätten mit pflegerischer Betreuung
- der Beratung oder Verwaltung des Gesundheitswesens
- Beratungs-, Informations-, Servicedienstleistungsstellen im Gesundheitsbereich, z.B. Qualitätsmanagement im Pflegebereich
- Verbänden der Sozialversicherungsträger, z.b. Krankenversicherungen
- Krankentransport- und Rettungsdiensten
- Arztpraxen
- Kranken-, Pflege- oder Altenberatungsstellen

Arbeitsmarkt

Trotz der Misere im Gesundheitswesen haben Gesundheits- und Krankenpfleger/ Kinderkrankenpfleger aufgrund von Fluktuation und vielen Pflegefällen gute Berufsaussichten. Es besteht nach wie vor großer Bedarf, sodass Berufseinsteiger mit hoher Wahrscheinlichkeit direkt nach der Ausbildung einen Arbeitsplatz bekommen.

Einkommen

Der Verdienst von Krankenpflegern in staatlichen Einrichtungen unterliegt dem Bundesangestelltentarif (BAT). Danach verdient z.b. eine verheiratete 30-jährige Krankenschwester mit zwei Kindern monatlich rund 2.500 Euro.

Zukunftsaussichten

Der Bedarf an qualifizierten Pflegekräften wird auch in den kommenden Jahren nicht abreißen. Ein Grund dafür ist der steigende Anteil an alten und pflegebedürftigen Menschen in unserer Gesellschaft. Nach Schätzungen des Bundesgesundheitsministeriums wird bis 2020 der Anteil der Pflegebedürftigen an der Bevölkerung um 50 Prozent auf bundesweit rund drei Millionen Menschen ansteigen. Dadurch gewinnt auch die Krankenpflege zunehmend an Bedeutung.

Zudem befindet sich die professionelle Krankenpflege in einem tief greifenden Veränderungs- und Umstrukturierungsprozess. Zum einen haben sich neue Arbeitsfelder gebildet: Die Pflege älterer Patienten gewinnt an Bedeutung, chronische Krankheiten nehmen zu. Bereits jetzt hat sich der Schwerpunkt der Pflege verschoben, weg von stationärer hin zu ambulanter und teilstationärer Pflege und weg vom Übergewicht der Krankheitsorientierung etwas mehr in Richtung Gesunderhaltung und Vorbeugung.

Zum anderen gibt es Bestrebungen, die Pflege aus der Abhängigkeit der Medizin herauszulösen, sie in einen eigenständigen Arbeitsbereich zu überführen. In diesem

Zusammenhang steht auch die Forderung des DBfK Familiengesundheitspflege-kräfte einzuführen. Sie sollen in regionalen Zentren oder bei Hausbesuchen Familien in Fragen zur Gesundheit beraten und kleinere Leiden versorgen. So soll eine Basisversorgung gesichert und das bestehende Gesundheitssystem entlastet werden. Der Berufsverband fordert seit Jahren, dass die Kompetenz der Krankenpfleger vergrößert wird, wie das in anderen europäischen Ländern bereits der Fall ist.

Ausbildung

Mit der Novellierung des Krankenpflegeausbildungsgesetzes ist ein erster Schritt zur Modernisierung des Berufsbilds getan. Die Diskussion um die Verbesserung wird bereits seit Jahren geführt und beinhaltet auch die Akademisierung der Ausbildung. Der DBfK sieht in der Gesetzesänderung einen Schritt in Richtung einer allgemeinen Pflegeausbildung mit anschließender Spezialisierung auf Krankenpflege, Kinderkrankenpflege oder Altenpflege als Weiterbildung. Doch noch sind die allgemeine Krankenpflege und die Kinderkrankenpflege weiterhin zwei unterschiedliche Ausbildungsberufe, die sich nach einer gemeinsamen Krankenpflegeausbildung in die jeweiligen fachspezifischen Sparten aufteilen.

Weiterhin gibt die neue Regelung den Ländern Rahmenvorgaben an die Hand, sodass eine bundeseinheitliche Qualität der Ausbildung sichergestellt ist. Um dem neuen Arbeitsbereich gerecht zu werden, wird künftig auch in Einrichtungen außerhalb von Krankenhäusern, etwa in ambulanten Pflegeeinrichtungen oder in der Rehabilitation, ausgebildet. Die theoretische Ausbildung erfolgt nach wie vor in einer der über 800 Krankenpflegeschulen, deren Adressen in der KURS-Datenbank des Arbeitsamts oder unter http://www.pflege-kurse.de einzusehen sind.

Zulassungsvoraussetzungen
- Vollendung des 17. Lebensjahres
- Gesundheitliche Eignung
- Realschulabschluss oder ein gleichwertiger Schulabschluss
- Hauptschulabschluss mit abgeschlossener Berufsausbildung
- Abschluss als Krankenpflegehelfer

Ausbildungsdauer und -abschluss
- drei Jahre
- Abschluss: staatlich geprüfter Gesundheits- und Krankenpfleger/Kinderkrankenpfleger

Inhalt
Das Gesetz über die Berufe in der Krankenpflege (Krankenpflegegesetz – KrPflG) vom Juni 1985 sieht 1.600 Stunden theoretischen Unterricht und 3.000 Stunden praktische Arbeit am Patienten vor.

Theoretischer und praktischer Unterricht an der Berufsfachschule

Berufs-, Gesetzes-, Staatsbürgerkunde	120 Std.
Hygiene und Mikrobiologie	120 Std.
Anatomie, Physiologie und Biologie	120 Std.
Physik, Chemie	40 Std.
Arzneimittellehre	60 Std.
Krankheitslehre	360 Std.
Pädagogik, Psychologie, Soziologie	100 Std.
Krankenpflege	480 Std.
Rehabilitation, Organisation, Sprache und Schrifttum, erste Hilfe	100 Std.
Zusatzstunden	100 Std.

Praktische Ausbildung in

allgemeiner Medizin und medizinischen Fachgebieten einschließlich Krankenpflege alter Menschen	900 Std.
allgemeiner Chirurgie und chirurgischen Fachgebieten	750 Std.
Gynäkologie oder Urologie sowie Wochen- und Neugeborenenpflege	350 Std.
Psychiatrie, Kinderkrankenpflege, Gemeindekrankenpflege (Hauskrankenpflege) o. Ä.	400 Std.

Die Vermittlung der praktischen Ausbildungsstätte variiert von Schule zu Schule. Viele staatliche Schulen sind an Krankenhäuser angeschlossen, sodass die Ausbildung dort stattfindet. Bei manchen privaten Trägern müssen sich die Schüler selbst um eine geeignete Ausbildungsstätte kümmern. Das sollte man bei der Wahl der Schule berücksichtigen.

> **X Beispiele aus dem Lehrplan für Gesundheits- und Krankenpfleger**
>
> - Krankheitsursachen und Krankheiten: Vorbeugung und Diagnose.
> - Wie wird eine Fieberkurve eingetragen, wie wird mündlich und schriftlich Bericht erstattet.
> - Wie werden medizinische Bäder, Inhalationen und Rotlicht verabreicht.
> - Welche Pflegetechniken gibt es und wie werden sie angewendet (z.B. Wundversorgung, Injektionen, Infusionen; spezielle Pflege von Augen, Ohr, Nase, Mund und Haut).

- Wie werden Blutentnahmen durchgeführt und Röntgenuntersuchungen vorbereitet.
- Welche Besonderheiten sind zu berücksichtigen z.B. bei der Pflege alter und sterbender Menschen, bei der Pflege von Wöchnerinnen und Säuglingen, Kindern; bei der Pflege auf Intensivstationen oder psychiatrischen Stationen.

Ausbildungsvergütung
Die Ausbildungsvergütung ist nach tariflichen Regelungen gestaffelt und betrug im Jahr 2003 je nach Ausbildungsjahr 715 Euro (1. Jahr), 773 Euro (2. Jahr), 867 Euro (3. Jahr).

Weiterbildung und Aufstiegsmöglichkeiten

Mit dem Ende der Ausbildung beginnt die Vertiefung und Erweiterung des fachspezifischen Wissens von Gesundheits- und Kranken-/Kinderkrankenpflegern. Es ist Teil des Berufs, sich über die neuesten Erkenntnisse aus Pflegeforschung, Medizin und Medizintechnik auf dem Laufenden zu halten. Die Berufsverbände sind in Sachen Fort- und Weiterbildung eine gute Anlaufstelle.
Um beruflich aufzusteigen, empfiehlt sich eine Ausbildung zum Fachkrankenpfleger.

✔ Mögliche Fachrichtungen für Gesundheits- und Kranken/Kinderkrankenpfleger

- Anästhesie und Intensivmedizin
- Innere Medizin und Intensivpflege/-medizin
- Operationsdienst
- Dialyse
- Onkologie
- Psychiatrie
- Radiotherapie und Nuklearmedizin
- Bobath-Konzept in der Pflege
- Künstliche Beatmung – pflegerische Besonderheiten

✔ Spezialisierungsmöglichkeiten

- Gemeindepflege, Sozialstation, Haus- und Familienpflege, ambulante Pflege
- Rettungsdienst, Versorgung bei Notfällen, erste Hilfe
- Geburtshilfe, Säuglingspflege in der Kranken- und Kinderkrankenpflege
- Lehrtätigkeit/Leitung an Krankenpflegeschulen und ähnlichen Einrichtungen
- Pflegeleitung in Krankenhäusern, Altenpflege und ähnliche Leitungsfunktionen
- EDV im Gesundheitswesen, in der Medizin und Pharmazie
- Betriebswirtschaft, kaufmännische Qualifizierung – Gesundheitswesen, Medizin, Pharmazie

Wer seine beruflichen Kompetenzen noch anderweitig entwickeln möchte, kann sich zum Beispiel über eine Zusatzqualifikation als Kardiotechniker oder Praxisanleiter an einer Fachschule oder ein Pflegestudium Gedanken machen. Meist ist für die Zulassung zum Studium das Abitur notwendig.

✔ Weiterbildungsmöglichkeiten

Fachschulen
- Techniker – Kardiotechnik
- Fachwirt
- Alten- u. Krankenpflege
- Soziale Dienstleistungen
- Betriebswirt (staatlich geprüft)
- Krankenhaus
- Gesundheitsökonomie

Studium
- Diplom-Pflegewirt (FH)
- Diplom-Pflegepädagoge (FH)
- Diplom-Medizinpädagoge (Uni)
- Arzt (Uni)
- Diplom-Sozialpädagoge (FH)
- Diplom-Dokumentar/Diplom-Informationswirt (FH)
- Diplom-Ingenieur Medizintechnik (FH)
- Diplom-Informatiker Medizinische Informatik (Uni)
- Diplom-Betriebswirt Gesundheitsmanagement (FH)

Quelle: Arbeitsamt – IBZ

Adressen

Arbeitsgemeinschaft Deutscher Schwesternverbände und Pflegeorganisationen e.V. ADS
Reinhäuser Landstraße 26, 37083 Göttingen
Tel: (05 51) 37 08 90-5, E-Mail: ads-pflege@t-online.de
Internet: http://www.ads-pflege.de

Deutscher Berufsverband für Pflegeberufe (DBfK)
Geisbergstraße 39, 10777 Berlin
Tel: (0 30) 21 91 57-0, E-Mail: dbfk@dbfk.de
Internet: http://www.dbfk.de/

Deutscher Pflegeverband e.V. (DPV)
Mittelstraße 1, 56564 Neuwied
Tel. (0 26 31) 83 88 0, E-Mail: deutscher_pflegeverband_dpv@t-online.de
Internet: http://www.dpv-online.de

Fachverband der Krankenpflege e.V. (FDK)
Gerhart-Hauptmann-Ring 396, 60439 Frankfurt
Tel. (0 69) 57 00 00 17

Berufsgenossenschaft für Gesundheitsdienst und Wohlfahrtspflege (BGW)
Postfach 76 02 24, 22052 Hamburg
Tel. (0 40) 2 02 07-0, E-Mail: redaktion@bgw-online.de
Internet: http://www.bgw-online.de

Deutsche Krankenhausgesellschaft (DKG)
Münsterstraße 169, 40476 Düsseldorf
Tel. (02 11) 4 54 73-0, E-Mail: dkg.mail@dkgev.de
Internet: http://www.dkgev.de

@ Links

- http://www.pflege-kurse.de (Liste von Pflegeschulen)
- http://www.pflege-deutschland.de (Nachrichten, Seminare, Diskussionsforen, Stellenmarkt, Gesetz sowie eine umfassende Adressdatenbank rund um das Thema Pflege)
- http://www.pflegenet.com (News und Links rund um die Pflege)
- http://www.krankenschwester.de (Infos und Chat rund um die Pflegeberufe)

📖 **Literatur**

Bücher und Studien

- **Arets, Jos; Obex, Franz u.a.:** Professionelle Pflege (2 Bde.). Theoretische und praktische Grundlagen, Fähigkeiten und Fertigkeiten. Bern: Huber, 1999.
- **Benner, Patricia; Tanner, Christine A.; Chesla, Catherine A.:** Pflegeexperten. Pflegekompetenz, klinisches Wissen und alltägliche Ethik. Bern: Huber, 2000.
- **Menche, Nicole; Bazlen, Ulrike; Komerell, Tilman (Hrsg.):** Pflege heute. Lehrbuch und Atlas für Pflegeberufe. 2., überarb. Auflage. München: Urban und Fischer, 2001.
- **Robert-Bosch-Stiftung (Hrsg.):** Pflege neu denken. Zur Zukunft der Pflegeausbildung. Stuttgart: Schattauer, 2000.
- **Sieger, Margot (Hrsg.):** Pflegepädagogik: Handbuch zur pflegeberuflichen Bildung. Verlag: Huber, 2001. (http://verlag.hanshuber.com)

Fachzeitschriften

- **Die Schwester – Der Pfleger.** Fachzeitschrift für Pflegeberufe. Verlag: Bibliomed (www.bibliomed.de).
- **Pflegezeitschrift;** Fachzeitschrift für stationäre und ambulante Pflege. Verlag: Kohlhammer (www.pflegezeitschrift.de).
- **Krankenpflegejournal** Verlag: Die Schwestern-Revue.
- **Pflege.** Die wissenschaftliche Zeitschrift für Pflegeberuf. Verlag: Hans Huber (www.hanshuber.com).
- **Heilberufe** Verlag: Urban&Vogel.
- **Das Pflegemagazin.** Offizielle Zeitschrift für die Mitglieder des Deutschen Pflegeverbands (DPV) (http://www.urban-vogel.de).

1.4 Logopädie

Überblick

Logopäden helfen Menschen mit Stimm-, Sprach- und Sprechstörungen, ihre kommunikativen Fähigkeiten aufzubauen, zu verbessern oder wiederherzustellen. Die Störungen können entweder organisch oder funktionell verursacht sein. Behandelt werden Menschen aller Altersstufen, wobei Kinder etwas mehr als die Hälfte der Patienten ausmachen.

Der Grund für einen steigenden Bedarf an Logopäden ist der medizinische Fortschritt. Dadurch haben sich die Überlebenschancen für Frühgeburten auf der einen

Seite sowie die Rehabilitation für Menschen nach Schlaganfällen auf der anderen Seite enorm verbessert. Diese Patienten kämpfen mit neurologischen Problemen und brauchen daher verstärkt Unterstützung, um ihre Sprechorgane gezielt einzusetzen. Soziale Faktoren wie häufiges Fernsehschauen oder Computerspielen können sich ebenfalls negativ auf die Sprachentwicklung auswirken.

Geschichtliche Entwicklung

Logopädie, die Lehre des Sprechens (aus dem Griechischen logos = das Wort, die Rede, das Sprechen) wurde zwar erst in der zweiten Hälfte des 20. Jahrhunderts zum Ausbildungsberuf. Die Erforschung von Sprache und Stimme geht jedoch bis in das 7. Jahrhundert vor Christus zurück. Damals ließ der Pharao Psammetich zwei Neugeborene von der Außenwelt isolieren, sodass sie keine Sprache hören konnten. Damit wollte er feststellen, welche Sprache und damit welches Volk wohl am ältesten sei. Der griechische Philosoph Aristoteles erkannte im Jahre 340 vor Christus den Zusammenhang zwischen Hörstörung und Sprachstörung einerseits sowie zwischen Alter, Größe des Kehlkopfs und Stimmhöhe andererseits. Im 16. Jahrhundert stellte erstmals Hieronymus d'Acquapedente, Arzt in Padua, eine durch Überanstrengung entstandene Stimmstörung fest und nannte sie die „Prediger-Krankheit". Der Arzt Julius Casserius verfasste zur selben Zeit ein umfangreiches Anatomiebuch und benannte alle Kehlkopfmuskeln mit ihren heutigen Namen. Im 18. Jahrhundert wurde dann die Gehörlosensprache entwickelt und im 19. Jahrhundert die indirekte Kehlkopfspiegelung, bei der ein kleiner Spiegel in den Mund eingeführt wird. Über einen zweiten Spiegel oder eine Lampe, die an der Stirn des Untersuchenden befestigt ist, fällt Licht auf den im Mund befindlichen Spiegel, sodass Kehlkopf und Rachen zu erkennen sind. Mit dem Fortschritt der Medizin ging die Erforschung des Kehlkopfs und der Sprechorgane schnell voran, sodass im 20. Jahrhundert zu den Ärzten für Stimm- und Sprechkrankheiten die Logopäden als Therapeuten hinzukamen.[4]

Aufgaben und Tätigkeiten

Im Bereich Sprachtherapie sind neben den Logopäden noch Sprachheillehrer, diplomierte Sprachheilpädagogen, staatlich anerkannte Sprachtherapeuten, klinische Sprechwissenschaftler und staatlich geprüfte Atem-, Sprech- und Stimmlehrer vertreten. Sie alle behandeln die gleichen Patienten, haben aber unterschiedliche Ausbildungen durchlaufen.

Im Terminkalender eines Logopäden findet sich ein Querschnitt durch alle Bevölkerungsschichten: Kinder, deren Sprachentwicklung aufgrund frühkindlicher

---

4 vgl. Internetseite der Logopädieschule der Arbeiterwohlfahrt Ennepe-Ruhr-Kreis http://www.awo-en.de

Hirnschädigung oder psychologischer Ursachen verzögert ist, Erwachsene mit Sprechberufen, wie Lehrer, die Überlastungsschäden der Stimme oder Stimmlippenknötchen aufweisen, bis hin zu Menschen, die nach einem Schlaganfall oder einem Unfall das Sprechen oder Schlucken neu erlernen müssen. Die Aufgabe von Logopäden ist es, die Störungen der Stimme, der Sprache, des Sprechablaufs, des Redeflusses, des Schluckvorgangs sowie der Nahrungsaufnahme zu diagnostizieren und zu therapieren. Ziel ist es, dass der Patient wieder befriedigend kommunizieren kann. Kinder sollen wieder die Schule besuchen, Erwachsene wieder einen Beruf ausüben können.

✔ Folgende Krankheitsbilder werden von Logopäden behandelt:

- Stimmstörungen organischer, funktioneller oder seelisch bedingter Art (Stimmlippenlähmung, Überlastungsschäden der Stimme bei Sprechberufen, Stimmlippenknötchen)
- Störungen nach einer Kehlkopfoperation (mit Erlernen einer Ersatzstimme)
- Zentral bedingte Störungen der Sprachentwicklung bei Kindern (nach minimalen frühkindlichen Hirnschäden)
- Verzögerungen der Sprachentwicklung verschiedener Ursachen (organisch, psychisch, neuropsychologisch bedingt)
- Sprach- und Sprechstörungen aufgrund von Hörstörungen
- Zentral bedingte Sprach- und Sprechstörungen (Aphasie = Verlust des Sprachvermögens oder Sprachverständnisses infolge Erkrankung des Sprachzentrums im Gehirn)
- Störungen der Nahrungsaufnahme (Essen, Trinken und Schlucken) bei Erwachsenen und Kindern aufgrund neurologischer Erkrankungen
- Dysarthrie (Störungen des Sprechens und der Stimme infolge neurologischer Erkrankungen)
- Funktionelle und organische Störungen in der Nasalität (Sprechen eines Lautes durch die Nase) bei Lippen-Kiefer-Gaumen-Spalten
- Störungen des Redeflusses (Stottern, Poltern)
- Schluckstörungen

Quelle: Arbeitsamt – Blätter zur Berufskunde

Zu Beginn der Behandlung werden Artikulation, Wortschatz, Grammatik und das Verstehen von Sprache getestet. Daneben steht die Schreib- und Leseleistung auf dem Prüfstand. Auch die organischen Funktionen von Atmung, Stimme und Schlucken werden getestet. Aufgrund dieser Ergebnisse wird zusammen mit dem ärztlichen Befund die Therapie ausgewählt. Diese umfasst spezielle Übungen, aber auch Gespräche über den Therapieverlauf und den zu erwartenden Erfolg. Dabei geben Logopäden ihren Patienten Anleitungen zum selbstständigen Üben.

Logopäden klären ihre Patienten über die Ursachen und die Auswirkungen ihrer Kommunikationsstörung auf und geben ihnen gezielte Hinweise, wie sie mit ihrer Sprachstörung besser im Alltag umgehen können. Das umfasst auch die Vermittlung von Selbsthilfevereinigungen oder zusätzliche psychologische Behandlung.

Als wichtiger Bestandteil der logopädischen Therapie werden die Angehörigen in die Therapie mit einbezogen. So wird Konflikten und Missverständnissen in der häuslichen Umgebung vorgebeugt, die durch fehlende Gespräche auftreten können. Denn oft sind Patienten und Angehörige mit dieser besonderen Situation überfordert.

Voraussetzungen
Für Logopäden ist es wichtig, ein gutes Gehör zu haben, musikalisch zu sein sowie sich sprachlich gut ausdrücken zu können. Selbstverständlich müssen auch die Sprachorgane medizinisch einwandfrei funktionieren, denn Logopäden haben Vorbildfunktion. Von Vorteil ist es, wenn bereits Grundkenntnisse in Latein für die medizinische Terminologie vorhanden sind und auch Kenntnisse in der Datenverarbeitung vorliegen. Da Fächer wie Anatomie, Physiologie sowie Pathologie auf dem Stundenplan stehen, sollten Interessenten auch gute Kenntnisse in Biologie haben.

✔ Fähigkeiten und Interessen

- Neigung zu helfendem, förderndem, anleitendem Umgang mit Menschen
- Interesse an psychologischen und an medizinischen Sachverhalten
- Einwandfreie Aussprache ohne Dialektfärbung
- Differenziertes mündliches und schriftliches Ausdrucksvermögen
- Flüssige Sprechweise
- Gute Beobachtungsgabe
- Pädagogisches Geschick
- Befähigung zum selbstständigen Arbeiten, Planen und Organisieren
- Musikalität
- Kontaktfähigkeit, Einfühlungsvermögen, Taktgefühl
- Geduld und Ausdauer
- Zuverlässigkeit, Verantwortungsbewusstsein
- Ausgeglichenes, Zuversicht vermittelndes Auftreten und Verhalten
- Aufmerksamkeit
- Gutes Hörvermögen
- Belastungsfähige Stimme

Quelle: www.berufenet.de

Berufsaussichten

Die Logopädie ist nicht nur dem Namen nach weiblich, denn 90 Prozent der knapp 6.300 berufstätigen Logopäden in Deutschland sind Frauen. Es besteht nach wie vor Bedarf an Logopäden, auch wenn aufgrund der Einschnitte im Gesundheitssystem die Verordnungen für logopädische Behandlungen zurückgehen dürften. Dennoch gibt es zahlreiche Stellenausschreibungen sowie Wartezeiten auf logopädische Behandlung. Zwischen Stadt und Land besteht allerdings ein deutliches Gefälle. Während in den Städten der Bedarf an Logopäden teilweise bereits gedeckt ist, werden in ländlichen Gegenden oft noch dringend Fachkräfte gesucht.

✔ Ausgebildete Logopäden arbeiten in:

- Logopädischen Praxen (ca. 70%)
- Klinischen Einrichtungen (9%)
- Einrichtungen der Frühförderung (8%)
- Sonderschulen
- Heimen
- Tagesstätten für Sprach- und Hörgeschädigte
- Rehabilitationszentren (6%)
- Logopädieschulen (5%)
- Praxis einer anderen Berufsgruppe (2%)

Quelle: Deutscher Berufsverband für Logopädie (dbl), Stand April 2003

Etwa zu gleichen Teilen arbeiten berufstätige Logopäden als Selbstständige und Angestellte. Seit dem 1.5.2003 können sich Logopäden bereits nach Abschluss der Ausbildung selbstständig machen. Bisher wurde hierfür eine zweijährige Berufserfahrung als angestellter Logopäde unter fachlicher Leitung vorausgesetzt. Für die Abrechnung logopädischer Leistungen mit den Krankenkassen brauchen Selbstständige eine Kassenzulassung, die von den Spitzenverbänden der Krankenkassen geregelt und von den verschiedenen Kassenarten auf Landesebene erteilt wird.

Die Ausstattung einer logopädischen Praxis hängt von dem Therapiebereich ab, auf den sich der selbstständige Logopäde spezialisiert. Zur Grundausstattung gehören geeignete Räume, ein Computer für therapeutische Zwecke, eine Videoanlage, ein Tonband sowie die übliche Büroausstattung. Zusätzlich fallen Kosten für logopädisches Diagnostik- und Therapiematerial an, die, je nach Therapieschwerpunkt und ausgewähltem Material, variieren.

Einkommen

Ein angestellter Logopäde wird in der Regel nach BAT VI b mit Bewährungsaufstieg nach V b bezahlt. Demnach verdient eine ledige Logopädin im Alter von 26 Jahren brutto etwa 1.747 Euro bzw. nach dem Bewährungsaufstieg 1.922 Euro[5]. Logopäden, die in den Schulunterricht gehen, können in leitender Position bis zu BAT IV a aufsteigen; mit Hochschulabschluss in der Logopädie kann die Gehaltsstufe BAT II erreicht werden. Bei freiberuflich tätigen Logopäden richtet sich der Verdienst nach den aktuellen Vergütungssätzen der Krankenkassen, die je nach Bundesland differieren.

Zukunftsaussichten

Das Therapiefeld von Logopäden weitet sich mit zunehmender Forschung. Die Schlucktherapie, die Patienten nach Schlaganfällen das Schlucken neu lehrt, ist nur eine von vielen neuen Behandlungsmethoden, die in den vergangenen Jahren entwickelt wurden. Der Einsatz von Logopäden in der Kieferorthopädie ein weiterer. „Logopädie statt Klammer" heißt dort die Devise. So kann eine langwierige Kieferbehandlung von hervorstehenden Zähnen einfach durch logopädisches Training vermieden werden. Dabei wird der Patient angeleitet, den Zungendruck auf die Zähne zu reduzieren. Bei erfolgreicher Therapie entfällt eine jahrelange, kostenintensive kieferorthopädische Behandlung. Diese besonderen Therapien werden zu einer Spezialisierung der Logopäden führen, wie es in anderen europäischen Ländern und in den USA bereits üblich ist. Fachlogopäden werden dann beispielsweise nur Stottern behandeln oder nur Kehlkopferkrankungen.

Die veränderten Bedingungen im Gesundheitswesen werden sich nach Einschätzung des Deutschen Berufverbands der Logopäden (dbl) auch auf die Situation der niedergelassenen Logopäden auswirken: weg von Einzelpraxen hin zu Versorgungspraxen, in denen Ärzte zusammen mit Logopäden und Ergotherapeuten Therapiekonzepte entwickeln und ausführen. Gleiches gilt für den wachsenden Gesundheitsmarkt: Stimmschulung und Stimmhygiene für Führungskräfte ist nur ein Arbeitsfeld, auf das sich Logopäden abseits der von den Krankenkassen bezahlten Leistungen spezialisieren können.

Ausbildung

Obwohl das bundeseinheitliche Ausbildungsgesetz für den Beruf des Logopäden lediglich einen mittleren Bildungsabschluss voraussetzt, ist er bei Abiturienten sehr gefragt: 90 Prozent der Bewerber für die Ausbildung haben ein Abitur oder ein

---

[5] Stand: April 2003, nach Angaben des dbl

Fachabitur. Die Ausbildung findet auch hier an so genannten Fachschulen statt, doch gibt es bereits erste Ausbildungsgänge an Fachhochschulen.

Meist übersteigt die Zahl der Bewerber die Zahl der Ausbildungsplätze. Daher finden schulinterne Auswahlverfahren statt. In der Regel erfolgt die Auswahl anhand des leistungsgesteuerten Losverfahrens, in das Schulnoten und Praktika eingehen. Die Bewerber werden anhand dieser Kriterien nach Leistung in verschiedene Töpfe verteilt. Aus jedem Topf wird eine bestimmte Anzahl an Bewerbern eingeladen, sodass auch Schüler mit schlechteren Ausgangspositionen eine Chance bekommen. Die Bewerber nehmen an einem eintägigen Eignungstest teil, der die Teilnehmer nach stimmlichem, sprachlichem, musikalischem und therapeutischem Können prüft. Auf der Grundlage dieser Ergebnisse werden dann die Schüler ausgewählt.

Aufgrund der ständig wachsenden Anforderungen an die Logopädieschüler, der rasanten wissenschaftlichen Weiterentwicklung sowie steigender Qualitätsanforderungen fordert der dbl, die Logopäden an den Hochschulen auszubilden, wie es in den meisten anderen europäischen Ländern bereits gang und gäbe ist. Für den Berufsverband ist die Akademisierung der Ausbildung der Schlüssel für eine bundeseinheitlich geregelte inhaltliche Spezialisierung. Zudem schafft ein akademischer Abschluss attraktive Möglichkeiten, um beruflich weiterzukommen. Dadurch könnte sich in Deutschland auch eine eigenständige logopädische Forschung etablieren, die bisher fehlt.

Zulassungsvoraussetzungen
- Vollendung des 18. Lebensjahres
- Eine abgeschlossene Realschulausbildung oder eine gleichwertige Ausbildung
- Eine nach dem Hauptschulabschluss abgeschlossene Berufsausbildung von mindestens zweijähriger Dauer
- Ärztliches Gesundheitsattest
- Phoniatrisches Gutachten, nicht älter als drei Monate
- Audiologisches Gutachten (Audiogramm), nicht älter als drei Monate[6]

Ausbildungsdauer und -abschluss
- drei Jahre
- Abschluss: staatlich geprüfter Logopäde

---

[6] Phoniatrische und audiologische Gutachten werden beim Hals-Nasen-Ohren-Arzt ausgestellt

Inhalt

Zu den Inhalten der theoretischen und praktischen logopädischen Ausbildung gehören: 1.740 Stunden theoretische sowie 2.100 Stunden praktische Ausbildung. Das intensive theoretische und praxisbezogene Ausbildungsprogramm vermittelt Kenntnisse und Fähigkeiten auf den Gebieten der Medizin, Psychologie, Sonderpädagogik und Sprachwissenschaften sowie der Logopädie. Der praktische Teil erfolgt unter ständiger Supervision von Lehrlogopäden im direkten therapeutischen Kontakt mit den Patienten. Die Inhalte der Ausbildung werden so kombiniert, dass die Erfordernisse der klinisch-therapeutischen Tätigkeit der Logopäden erfüllt werden.

Theoretischer Unterricht (nach LogAPrO vom Oktober 1980)

Berufs-, Gesetzes- und Staatsbürgerkunde	60 Std.
Anatomie, Physiologie und Pathologie	120 Std.
Hals-, Nasen-, Ohrenheilkunde	60 Std.
Pädiatrie und Neuropädiatrie	80 Std.
Neurologie und Psychiatrie sowie Kinder- und Jugendpsychiatrie, Asphasiologie	140 Std.
Kieferorthopädie und Kieferchirurgie	20 Std.
Phoniatrie	120 Std.
Audiologie und Akustik, Pädaudiologie, Elektro- und Hörgeräteakustik	80 Std.
Logopädie	480 Std.
Phonetik, Linguistik	80 Std.
Psychologie und Klinische Psychologie	120 Std.
Soziologie	40 Std.
Pädagogik und Sonderpädagogik	140 Std.
Stimmbildung und Sprecherziehung	200 Std.

Praktische Ausbildung

- Hospitation bei Logopäden und Ärzten
- Übungen unter Anleitung (Befunderhebung, Therapieplanung, Therapiedurchführung, Beratungsgespräche, Behandlungsproben)
- Praktika in Kliniken, Praxen, sonderpädagogischen Einrichtungen usw.
- Praxis in Zusammenarbeit mit den Angehörigen des therapeutischen Teams, wie z.B. Musiktherapeuten, Psychologen usw.

Schulen

Die erste Lehranstalt für Logopädie wurde 1962 in Berlin gegründet. Inzwischen gibt es über 70 staatliche oder private Logopädieschulen. Eine Liste gibt es beim Bundesverband Deutscher Schulen für Logopädie (Adresse siehe S. 53), unter http://www.logopaedie.de oder in der KURS-Datenbank der Bundesanstalt für

Arbeit. Hier können alle wichtigen Informationen über die einzelnen Schulen aufgerufen werden.

Kosten
Die Lehranstalten in privater Trägerschaft erheben meist Ausbildungs- und Prüfungsgebühren, die zwischen 500 bis 1.000 Euro pro Monat oder darüber liegen. Staatliche Schulen erheben in der Regel keine Gebühren. Das Arbeitsamt fördert unter Umständen die Ausbildung (Unterhaltskosten und Schulgebühr) als Umschulungsmaßnahme. Für die Dauer der Ausbildungszeit können Azubis auch BAföG beantragen. Nähere Informationen hierzu geben die Ämter für Ausbildungsförderung (http://www.bafoeg.bmbf.de).

Fachhochschulen
Es gibt erste Ansätze, die Logopädie an den Hochschulen anzusiedeln. Einige wenige Fachhochschulen bieten Bachelorstudiengänge für Logopäden an, die mit dem Titel „Bachelor of Science Speech and Language Therapy/Logopedics" abschließen. Um sie anzutreten, muss man bereits eine Berufsausbildung zum Logopäden abgeschlossen haben.
- FH Oldenburg/Ostfriesland/Wilhelmshaven (http://www.fh-oow.de)
- FH Idstein: Europafachschule Fresenius (http://www.fh-fresenius.de)
- FH Hildesheim/Holzminden/Göttingen
  (http://www.fh-hildesheim.de/FBE/FBS/Index.htm)

Weiterbildung und Aufstiegsmöglichkeiten

Um auch nach dem Abschluss der Ausbildung erfolgreich zu arbeiten, sollten sich Logopäden regelmäßig fortbilden. In den verschiedenen Störungsbereichen werden zahlreiche Seminare angeboten, die sich auf spezifische Therapiemethoden oder auf wichtige neue Erkenntnisse in den verschiedenen wissenschaftlichen Grunddisziplinen beziehen.

Zudem bieten Fachhochschulen Studiengänge an, die auf eine Berufsfachschulausbildung aufbauen und auf Leitungsfunktionen in privaten Krankenhäusern oder Praxen vorbereiten sollen. Die Rheinisch-Westfälische Technische Hochschule in Aachen bietet zum Beispiel einen Diplomstudiengang für Lehr- und Forschungslogopädie an, der neben der Hochschulreife eine abgeschlossene Berufsausbildung voraussetzt.

Die Möglichkeiten des beruflichen Aufstiegs angestellter Logopäden sind insgesamt eher bescheiden und gehen über die relativ wenigen Leitungsstellen in klinischen Einrichtungen und im Bereich der Lehrlogopädie kaum hinaus.

✔ Spezialisierungsmöglichkeiten

- Sprachtherapie
- Atemtherapie
- Psychomotorik
- Sonderpädagogik/Heilpädagogik
- Arbeiten in Wohn- und Werkstätten für Behinderte
- Eltern- und Angehörigenarbeit in der Logopädie
- Stimmtherapie
- Nasalisierungsmethode
- Hör- und Sprachförderung
- Stotterbehandlung
- Aphasiebehandlung
- Behandlungsmöglichkeiten bei Schriftsprachstörungen oder beim Umgang mit Zahlen
- Unterrichts- und Seminargestaltung
- Lehrlogopädie

✔ Weiterbildungsmöglichkeiten

Fachschulen
- Fachwirt
  Soziale Dienstleistung
  Sozial- und Gesundheitswesen
- Sozialwirt
- Betriebswirt – Sozialwesen
- Betriebswirt (staatlich geprüft) für Gesundheitsökonomie

Studium
- Diplom-Logopäde
- Diplom-Lehrlogopäde
- Diplom-Heilpädagoge
- Diplom-Sprecherzieher
- Lehrer Sonderschulen
- Bachelor of Therapy Management
- Diplom-Medizinpädagoge
- Medizinischer Dokumentar

Quelle: Arbeitsamt – IBZ

Adressen

Deutscher Bundesverband für Logopädie e.V. (dbl)
Augustinusstraße 11a, 50226 Frechen
Tel. (0 22 34) 69 11 53, E-Mail: info@dbl-ev.de
Internet: http://www.dbl-ev.de

Bundesverband Deutscher Schulen für Logopädie e.V.
Pettenkoferstraße 4a, 80336 München
Tel. 0 89/51 60 39 77, E-Mail: froehlich@duesseldorfer-akademie.de
Internet: http://www.bdsl-ev.de

Deutsche Gesellschaft für Sprechwissenschaft und Sprecherziehung e.V. (DGSS)
Senckenberganlage 27, 60325 Frankfurt
Tel. (0 69) 7 98-2 22 76
Internet: http://www.dgss.de

@ Links

- http://www.logopaedie.de (Informationsplattform und Forum: Fragen an Fachleute)
- http://www.sprachheilpaedagogik.de (Information rund um die Logopädie, Diskussionsforum, Stellenangebote)
- http://www.schulz-kirchner.de/logopaedie/index.htm (Forum für Logopäden, Informationen, Stellenangebote, Seminare von dem Verlag Schulz und Kirchner)
- http://www.cplol.org (Informationen zur Logopädie europaweit)

 Literatur

Bücher
- **Franke, Ulrike:** Logopädisches Handlexikon. 6., überarb. u. erw. Auflage. Stuttgart: UTB, 2001.
- **Wirth, Günter:** Sprachstörungen, Sprechstörungen, Kindliche Hörstörungen. Lehrbuch für Ärzte, Logopäden und Sprachheilpädagogen. 5., überarb. Auflage. Köln: Deutscher Ärzte-Verlag, 2000.
- **Grunwald, Arnold:** Sprachtherapie. Praktische Anleitungen zur Diagnose und Therapie sprachgestörter und entwicklungsbehinderter Kinder. 4. Auflage. Horneburg: Persen, 2000.

- **Zollinger, Barbara (Hrsg.):** Wenn Kinder die Sprache nicht entdecken. Einblicke in die Praxis der Sprachtherapie. 2. Auflage. Bern: Haupt, 2002.

Fachzeitschriften
- **Sprache – Stimme – Gehör,** Zeitschrift für Kommunikationsstörungen. Verlag: Thieme. (http://www.thieme.de)
- **Die Sprachheilarbeit.** Verlag: modernes Lernen. (http://www.verlag-modernes-lernen.de) Deutsche Gesellschaft für Sprachheilpädagogik e.V.
- **L.O.G.O.S. Interdisziplinär.** Fachzeitschrift für Logopädie/Sprachheilpädagogik und angrenzende Wissenschaften. Verlag: Urban & Fischer. (http://www.urbanfischer.de)
- **Deutsche Behinderten-Zeitschrift.** Verlag: Reha-Verlag GmbH (http://www.reha-verlag.de)

1.5 Motopädie (Bewegungstherapie)

Überblick

Motopädie beschäftigt sich, wie der Name schon sagt, mit der Motorik des menschlichen Körpers. Sie fängt da an, wo die Physiotherapie aufhört, und endet dort, wo die Psychiatrie anfängt, und schließt so die Lücke zwischen den beiden Disziplinen. Patienten von Motopäden sind Kinder, Jugendliche und Erwachsene, deren Wahrnehmungs- und Bewegungsvermögen durch Entwicklungsstörungen, Krankheiten oder durch einen Unfall gestört sind. Das können Bewegungsstörungen der Hand- und Fingergeschicklichkeit sein, aber auch Sprachstörungen und Lese- und Rechtschreibstörungen. Dabei wenden sie neuro-, senso-, psycho- und sportmotorische Therapieverfahren an, um die Störung zu lindern oder zu beheben.

Aufgaben und Tätigkeiten
Zu Beginn der motopädischen Therapie steht die Diagnose der Fehlfunktion. Dabei werden Tests zur Motorik, Wahrnehmung und zum Bewegungsverhalten durchgeführt. Zudem sprechen Motopäden mit den Betroffenen und deren Angehörigen und sammeln so Daten aus der Vorgeschichte und zur geistig-seelischen sowie zur sozialen Entwicklung. Ziel ist es, die Stärken und Schwächen des Patienten herauszufiltern. Daraus werden dann ein Gutachten sowie individuelle Therapiepläne erstellt, die im spielerischen Erleben die Wahrnehmung und die Bewegung fördern und dabei alle Sinne beanspruchen. Ziel der motopädischen Behandlung ist, die gestörten sensomotorischen und psychomotorischen Funktionen zu verbessern.

Zu den Patienten gehören Kinder und Jugendliche, deren Bewegungsabläufe im Zuge der Technisierung Defizite davongetragen haben, indem sie viel Zeit im Sitzen vor dem Fernsehapparat und dem Computer verbracht haben. Diese Beschäftigung kann zur Folge haben, dass die motorischen Fähigkeiten der Heranwachsenden zunehmend verkümmern. Motopäden bringen mit ihren Übungen die Bewegung zurück ins Spiel: Mit Gymnastikgeräten, Bällen und anderen Hilfsmitteln wird das eigene physische Erleben wieder in den Mittelpunkt gestellt. Der Patient gestaltet die Übungen mit den Geräten selbst und fördert damit seine Wahrnehmung. Dabei werden die Stärken des Patienten in den Mittelpunkt gestellt, ausgebaut und auf diese Weise Entwicklungsrückstände abgebaut.

Aber auch ältere Menschen gehören zur Klientel von Motopäden. Hier stehen Übungen im Mittelpunkt, die vorhandene Fähigkeiten aktivieren und Funktionen stabilisieren. Wenn alte Menschen ihren Körper lange unter Kontrolle halten, hat die Motopädie ihr Ziel erreicht: Sie hat Selbstwertgefühl vermittelt.

✔ Mit diesen Aufgaben sind Motopäden täglich betraut:

- Planung und Durchführung spezifischer Förder- und Behandlungsmaßnahmen in den Bereichen Wahrnehmung, Bewegung und Erleben
- Beratung und Begleitung von Eltern und anderen Bezugspersonen der Betroffenen
- Erstellen von Beobachtungs-, Verlaufs-, Entwicklungs- und Abschlussberichten zur Darstellung und Überprüfung der eigenen motopädischen Arbeit
- Die Arbeit der Motopäden erfolgt in enger Zusammenarbeit mit Ärzten, Therapeuten, Pädagogen und Psychologen
- Hilfe und Unterstützung für den zu betreuenden Personenkreis bei allen Anforderungen des Alltags, die nicht selbst bewältigt werden können
- Erziehung zur Selbstständigkeit
- Abbau von Verhaltensstörungen
- Aufbau von Sozialverhalten, emotionalem und kommunikativem Verhalten

Quelle: Fachschule Butz Eisenberg

Voraussetzungen
Um ein guter Motopäde zu werden, sollte man gerne kranke Menschen, ob jung oder alt, anleiten und fördern. Ein gewisses Maß an Mitteilungsbedürfnis und Kontaktfähigkeit sollte vorhanden sein, um Übungen zu erklären und vorzuführen sowie Patienten durch Bewegungsführung anzuleiten und ihnen Hilfestellung und Ermutigung zu geben. Da es beim Beruf des Motopäden darum geht, Bewegungsabläufe zu verbessern, sollte man sich selbst gerne bewegen und Spaß an Tanz,

Jonglieren oder Akrobatik haben. Eine gute Beobachtungsgabe ist notwendig, um Reaktionen auf bestimmte Übungen genau zu erkennen und sie zu bewerten sowie um Bewegungsabläufe zu kontrollieren und zu korrigieren.

✔ Fähigkeiten und Interessen

- Neigung zu helfendem, förderndem, anleitendem Umgang mit Menschen
- Spaß an körperlicher Bewegung
- Interesse an Medizin, besonders an der Anatomie
- Interesse an Pädagogik und Psychologie
- Gute Körperbeherrschung, körperliche Gewandtheit
- Gute Beobachtungsgabe
- Pädagogisches Geschick
- Musikalität
- Einfallsreichtum
- Einfühlungsvermögen, Geduld
- Kontaktfähigkeit

Quelle: www.berufenet.de

Berufsaussichten

Motopäden arbeiten überall dort, wo Menschen Hilfe brauchen: also in Beratungs- und Förderstellen, in Kliniken, in sozial- und heilpädagogischen Einrichtungen, in schulischen Einrichtungen sowie in krankengymnastischen oder physiotherapeutischen Praxen.

Die meisten der ungefähr 4.000 Motopäden sind angestellt. Da es für Motopäden für ihre therapeutische Arbeit noch keine Kassenzulassung gibt, können sie höchstens in Einzelfallentscheidungen zum Abrechnungspartner der Krankenkassen werden und sich mit einer eigenen Praxis selbstständig machen. Es besteht die Möglichkeit, freiberuflich Unterrichtsstunden in Bildungszentren im Bereich Entspannung oder Tanz anzubieten. Ebenso können Rhythmikstunden in Kindergärten oder auch Wassergymnastik in Wellnesseinrichtungen eine Möglichkeit sein, um freiberuflich tätig zu werden.

✔ Ausgebildete Motopäden arbeiten in

- Beratungs- und Förderstellen
  Frühförderung
  Erziehungsberatung

Gesundheitsamt
- Kliniken und Krankenhäusern in den Abteilungen Sozialpädiatrie, Neuropädiatrie, Kinder- und Jugendpsychiatrie, Psychosomatik, Sucht
- sozialpädagogischen und heilpädagogischen Einrichtungen
  integrative Kindergärten und Sonderkindergärten
  Werkstätten für Behinderte
  therapeutische Tagesstätten
  Alten- und Pflegeheime
- schulischen Einrichtungen
  Sonderschulen
  Schulkindergärten
  Grundschulen
  Heime
- Behindertensportvereine und Familienbildungsstätten
- Fort- und Weiterbildungseinrichtungen
- Krankengymnastischen oder physiotherapeutischen Praxen

Einkommen
Die Tätigkeit des Motopäden unterliegt der BAT-Regelung VII, das ist beispielsweise ein Anfangsgehalt ohne Ortszuschlag in Höhe von 1.500 Euro. Je nach Verantwortung und Komplexität der Aufgaben nimmt der Verdienst zu.

Zukunftsaussichten
Seit der Beruf des Motopäden 1977 eingeführt wurde, nahm die Bedeutung dieser Art der Therapie für die pädagogische Prävention und Rehabilitation zu. Da sich ihre Arbeit in den Praxisfeldern bewährt hat, entstanden immer mehr Stellen für Motopäden. Beobachtungen der Arbeitsmarktlage durch den Berufsverband der Motopäden/Mototherapeuten (DBM) zeigen, dass weiterhin Stellen für Motopäden geschaffen und überregional ausgeschrieben werden. Vor allem im Bereich der Altenhilfe sind gute Perspektiven zu verzeichnen.

Das liegt auch daran, dass Motopäden in einem Problemfeld arbeiten, das zunehmend im Bildungs-, Sozial- und Gesundheitswesen als gesellschaftliche Aufgabe erkannt wird. Auf der anderen Seite schränken Krankenkassen aber ihre Leistungen immer weiter ein, sodass die Therapien oftmals aus eigener Tasche finanziert werden müssen.

Ausbildung

Bisher gibt es lediglich in Hessen, Nordrhein-Westfalen, Sachsen-Anhalt und Thüringen staatlich anerkannte Schulen, die eine Ausbildung in Motopädie anbieten. Sie wird von den jeweiligen Bundesländern gesetzlich geregelt und variiert daher in Struktur und Länge. Um den Beruf des Motopäden zu erlernen, ist in der Regel ein mittlerer Bildungsabschluss vorzuweisen und berufliche Erfahrung. Die Ausbildung erfolgt in Fachschulen und wird in Vollzeit in mindestens einem Jahr absolviert. Mit dem Abschluss wird die Berufsbezeichnung „Staatlich geprüfter Motopäde" vergeben.

Hessen

Zulassungsvoraussetzung
- Abgeschlossene Berufsausbildung und eine einjährige Berufspraxis in einem sozialpädagogischen Beruf
- Berufsausbildung als Sportlehrer, Gymnastiklehrer, Physiotherapeut, Ergotherapeut, Gesundheits- und Krankenpfleger oder Altenpfleger und eine einjährige Berufspraxis

Ausbildungsdauer
- Vollzeitschule: 18 Monate, davon sechs Monate Anerkennungshalbjahr
- Teilzeitunterricht: max. 36 Monate
- Innerhalb der Ausbildung sind 900 Stunden berufspraktische Ausbildung zu absolvieren.

Inhalte

Grundlagen der Soziologie, Psychologie und Pädagogik	300 Std.
Krankheitslehre und Motopathologie	230 Std.
Motodiagnostik	120 Std.
Methodik und Didaktik der Motopädie	150 Std.
Motopädie	400 Std.
Gesamtstunden	1.200 Std.
Praktikum	900 Std.

Schule
Schule und Rhön – Akademie Schwarzerden, Fachschule für Motopädie
36129 Gersfeld-Bodenhof
Tel. (0 66 54) 9 18-4 40, E-Mail: Schwarzerden@t-online.de
Internet: http://www.schwarzerden-web.de

Nordrhein-Westfalen

Zulassungsvoraussetzung
- Abschluss als staatlich geprüfte Gymnastiklehrer und eine mindestens einjährige einschlägige Berufspraxis
- Hochschulabschluss als Sportlehrer und eine mindestens einjährige einschlägige Berufspraxis
- Abgeschlossene sozialpädagogische, heilerziehungspflegerische oder heilpädagogische Berufsausbildung und eine sportliche, rhythmische oder tänzerische Qualifikation sowie eine mindestens einjährige einschlägige Berufspraxis

Ausbildungsdauer
- Vollzeitschule: ein Jahr
- Berufsbegleitender Praxisbezug: zwei Jahre

Innerhalb der Ausbildung sind 160 Stunden angeleitete motopädische Praxis vorgeschrieben.

Inhalte
Allgemeiner Bereich

Motodiagnostik	200 Std.
Didaktik/Methodik der Motopädie	80 Std.
Psychologie	120 Std.
Motopathologie	80 Std.
Sonderpädagogik	80 Std.
Politik	40 Std.
Deutsch	40 Std.
Motopädie (Psychomotorik, Sensomotorik, Soziomotorik, Rhythmik, Entspannung)	480 Std.
Angeleitete motopädische Praxis	160 Std.

Wahlbereich

Wahlunterricht zur Ergänzung und Vertiefung der Fächer des allgemeinen Bereichs oder der Rechtskunde	120 Std.

Schulen
Ernst-Kiphard-Berufskolleg, Dortmunder Fachschule für Motopädie
Victor-Toyka-Straße 6, 44139 Dortmund
Tel. (02 31) 10 38 70, E-Mail: info@motopaedieschule.de
Internet: http://www.motopaedieschule.de

Berufskolleg Bergisch Gladbach, Fachschule für Motopädie
Bensberger Straße 134–146, 51469 Bergisch Gladbach
Tel. (0 22 02) 3 00 97, E-Mail: info@berufskollegbergischgladbach.de
Internet: http://berufskollegbergischgladbach.de

Westfälisches Berufskolleg – Fachschulen Hamm, Fachschule für Motopädie
Heithofer Allee 64, 59071 Hamm
Tel. (0 23 81) 89 34 40, E-Mail: a.wortmann@wkp-lwl.org
Internet: http://www.lwl.org/LWL/Jugend/Berufskolleg

Sophie-Scholl-Berufskolleg, Fachschule für Motopädie
Dahlmannstraße 26, 47169 Duisburg
Tel. (02 03) 2 83 55 00, E-Mail: Sophie-Scholl-BK@uni-duisburg.de
Internet: http://www.du.nw.schule.de/sks

Weber-Schule, Fachschule für Motopädie
Bilker Straße 29, 40213 Düsseldorf
Tel. (02 11) 32 56 15, E-Mail: info@weber-schule.de
Internet: http://www.weber-schule.de

St. Ursula-Berufskolleg, Fachschule für Motopädie
Eiskellerstraße 11, 40213 Düsseldorf
Tel. (02 11) 33 23 94, E-Mail: St.Ursula-Berufskolleg@web.de
Internet: http://www.st-ursula-berufskolleg.de

Berufskolleg Michaelshoven, Fachschule für Motopädie
Pfarrer-te-Reh-Straße 5, 50999 Köln
Tel. (02 21) 3 59 74 05, E-Mail: bk-michaelshoven@t-online.de
Internet: http://www.bk-michaelshoven.de

Sachsen-Anhalt

Zulassungsvoraussetzung
- Analog NRW
- Physiotherapeuten und Ergotherapeuten mit sportlicher, rhythmischer oder tänzerischer Qualifikation und einjähriger Berufserfahrung

Ausbildungsdauer
- Vollzeitschule: ein Jahr (und ein vierwöchiges Praktikum)
- Berufsbegleitende Ausbildung: zwei Jahre (geplant in Aschersleben und Halle)

Inhalte
Allgemeiner Bereich

Deutsch	40 Std.
Englisch	40 Std.
Sozialkunde	40 Std.
Sport	40 Std.
Religion oder Ethik	40 Std.

Berufsbezogener Lernbereich

Motopädie (Sensomotorik, Psychomotorik, Soziomotorik, Rhythmik, Entspannungstechniken)	480 Std.
Motodiagnostik	240 Std.
Didaktik und Methodik der Motopädie	80 Std.
Medizinische Grundlagen/Motopathologie	80 Std.
Psychologie	120 Std.
Sonderpädagogik	80 Std.

Schulen
IWK Aschersleben, Fachschule für Motopädie
Mauerstraße 13, 38889 Blankenburg
Tel. (0 39 44) 98 05 07, E-Mail: IWK.Aschersleben@t-online.de
Internet: http://www.i-w-k.de/adr_asl.htm

Medizinische Berufsakademie GmbH, Fachschule für Motopädie
Obhäuser Weg 9, 06268 Querfurt
Tel. (03 47) 7 15 52 84

Thüringen

Zulassungsvoraussetzung
- Realschulabschluss oder gleichwertige Ausbildung
- Abgeschlossene Ausbildung von mindestens zweijähriger Dauer in einem sozialpädagogischen, medizinischen oder pflegerischen Beruf
- Abgeschlossene Ausbildung von mindestens zwei Jahren in einem anderen und eine einjährige berufliche Tätigkeit

Ausbildungsdauer
- Vollzeitschule: zwei Jahre

In die Ausbildung integriert sind 800 Stunden fachpraktische Ausbildung. Zu absolvieren sind klinische, sonderpädagogische und sozialpädagogische Praktika.

Inhalte

Allgemein bildender Lernbereich

Berufs-, Gesetzes- und Staatsbürgerkunde	120 Std.
Deutsch/Kommunikation	160 Std.
Fremdsprache	120 Std.
Sport	120 Std.

Fachrichtungsbezogener Grundlagenbereich

Anatomie/Physiologie	140 Std.
Biologie	120 Std.
Psychologie	160 Std.
Pädagogik	60 Std.
Sonderpädagogik	100 Std.

Fachrichtungsbezogener Anwendungsbereich

Motopathologie	180 Std.
Psychomotorische Diagnostik	240 Std.
Grundlagen der Motorik	100 Std.
Motorische Entwicklung	180 Std.
Didaktik und Methodik der Motopädie	60 Std.
Praxis der Motopädie	340 Std.
Berufspraktische Ausbildung (zwei Schwerpunkte aus den Bereichen)	800 Std.
Klinische Praktika	
Sonderpädagogische Praktika	
Sozialpädagogische Praktika	

Schulen

Staatliche Medizinische Fachschule, Fachschule für Motopädie
Dr.-Robert-Koch-Straße 40, 99734 Nordhausen
Tel. (0 36 31) 41 28 21

Private Fachschule für Wirtschaft und Soziales Suhl
(staatlich anerkannte Ersatzschule)
Fachschule für Motopädie
Weidbergstraße 10, 98527 Suhl
Tel. (0 36 81) 80 01 10

Deutsches Erwachsenen-Bildungswerk e.V., Fachschule für Motopädie
Zeulenrodaer Straße 23, 07973 Greiz
Tel. (0 36 61) 68 98 36, E-Mail: greiz@debev.de
Internet: http://www.deb.de

Bildungs- und Technologiezentrum, Fachschule für Motopädie
Klosterlausnitzer Straße 19, 07607 Eisenberg
Tel. (03 66 91) 7 40, E-Mail: info@butz-eisenberg.de
Internet: http://www.butz-eisenberg.de

Kosten

In den Schulen, die staatlich getragen werden, fällt kein Schulgeld an. Unter Umständen muss man jedoch einem Förderverein beitreten, in dem eine monatliche Gebühr anfällt. Privat getragene Schulen verlangen ein Schulgeld, das sich zwischen 100 und 300 Euro bewegt.

Weiterbildung

Da die Motopädie eine sehr junge Wissenschaft ist, gibt es ständig neue Erkenntnisse in den Bereichen Medizin, Pädagogik, Psychologie, Soziologie und Psychomotorik. Um am Ball zu bleiben, müssen sich Motopäden weiterbilden. Das Repertoire an Möglichkeiten ist groß und reicht von speziellen Themen der Frühförderung über funktionelle Bewegungstherapie bis hin zu Techniken der Muskeldehnung oder Grundfragen der Rehabilitation.

✗ Hier einige Beispiele:

- Psychomotorik in der Frühförderung
- Sensomotorische Bewegungsspiele
- Sensorische Integrationstherapie – Interdisziplinäre Fortbildung
- Manuelle Therapie, Muskeldehntechnik, Schlingentisch/Schlingenkäfig
- Heil-, Sonder-, Behindertenpädagogik, Rehabilitation, Werk- und Wohnstätte für Behinderte, musikalische Arbeit mit Behinderten
- Heilpädagogischer Tanz
- Entspannungstechniken, autogenes Training, Meditation, Yoga und ähnliche Techniken.

Um beruflich aufzusteigen, bieten sich Weiterbildungskurse an Berufsfachschulen an oder, wenn man über ein Abitur verfügt, auch ein Studium.

✔ Weiterbildungsmöglichkeiten

Berufsfachschulen
- Betriebswirt (staatlich geprüft) im Krankenhaus
- Betriebswirt im Sozialwesen

- Fachwirt für soziale Dienstleistungen
- Sozialwirt
- Lehrkraft an Krankenpflegeschulen und an anderen Bildungseinrichtungen für Berufe im Gesundheitswesen

Studium
- Sportpädagogik, Sportwissenschaft
- Sport im sozialen Bereich
- Diplom-Ergotherapeut (FH)
- Diplom-Sozialpädagoge (Uni)
- Diplom-Sozialarbeiter (FH)
- Diplom-Heilpädagoge (FH)
- Diplom-Psychologe (Uni)
- Diplom-Pädagoge (Uni)
- Erziehungswissenschaften im sozialen Bereich

Adressen

Deutscher Berufsverband der MotopädInnen/MototherapeutInnen e.V. (DBM)
Hörder Bahnhofstraße 6, 44263 Dortmund
Tel. (0 23 1) 82 93 24, E-Mail: info@motopaedie-verband.de
Internet: http://www.motopaedie-verband.de

Aktionskreis Psychomotorik e.V.
Kleiner Schratweg 32, 32657 Lemgo
Tel. (0 52 61) 97 09 70, E-Mail: akp@psychomotorik.com
Internet: http://www.psychomotorik.com

@ Link

- http://www.psychomotorik.com (Homepage des Aktionskreises Psychomotorik, der Initiator und Träger der psychomotorischen Idee in Deutschland ist.)

 Literatur

Bücher
- **Kiphard, Ernst J.:** Motopädagogik. 9., verb. u. aktualis. Auflage. Dortmund: verlag modernes lernen, 2001.

- **Schmidt, Lilo:** Stubenhocker und Zappelphilipp. Zwei außergewöhnliche Kinder in der Mototherapie. 2., verb. Auflage. Dortmund: verlag modernes lernen, 2000.

Fachzeitschriften
- **Praxis der Psychomotorik.** Verlag: modernes lernen. (http://www.verlag-modernes-lernen.de/zs/psycho/psychoseite.htm)
- **motorik.** Zeitschrift für Motopädagogik und Mototherapie. (http://www.hofmann-verlag.de)
- **Physiotherapie.** Verlag: Ebert. (http://www.pflaum.de/pt.dir/kg/index.html)

1.6 Physiotherapie

Überblick

Wer früher Krankengymnast hieß, nennt sich heute Physiotherapeut. Seit 1994 ist die Ausbildung bundeseinheitlich geregelt, und auch die Berufsbezeichnung wurde auf Physiotherapeut festgelegt. In den vergangenen Jahren wurde der Beruf auch für Abiturienten immer beliebter. Mittlerweile stellt diese Gruppe 80 Prozent der Auszubildenden. Es bestehen zudem Bestrebungen, die Ausbildung von der Berufsfachschule an die Fachhochschule zu bringen. Vor allem die Arbeitsgemeinschaft der Medizinalfachberufe in Therapie und Geburtshilfe (AGMTG) hat es sich zum Ziel gesetzt, die gesamte Ausbildung an Fachhochschulen zu verlegen, um sie damit aufzuwerten.

Geschichtliche Entwicklung

Der Beruf des Physiotherapeuten ist so alt wie die Medizin selbst. Bereits im fünften vorchristlichen Jahrhundert wurden Maßnahmen wie Bäder und Massageformen schriftlich erwähnt. Die Bewegungstherapie reicht bis zur römischen Kaiserzeit zurück, und mit der Entdeckung des Stroms wurde im 18. Jahrhundert die Elektrotherapie entwickelt. Mit Einsetzen einer Fitnesswelle Ende des 19. Jahrhunderts ging es auch mit der Physiotherapie bergauf. In Deutschland wurde die „schwedische Gymnastik" eingeführt. Die erste Physiotherapieschule mit staatlicher Anerkennung eröffnete 1900: die „Kieler Lehranstalt für Heilkunst". Der Wert einer heilgymnastischen Behandlung zeigte sich vor allem bei der erfolgreichen Behandlung verwundeter Soldaten der beiden Weltkriege.

Im vergangenen Jahrhundert wurden neue Behandlungsmethoden entwickelt, die sich vor allem auf neurologischem Gebiet bewegten. Damit ergaben sich neue

Arbeitsfelder im orthopädischen, internistischen und chirurgischen Bereich. Heute haben Physiotherapeuten zahlreiche Therapiemethoden an der Hand, um für jedes Krankheitsbild einen individuellen Therapieplan entwickeln zu können.

Aufgaben und Tätigkeiten
Ein verspannter Nacken, ein Schleudertrauma oder ein Bandscheibenvorfall sind Erkrankungen, mit denen ein Physiotherapeut täglich umgeht. Physiotherapeuten haben die Aufgabe, durch gymnastische Übungen und Massagen kranken, verletzten oder behinderten Menschen die Beweglichkeit zu erhalten oder wiederherzustellen.

Im Berufsalltag führen Physiotherapeuten ärztliche Verordnungen aus, untersuchen aber aufgrund ihrer speziellen Ausbildung auch selbst. Sie stellen ein Übungsprogramm zusammen, das in Gruppen- oder Einzelarbeit durchgeführt wird. Im Mittelpunkt stehen die manuellen Techniken der Bewegungstherapie. Dabei übt der Patient mit Bällen, Stäben und Ringen. Daneben steht den Physiotherapeuten ein ganzes Spektrum an physikalischer Therapie zur Verfügung: Atemtechnik, Elektro-, Licht-, Wärme- und Kältetherapie. Mechanische Maßnahmen stehen über Massagen zur Verfügung.

Physiotherapeuten sind in verschiedenen Fachgebieten anzutreffen: etwa in der Orthopädie. Dort arbeiten sie mit dem Patienten am Bewegungssystem, bei Gelenkproblemen, Deformation der Gliedmaßen oder Haltungsschwächen. In der Chirurgie behandeln sie Patienten vor und nach der Operation im Brust- und Bauchraum, in der Traumatologie setzt die Behandlung nach Verletzungen der Weichteile und Knochen und bei ausgedehnten Verbrennungen ein. Bei der Therapie ist der Physiotherapeut darauf angewiesen, dass der Patient mitarbeitet und sein Bewegungsverhalten gegebenenfalls ändert.

Physiotherapeuten, die in Krankenhäusern arbeiten, müssen sich mit Schichtdienst und Wochenenddiensten vertraut machen. Bei freiberuflicher Tätigkeit sind unregelmäßige Arbeitszeiten und Hausbesuche keine Seltenheit.

Voraussetzungen
Die Tätigkeit des Physiotherapeuten ist geprägt vom engen Umgang mit den unterschiedlichsten Menschen. Es bietet sich deshalb an, zur Berufsorientierung ein Pflegepraktikum zu absolvieren, um so seinen Erfahrungshorizont zu erweitern und zu überprüfen, ob man für den Beruf des Physiotherapeuten wirklich geeignet ist. Der Beruf des Physiotherapeuten bringt es mit sich, dass es zu Körperkontakt mit dem Patienten kommt. Zudem ist der Physiotherapeut selbst ständig in Bewegung. Er hilft bei den Übungen und muss – je nach Verletzung – auch Patienten heben kön-

nen. Er kommt unter Umständen mit Stoffen in Kontakt, die Haut reizend oder Allergie auslösend wirken können wie Massageöle durchblutungsfördernde Salben, Desinfektionsmittel und Reinigungsmittel.

✔ Fähigkeiten und Interessen

- Gefühl für den eigenen Körper
- Freude an der Bewegung
- Fähigkeit, kranke oder behinderte Menschen zum Üben anzuleiten und zu motivieren
- Interesse an medizinischen Sachverhalten
- Eigenverantwortliches Lernen und Arbeiten
- Kontaktfreudigkeit und Offenheit
- Einfühlungsvermögen
- Geduid
- Team- und Kooperationsfähigkeit
- Flexibilität
- Psychische und physische Belastbarkeit
- Bereitschaft zu lebenslangem Lernen im Sinne der Qualitätssicherung

Quelle: www.berufenet.de

Berufsaussichten

Es gibt 85.000 Physiotherapeuten in Deutschland, der Frauenanteil beträgt 80 Prozent. Davon arbeiten 65 Prozent als Angestellte in Praxen, Kliniken, Sanatorien, Rehabilitationszentren, Seniorenheimen, Behinderteneinrichtungen und Elternverbänden. In Arztpraxen finden sie bei Orthopäden, Kinderärzten, Neurologen oder anderen Fachärzten eine Anstellung. Eine weitere Berufsperspektive ist die des Lehrers an einer Physiotherapieschule. Immerhin 30 Prozent machen sich mit einer eigenen Praxis selbstständig. Diese Zahl dürfte in den kommenden Jahren noch zunehmen, nachdem die Zulassungsvoraussetzung zur Niederlassung an das EU-Recht angepasst wurde. Nun können Physiotherapeuten bereits nach der Ausbildung eine eigene Praxis eröffnen. Bisher waren zwei Jahre Berufserfahrung notwendig.

✔ Ausgebildete Physiotherapeuten arbeiten in

- Krankenhäusern und Fachkliniken
- freien Praxen
- der Intensivmedizin
- Rehabilitationskliniken

- Frühfördereinrichtungen
- Kindergärten, Schulen für behinderte Kinder
- sportmedizinischen Einrichtungen
- geriatrischen Einrichtungen
- Sanatorien und Kurbetrieben
- medizinischen Fachschulen und Physiotherapieschulen
- Selbsthilfegruppen
- Gesundheitsbehörden

Nach Angaben des Deutschen Verbands für Physiotherapie – Zentralverband der Physiotherapeuten/Krankengymnasten (ZVK) e.V. gehört die Physiotherapie nach wie vor zu den Arbeitsgebieten, die eine große Anzahl offener Stellen aufweist und im Sommer 2003 nur über einen geringen Anteil an Arbeitslosen (etwa drei Prozent) verfügte.

Einkommen
Der Verdienst von Physiotherapeuten in staatlichen Einrichtungen unterliegt dem Bundesangestelltentarif (BAT). Das Einstiegsgehalt liegt bei monatlich 1.350 Euro in Kliniken, in privaten Arztpraxen etwas höher. Was die Bezahlung akademisch qualifizierter Physiotherapeuten betrifft, so gibt es im öffentlichen Dienst keinen Rechtsanspruch auf eine höhere Einstufung, da sich die Eingruppierung an den auszuübenden Tätigkeitsmerkmalen orientiert und nicht an der Qualifikation des Therapeuten. Der ZVK bemüht sich seit Jahren, die Gewerkschaften und die öffentlichen Arbeitgeber davon zu überzeugen, die Struktur der Eingruppierungsmerkmale zu ändern. Allerdings bisher ohne Erfolg. Wie der Arbeitsmarkt auf das Angebot akademisch ausgebildeter Physiotherapeuten reagieren wird, ist nur schwer einzuschätzen und bleibt abzuwarten.

Zukunftsaussichten
Wie sich das Aufgabenfeld und der Verdienst von Physiotherapeuten entwickeln, hängt stark davon ab, wie sich das Gesetz zur Modernisierung des Gesundheitssystems (GMG) in den kommenden Jahren auf den Heilmittelbereich auswirkt. Bereits jetzt haben sich Sparmaßnahmen im Gesundheitswesen insbesondere in den klassischen physiotherapeutischen Arbeitsfeldern der Krankenbehandlung, in der Prävention und im Kurwesen sowie besonders in der stationären Versorgung ausgewirkt. Im Bereich der ambulanten Versorgung bedeutet das unter anderem, dass ein größerer Teil der physiotherapeutischen Betreuung im persönlichen Umfeld der Patienten stattfindet, etwa in der Wohnung, der Tagesstätte oder im Seniorenheim.

Daher wird sich der klassische Aufgabenbereich von Physiotherapeuten verändern: Neue Arbeiten werden hinzukommen, alte verschwinden. Neben den Tätigkeiten für die gesetzlichen Krankenversicherungen werden sich neue Funktionen in der Rehabilitation, Prävention, bei Selbsthilfeverbänden und in den Betrieben erschließen, so wie es bereits im Ausland der Fall ist. Vor allem die ambulante Versorgung sowie der Fitness- und Wellnessbereich rücken stärker in den Vordergrund. Der boomende Fitnessbereich ist ein relativ neues Arbeitsgebiet an der Schnittstelle von Gesundheitssport und Physiotherapie. Ein weiterer, wenn auch sehr überschaubarer Arbeitsbereich ist der des persönlichen Therapeuten für einzelne Sportstars oder Fußballklubs.

Viele der neuen Herausforderungen liegen in Nebenbereichen der Physiotherapie und werden erst nach der Berufsausbildung erschlossen. Da die Physiotherapie jedoch ein fester Bestandteil vieler Heilmethoden ist, bleibt dieser Beruf auch in Zukunft krisensicher. Besonders im Altenpflegebereich wird in den kommenden Jahren verstärkt Bedarf entstehen.

Ausbildung

Die Ausbildung zum Physiotherapeuten findet an staatlichen Berufsfachschulen oder staatlich genehmigten bzw. anerkannten Ersatzschulen auf Fachschulniveau statt. Sie werden auch Schulen des Gesundheitswesens oder „Schulen der besonderen Art" genannt. Damit ist die deutsche Physiotherapieausbildung eine der letzten Ausbildungsgänge, die im europäischen Vergleich nicht auf Fachhochschulebene stattfindet. Allerdings gibt es bereits mehrere Ausbildungsstätten, die zum Teil in Verbindung mit Hochschulen höher qualifizierte Physiotherapieausbildungen anbieten.

Zulassungsvoraussetzungen
- Mittlerer oder gleichgestellter Bildungsabschluss
- Hauptschulabschluss plus zweijährige Berufsausbildung
- Vollendung des 17. Lebensjahrs
- Vorlage eines ärztlichen Attests über die gesundheitliche Eignung zur Ausübung des Berufs

Ausbildungsdauer und -abschluss
- drei Jahre
- Abschluss: staatlich geprüfter Physiotherapeut

Inhalt

Das Masseur- und Physiotherapeutengesetz (MPhG) vom Mai 1994 schreibt folgende Pflichtstundenzahl für den dreijährigen Lehrgang vor. Die Verteilung auf die Ausbildungszeit bestimmt jede Schule selbst.

Theoretischer und praktischer Unterricht an der Berufsfachschule

Berufs-, Gesetzes- und Staatskunde	40 Std.
Allgemeine Krankheitslehre	30 Std.
Erste Hilfe und Verbandtechnik	30 Std.
Psychologie/Pädagogik/Soziologie	60 Std.
Bewegungslehre	60 Std.
Krankengymnastische Behandlungstechniken	500 Std.
Hydro-, Balneo-, Thermo- und Inhalationstherapie	60 Std.
Anatomie	240 Std.
Spezielle Krankheitslehre	360 Std.
Angewandte Physik und Biomechanik	40 Std.
Prävention und Rehabilitation	20 Std.
Bewegungserziehung	120 Std.
Massagetherapie	150 Std.
Methodische Anwendung der Physiotherapie in den medizinischen Fachgebieten	700 Std.
Physiologie	140 Std.
Hygiene	30 Std.
Sprache und Schrifttum	20 Std.
Trainingslehre	40 Std.
Physiotherapeutische Befund- und Untersuchungstechniken	100 Std.
Elektro-, Licht- und Strahlentherapie	60 Std.

Praktische Ausbildung am Patienten

Chirurgie	240 Std.
Innere Medizin	240 Std.
Orthopädie	240 Std.
Neurologie	240 Std.
Pädiatrie	160 Std.
Psychiatrie	80 Std.
Gynäkologie	80 Std.
Sonstige Einrichtungen, Exkursionen	80 Std.

Die praktische Ausbildung findet in Krankenhäusern oder anderen geeigneten medizinischen Einrichtungen statt. Die Vermittlung dieser praktischen Ausbildung variiert von Schule zu Schule. Viele staatliche Schulen sind an Krankenhäuser angeschlossen, sodass die Ausbildung dort stattfindet. Bei manchen privaten Trägern müssen sich die Schüler auch selbst um eine geeignete Ausbildungsstätte kümmern. Das sollte bei der Wahl der Schule berücksichtigt werden.

Schulen

Es gibt mehr als 240 Schulen, die eine physiotherapeutische Ausbildung anbieten. Die Adressen gibt es beim Arbeitsamt über die Datenbank KURS, über den Deutschen Verband für Physiotherapie – Zentralverband Physiotherapie/Krankengymnastik (ZVK) oder im Internet unter http://www.pflaum.de/pt.dir/bildung/index.html. Die Auswahl der Schule sollte unbedingt unter qualitativen Gesichtspunkten erfolgen (mehr dazu auch unter http://www.isq-physio.de) sowie die persönlichen wirtschaftlichen Möglichkeiten berücksichtigen.

Wer in eine fremde Stadt geht, sollte sich nach einem Wohnheimplatz erkundigen. Wichtig ist aber auch, sich nach der Vermittlung und Betreuung des Praktikums zu erkundigen. Dabei gilt, je kleiner die Gruppe, desto effizienter ist das Lernen.

Kosten

Ausbildungskosten für Schulen privater Träger variieren von 100 bis 450 Euro pro Monat. Staatliche Schulen verlangen kein Schulgeld. Es empfiehlt sich, frühzeitig bei der gewünschten Schule nach der Höhe des Schulgelds zu fragen. Die Kosten für Lehrmittel (Bücher, Sportkleidung, weiße Kittel und Hosen) belaufen sich noch einmal auf etwa 100 Euro im Monat. Das kann aber auch variieren, je nachdem, ob Arbeitskleidung gestellt wird oder nicht. Prüfungsgebühren fallen nicht an.

Je nach persönlicher Situation des Schülers wird auch BAföG gewährt. Näheres erfährt man bei den Ämtern für Ausbildungsförderung (http://www.bafoeg.bmbf.de), den jeweils zuständigen Kommunen bzw. den Landkreisen.

Weiterbildung und Aufstiegsmöglichkeiten

Physiotherapeuten können in eine leitende Position in Kliniken und großen niedergelassenen Praxen aufsteigen. Sie können sich zur Lehrkraft an Physiotherapieschulen weiterbilden oder ein Studium an die Ausbildung anschließen. Die Möglichkeit, auch in Deutschland als Physiotherapeut studieren zu können und einen akademischen Abschluss zu erwerben, ist für viele Physiotherapeuten eine attraktive Gelegenheit der persönlichen Weiterqualifizierung. Sie bietet sich für Physiotherapeuten an, die in nicht therapeutischen Positionen des Gesundheitswesens tätig werden wollen, aber auch für diejenigen, die im Ausland als Physiotherapeut arbeiten möchten.

Um auf dem neuesten Stand über Behandlungsmethoden und Erkenntnisse der Physiotherapie zu bleiben, sind permanente Fort- und Weiterbildungsmaßnahmen eine Selbstverständlichkeit. Auch im Interesse der Patienten haben die Spitzenverbände der Krankenkassen in den gemeinsamen Empfehlungen festgelegt, welche Weiterbildung der Physiotherapeut nachweisen muss, um die Zulassungserweiterung für bestimmte Zertifikatsleistungen zu erhalten. Andere Fortbildungen haben eher Empfehlungscharakter.

Zu den besonderen vorgegebenen Weiterbildungen in der Physiotherapie gehören:
- Manuelle Lymphdränage
- Manuelle Therapie
- Krankengymnastik nach Bobath (Kinder oder Erwachsene)
- Krankengymnastik nach Vojta (Kinder oder Erwachsene)
- Krankengymnastik nach PNF

Die Physio-Akademie des ZVKs (http://www.physio-akademie.de) bietet eine Vielzahl dieser Fort- und Weiterbildungen an. Aber es gibt auch andere Träger, die Fortbildungen anbieten. Genaueres findet man in den einschlägigen Fachzeitschriften.

Außerdem gibt es die Weiterbildung zum ErgoPhysConsultant: Dieser neuartige Beruf verbindet physiotherapeutische Erkenntnisse mit ergonomischem Handeln. ErgoPhysConsultants finden ihr Aufgabenfeld unter anderem im Bereich Prävention und Gesundheitsschutz am Arbeitsplatz.

✔ Weiterbildungsmöglichkeiten

Fachschulen
- Fachwirt Sozialwesen
- Fachwirt Fitness
- Fachwirt – Organisation und Führung (Sozialpflege)
- Sozialwirt
- Gesundheits- und Sozialökonom
- Lehrer für Physiotherapie
- Für die Weiterbildung zum Lehrer gibt es derzeit noch keine einheitliche Regelung. Lediglich Bayern, Sachsen und Sachsen-Anhalt haben die Ausbildung gesetzlich geregelt.

Studium
- Diplom-Sportlehrer

- Diplom-Sportpädagoge
- Diplom-Sportwissenschaftler
- Diplom-Sozialwirt
- Diplom-Medizinpädagoge
- Arzt
- Diplom-Informatiker (Sportwissenschaft)
- Berufs- oder Betriebspädagoge
- Motopäde
- Diplom-Heilpädagoge (Gesundheitswesen/Krankenhausmanagement; Sozialmanagement)
- Diplom-Kaufmann (Betriebswirtschaft in Einrichtungen des Gesundheitswesens)
- Diplom-Dokumentar (Medizinische Dokumentation und Informatik)

Quelle: Arbeitsamt – IBZ

Folgende Fachhochschulen bieten einen akademischen Grad im Fachgebiet der Physiotherapie an:
- FH Oldenburg/Ostfriesland/Wilhelmshaven (http://www.fh-oow.de)
- FH Idstein: Europa-Fachhochschule Fresenius (http://www.fh-fresenius.de)
- FH Nordhessen (http://www.dimploma.de)
- FH Kiel (http://www.fh-kiel.de)
- FH Fulda (http://www.fh-fulda.de)

Diese Ausbildungsgänge sind von den landeshoheitlichen Regelungen abhängig und sind daher sehr verschieden. Eine Liste aktueller Studiengänge für Physiotherapeuten findet sich auch auf der Internetseite des ZVK.

Adressen

Deutscher Verband für Physiotherapie – Zentralverband Physiotherapie/Krankengymnastik (ZVK)
Postfach 21 02 80, 50528 Köln
Tel. (02 21) 98 10 27-0, E-Mail: info@zvk.org
Internet: http://www.zvk.org

Bundesverband selbstständiger PhysiotherapeutInnen – IFK e.V.
Königsallee 178a, 44799 Bochum
Tel. (02 34) 9 77 45-0, E-Mail: ifk@ifk.de
Internet: http://www.ifk.de

Bundesverband VDB – Physiotherapieverband e.V.
Prinz-Albert-Straße 41, 53113 Bonn
Tel. (02 28) 21 05 06, E-Mail: vdb@physio.de
Internet: http://www.physio.de/vdb

Verband Physikalische Therapie
Vereinigung für die physiotherapeutischen Berufe e.V. (VPT)
Hofweg 15, 22085 Hamburg
Tel. (0 40) 22 72 32 22, E-Mail: info@vpt-online.de
Internet: http://www.vpt-online.de

Berufsgenossenschaft für Gesundheitsdienst und Wohlfahrtspflege (BGW)
Postfach 76 02 24, 22052 Hamburg
Tel. (0 40) 2 02 07-0, E-Mail: redaktion@bgw-online.de
Internet: http://www.bgw-online.de

Bundesverband der Freien Berufe (BFB)
Postfach 04 03 20, 10062 Berlin
Tel. (0 30) 28 44 44-0, E-Mail: info-bfb@freie-berufe.de
Internet: http://www.freie-berufe.de

@ Link

- http://www.physio.de (Die Seiten bieten neben Informationen zur Physiotherapie in Deutschland eine Online-Jobbörse für Physiotherapeuten.)

📖 Literatur

Fachbücher
- **Gruber, Elke:** Physiotherapie. Trends und Perspektiven eines Berufsfeldes. WUV, 2001.

Fachzeitschriften
- **Physikalische Therapie.** Verlag: Ebert. (http://www.vpt-online.de/aktuell.cfm)
- **Krankengymnastik** – Zeitschrift für Physiotherapeuten. Verlag: Richard Pflaum
- Offizielles Organ des Deutschen Verbandes für Physiotherapie – Zentralverband der Krankengymnasten/Physiotherapeuten (ZVK) e.V. (http://www.pflaum.de/pt.dir/kg/index.html)

2 Ergotherapie, Logopädie und Physiotherapie an Fachhochschulen und Universitäten

Einen akademischen Grad in Physiotherapie, Logopädie oder Ergotherapie durch ein Fachhochschulstudium zu erlangen ist in Deutschland noch relativ neu. Was in anderen europäischen Ländern schon lange Praxis ist, befindet sich hierzulande gerade im Aufbau. Manche Fachhochschulen bieten speziell in der Physiotherapie niederländische Bachelorabschlüsse an, worauf an dieser Stelle jedoch nicht weiter eingegangen werden soll.[7] Seit der Einführung von Studienkonzepten nach angelsächsischem Vorbild vor einigen Jahren bieten verschiedene Fachhochschulen auch Bachelor und Diplomstudiengänge an, die beides vereinen: Berufsausbildung und wissenschaftliches Arbeiten. Die Details sowie die Zugangsvoraussetzungen sind dabei sehr unterschiedlich. So können bestimmte Studiengänge etwa auch von denjenigen aufgenommen werden, die über kein Abitur verfügen: Voraussetzung ist Berufserfahrung. Um ihre Studierfähigkeit zu überprüfen, müssen sie sich dann einem Eignungstest unterziehen. Es lohnt sich, bei den Hochschulen nachzufragen.

Interessant sind diese Studiengänge vor allem für diejenigen, die beispielsweise eine wissenschaftliche Laufbahn an Kliniken, Universitäten oder Rehabilitationseinrichtungen anstreben, als Lehrer an Berufsfachschulen und anderen Ausbildungseinrichtungen arbeiten wollen oder Therapeutenteams in der Rehabilitation leiten und koordinieren wollen.

Vorangebracht wurde die Verlagerung an die Hochschulen auch durch die Umstrukturierungsprozesse im Gesundheitswesen, die aufgrund der demographischen Veränderungen überfällig waren: Präventive und rehabilitative Maßnahmen und Angebote erhalten einen immer größeren Stellenwert – strittig ist letztlich immer nur die Frage, wer die Maßnahmen bezahlen soll.

2.1 Diplomstudiengänge

Europa FH Fresenius
Limburger Str. 2, 65510 Idstein, Tel. (0 61 26) 9 35 20, E-Mail: info@fh-fresenius.de, Internet: http://www.fh-fresenius.de

---

7 Informationen zu allen Studiengängen bietet die Homepage des Deutschen Zentralverbands Physiotherapie (http://www.zvk.de) oder der Deutsche Verband der Ergotherapie (http://www.ergotherapie-dve.de/bildungswege/hochschulen)

Studienangebot: Ergotherapie
Form: Vollzeit
Zugangsvoraussetzungen: Abitur (allgemein oder fachbezogen); Mindestalter 18 Jahre
Studienbeginn: Wintersemester, die Bewerbung ist ganzjährig möglich
Regelstudienzeit: 9 Semester
Inhalt: In den ersten drei Jahren findet die Berufsfachausbildung zum Ergotherapeuten statt. Danach wird ein Schwerpunkt gewählt.
Schwerpunkte: Forschung; Pädagogik und Lehre; Management
Abschluss: Diplom-Ergotherapeut (FH) mit integrierter Ausbildung zum staatlich anerkannten Ergotherapeuten
Studiengebühren: 410 Euro monatlich

FH Nordhessen der DIPLOMA Private Hochschulgesellschaft mbH
Im Kurpark 1, 37242 Bad Sooden-Allendorf, Tel. (0 56 52) 91 70 83, E-Mail: sg@diploma.de, Internet: http://www.fh-nordhessen.de
Studienangebot: Ergotherapie/Physiotherapie
Form: berufsbegleitendes Hauptstudium (zwei Jahre) oder Vollzeitausbildung mit integrierter Berufsausbildung (fünf Jahre)
Zulassungsvoraussetzungen: Abitur (allgemein oder fachbezogen); bei Bewerbern für das berufsbegleitende Hauptstudium zusätzlich der Nachweis der abgeschlossenen Ergotherapieausbildung.
Studienbeginn: Wintersemester
Inhalt: Wissenschaftliches Arbeiten, Fachenglisch, Betriebswirtschaft, Statistik, Kaufmännisches Rechnen, EDV/Präsentation, Recht, Klinische Psychologie, Pädagogik/Methodik und Didaktik, Soft Skills (Kommunikations-, Kooperations-, Führungs-, Teamfähigkeit)
Schwerpunkte: Lehrbereich; Unternehmensführung
Abschluss: Diplom-Ergotherapeut/Physiotherapeut (FH), mit integrierter Ausbildung zum staatlich anerkannten Ergotherapeuten oder Physiotherapeuten
Kosten: Die Kosten variieren je nach Standort. Die Ausbildung zum Physiotherapeuten kostet im Durchschnitt 375 Euro pro Monat, für das Aufbaustudium zum Diplom fallen 197 Euro pro Monat an.

Rheinisch-Westfälische Technische Hochschule Aachen
Templergraben 55, 52062 Aachen, Tel. (02 41) 8 09 42 14,
Internet: http://www.rwth-aachen.de
Studienangebot: Lehr- und Forschungslogopädie
Form: Vollzeitstudium
Zulassungsvoraussetzungen: Abitur (allgemein oder fachbezogen); Fachschulexamen in Logopädie mit einer Gesamtnote von mindestens 2,5

Studienbeginn: Wintersemester
Regelstudienzeit: 8 Semester inkl. Prüfungszeit
Inhalt: Das Studium umfasst ein Hauptfach und zwei Nebenfächer. Im von der medizinischen Fakultät verantworteten *Hauptfach* werden Pflichtveranstaltungen zur Sprach-, Sprech-, Stimm- und Hörpathologie aus folgenden Gebieten angeboten: Phoniatrie, Audiologie, Logopädie, Neurolinguistik, Neuropsychologie und Biometrie. Die Wahlpflichtveranstaltungen sind aus den Gebieten Neuroanatomie und Neurophysiologie, HNO, ZMK, Neurologie, Pädiatrie, Psychiatrie, Medizinische Psychologie und Psychosomatik sowie Medizinische Statistik und Dokumentation. Hinzu kommen Praktika zur logopädischen Diagnostik und Therapie in der Neurologie und Phoniatrie.
Schwerpunkte: Lehrtätigkeit an den Berufsfachschulen für Logopädie; Therapieforschung bei Sprach-, Sprech-, Stimm- und Hörstörungen; Koordinations-, Supervisions- und Leitungsaufgaben an Rehabilitationseinrichtungen.
Abschluss: Diplom-Lehrlogopäde (Diplom-Logopäde). Das Diplom berechtigt zur Promotion an der philosophischen Fakultät (Dr. phil.).
Besonderheiten: Interessenten ohne Hochschulreife können sich unter bestimmten Voraussetzungen aufgrund von Kenntnissen und Fähigkeiten, die sie in der Berufstätigkeit erworben haben, einer Einstufungsprüfung unterziehen, mit der sie die Zulassung zum Studium und gegebenenfalls zur Aufnahme in ein höheres Fachsemester erhalten.

2.2 Bachelor- und Masterstudiengänge

Der Bachelor und der darauf aufbauende Masterstudiengang richten sich an ausgebildete Logopäden, Physiotherapeuten und Ergotherapeuten, die in der Lehre, in Leitungsfunktionen, in wissenschaftlichen Forschungseinrichtungen oder im Management arbeiten möchten. Eine weitere Option: Durch den international anerkannten Abschluss bieten sich auch Stellen im Ausland an.

> **Tipp:** Leider müssen Bachelor- und Masterabsolventen (übrigens aller Fachrichtungen – vom Ingenieur bis zum Mediziner) immer wieder die Erfahrung machen, dass ihr Titel im Ausland nicht voll anerkannt wird. Was rein theoretisch funktionieren müsste, lässt in der Praxis manchmal noch zu wünschen übrig. Deshalb: Wer konkrete Pläne und schon ein bestimmtes Land vor Augen hat, sollte sich vorab vergewissern, dass die hiesigen Abschlüsse auch wirklich anerkannt werden.

Aufbau und Inhalt

Das Bachelorstudium ist in zwei Teile gegliedert. Nach einer erfolgreich abgeschlossenen Berufsausbildung, die als erster Studienabschnitt anerkannt wird, steht eine Einstufungsprüfung an der Fachhochschule an. Wer diese besteht, steigt in das vierte Semester ein. Manche Fachhochschulen kooperieren mit Berufsfachschulen, sodass die Auszubildenden bereits während der Berufsausbildung studienrelevante Kurse besuchen. Für Absolventen dieser Schulen entfällt die Einstufungsprüfung.

Der zweite Studienabschnitt umfasst das vierte bis sechste Semester. In dieser Zeit werden in so genannten Modulen fachwissenschaftliche Fragestellungen der jeweiligen Berufsgruppe vertieft und eine theoretische und praxisbezogene wissenschaftliche Basis in Physiotherapie, Logopädie oder Ergotherapie aufgebaut. In einem fächerübergreifenden, interdisziplinär angelegten Studienprojekt werden die erworbenen Kenntnisse auf die Praxis übertragen und erprobt.

Neben den fachspezifischen Inhalten der Ergotherapie, Logopädie oder Physiotherapie stehen wissenschaftliche Grundlagen der Diagnostik und Therapie, Qualitätsmanagement und Gesundheitswissenschaften auf dem Lehrplan. Zusätzlich wird der Bereich Betriebswirtschaft angeboten, der Wissen rund um rechtliche Bestimmungen, Marketing sowie Management im Sozial- und Gesundheitswesen, Controlling und EDV vermittelt.

Abschluss und Dauer

Der Bachelorstudiengang wird mit dem Titel: *Bachelor of Science Speech and Language Therapy, Occupational Therapy* oder *Physio Therapy* abgeschlossen. Die Regelstudienzeit beträgt meist sechs Semester, davon werden drei Semester für die vorangegangene Berufsfachschulausbildung angerechnet. In der Regel wird das Abitur vorausgesetzt und je nach Studienaufbau eine abgeschlossene Berufsausbildung. Die darauf aufbauenden Masterstudiengänge nehmen noch einmal zwei bis vier Semester in Anspruch und schließen mit dem *Master of Science Speech and Language Therapy, Occupational Therapy* oder *Physiotherapy* ab.

Eignungsprüfung

Für Studienbewerber, die ihre Ausbildung an keiner der Kooperationsschulen absolviert haben, fällt eine Eignungsprüfung an.

X Beispiel: An der Universität Osnabrück setzt sie sich folgendermaßen zusammen:

Schriftliche Prüfung

- Fragen, die Textverständnis prüfen und eine kritische Analyse und Bewertung einer wissenschaftlichen Studie testen.
- Fragen zu therapeutischen Konzepten und Vorstellungen.

Mündliche Prüfung

- Gespräch und kritische Bewertung in deutscher Sprache über Inhalt eines therapeutischen Fachtextes, der vorher mit Hilfsmitteln vom Prüfling sinngemäß vom Englischen ins Deutsche übersetzt werden muss.

Folgende Fachhochschulen bieten einen international anerkannten Bachelorabschluss in einem oder mehreren Fächern (Ergotherapie, Logopädie oder Physiotherapie) an:

Fachhochschule Bielefeld

Fachbereich Pflege und Gesundheit, Am Stadtholz 24, 33609 Bielefeld, Tel. (05 21) 1 06-74 34, E-Mail: pflege-und-gesundheit@fh-bielefeld.de
Internet: http://www.fh-bielefeld.de
Studienangebot: Physiotherapie/Ergotherapie
Form: Vollzeit
Studienbeginn: Wintersemester
Dauer: 6 Semester
Studienabschluss: Bachelor of Science

Private Fachhochschule Döpfer

Klosterstr. 25, 92421 Schwandorf, Tel. (0 94 31) 72 60, E-Mail: kontakt@fh-doepfer.de, Internet: http://www.fh-doepfer.de
Studienangebot: Ergotherapie/Physiotherapie
Form: Berufsbegleitendes Studium, mindestens zehn Stunden pro Woche Berufspraxis und etwa 20 Stunden Vorlesung pro Woche
Beginn: Wintersemester
Voraussetzung: Berufsausbildung zum Ergotherapeuten oder Physiotherapeuten. Eine Eignungsprüfung wird nicht verlangt.
Dauer: Da es sich um ein berufsbegleitendes Studium handelt, dauert es volle drei Jahre.
Abschluss: Bachelor of Occupational Therapy/Physiotherapy, internationale englischsprachige Bachelorurkunde nach deutschem Hochschulrecht

Kosten: Aufnahmegebühr: 720 Euro, Laufende Kosten: 230 Euro pro Monat
Sonstiges: Der Bachelorstudiengang wurde erstmalig zum Wintersemester 2003/04 eingeführt. Über einen weiterführenden Masterstudiengang wird nachgedacht. Über Einzelheiten informiert die Fachhochschule Döpfer.

FH Fulda und Philipps-Universität Marburg

Fachhochschule Fulda, University of Applied Sciences, Fachbereich Pflege und Gesundheit, Studentensekretariat, Marquardstr. 35, 36039 Fulda, Tel. (06 61) 96 40-1 45, -1 63, Internet: http://www.fh-fulda.de
Master: Phillipps-Universität Marburg, Fachbereich Medizin, Baldinger Straße 1, 35033 Marburg, Tel. (0 64 21) 2 86 28 03, Internet: http://www.uni-marburg.de
Studienangebot: Physiotherapie (Der Fachbereich Medizin der Philipps-Universität Marburg und der Fachbereich Pflege & Gesundheit der Fachhochschule Fulda bieten seit 2001 gemeinsam einen gestuften Studiengang zum Bachelor of Science und Master of Science in Physiotherapy an.)
Form: Berufsbegleitend, pro Semester werden die Lehrveranstaltungen in Unterrichtsblöcken zu dreimal drei Wochen durchgeführt, sodass eine Berufstätigkeit neben dem Studium möglich ist.
Zugangsvoraussetzung: Neben dem Abitur und der abgeschlossenen Physiotherapeutenausbildung wird eine zweijährige berufspraktische Vollzeittätigkeit in der Physiotherapie vorausgesetzt. Zudem wird mindestens eine abgeschlossene einschlägige Weiterbildung verlangt (z.B. manuelle Lymphdränage, manuelle Therapie, Krankengymnastik nach Bobath, nach Vojta oder nach PNF).
Studienbeginn: Das Bachelorstudium mit ca. 30 Studienplätzen beginnt jeweils im Sommersemester. Die Anmeldefrist endet am 15. Januar. Der Masterstudiengang soll erstmals zum Sommersemester 2005 starten. Nähere Informationen sind bei der Uni Marburg zu erhalten. Für das Masterstudium wird ein Bachelorabschluss in Physiotherapie vorausgesetzt.
Regelstudienzeit: Bachelor 6 Semester, Master 3 Semester.
Studienabschluss: Bachelor/Master of Science
Schwerpunkte: Theoretische Kenntnisse in den biomedizinischen Fächern, die die in der Physiotherapie angewendeten Diagnose- und Behandlungsverfahren erklären und zu deren Weiterentwicklung notwendig sind. Sozialwissenschaftliche Kenntnisse, die den Stellenwert der physiotherapeutischen Behandlung im Rahmen des Gesundheitssystems betreffen.
Kosten: Etwa 44 Euro pro Semester für das Bachelorstudium.

Katholische Fachhochschule Freiburg, Hochschule für Sozialwesen, Religionspädagogik und Pflege

Fachbereich Management, Karlstraße 63, 79104 Freiburg,
Internet: http://www.kfh-freiburg.de

Studiengang: Therapiemanagement
Zugangsvoraussetzungen: Abitur (allgemein oder fachbezogen); abgeschlossene Berufsausbildung in: Ergotherapie, Physiotherapie, Logopädie oder Orthoptik sowie andere Gesundheitsfachberufe; Berufstätigkeit: mindestens einjährige Berufstätigkeit in einem der oben genannten Berufe
Für das berufsintegrierte Studium ist eine Beschäftigung von 50 Prozent erforderlich. Die berufliche Tätigkeit muss so organisiert werden, dass die Teilnahme an den Lehrveranstaltungen gewährleistet ist. Dies muss vom Arbeitgeber schriftlich bestätigt werden.
Studienplatzvergabe: Sind mehr Studienbewerber als Studienplätze vorhanden, wird aufgrund eines Punkteverfahrens über die Vergabe der Studienplätze entschieden.
Regelstudienzeit: 6 Semester einschließlich eines praktischen Studiensemesters.
Aufbau des Studiums: Berufsintegriertes Studium, das sich in Präsenzphasen und Studientage gliedert. Das Grundstudium umfasst drei Semester, das Hauptstudium ein praktisches Studiensemester und zwei Studiensemester. Das praktische Studiensemester wird von Fachdozenten und Supervisoren begleitet.
Ziel des Studiengangs: Das Studium qualifiziert Fachkräfte der Medizinalfachberufe für Management- und Leitungsaufgaben im Gesundheitswesen und berufsfachlichen Institutionen bzw. für Leitungs- und Lehraufgaben in Ausbildungseinrichtungen.
Zur Förderung der Kooperation im Gesundheitswesen werden studiengangsübergreifende Veranstaltungen und Projekte angeboten. Insbesondere ist eine Kooperation mit den Studiengängen Pflegemanagement sowie Pflegepädagogik vorgesehen.
Studienabschluss: Bachelor of Therapy Management (BTM)
Schwerpunkt Management/Leitung von Praxiseinrichtungen
Schwerpunkt Management/Leitung von Ausbildungseinrichtungen
Studiengebühren: Die Studiengebühr beträgt pro Semester 990 Euro, zahlbar in monatlichen Raten zu je 165 Euro, zuzüglich Sozialgebühren (Studentenwerk etc.) in Höhe von 18,80 Euro pro Semester. Bei der Ersteinschreibung wird eine einmalige Gebühr von 140 Euro erhoben.

Fachhochschule Hildesheim/Holzminden/Göttingen

Fachbereich Sozialpädagogik, Tappenstraße 55, 31134 Hildesheim, Tel. (0 51 21) 8 81-5 90, Internet: http://www.fh-hildesheim.de/FBE/FBS/Index.htm
Studienangebot: Logopädie/Ergotherapie/Physiotherapie (Studiengang für Medizinalfachberufe)
Form: Vollzeitstudium
Studienbeginn und Bewerbung: Bewerbung bis zum 1. Mai für das Wintersemester, für das Sommersemester bis zum 1. November.
Dauer: 4,5 Jahre – sechs Semester (drei Jahre) für die Ausbildung an einer Partnerschule und drei weitere Semester für das anschließende Studium

Studienabschluss: Bachelor of Science Speech and Language Therapy/Occupational Therapy/Physiotherapy.
Ein Masterstudiengang ist in Vorbereitung und wird frühestens zum Wintersemester 2005/06 angeboten. Er soll vier Semester dauern und zum einen berufsbezogene Qualifikationen bieten, zum anderen auf Forschungstätigkeit an Hochschulen und Einrichtungen des Gesundheitswesens vorbereiten. Näheres ist bei der Fachhochschule zu erfragen.
Kosten: Studentenwerksbeitrag in Höhe von etwa 150 Euro pro Semester
Besonderheiten: Wenn die Ausbildung an einer Kooperationsschule erfolgt und an den studienrelevanten Zusatzangeboten teilgenommen wurde, fällt die Eignungsprüfung weg.

Fachhochschule Kiel
Fachbereich Soziale Arbeit und Gesundheit, Sokratesplatz 2, 24149 Kiel
Tel. (04 31) 2 10-30 08, Internet: http://www.fh-kiel.de/sozialwesen
Studiengang: Physiotherapie
Form: Vollzeit
Studienbeginn: Jeweils zum Wintersemester beginnt das Studium parallel zum Start der beruflichen Ausbildung.
Dauer: 4 Jahre, davon 3 Jahre Ausbildung.
Studienabschluss: Bachelor of Arts in Physiotherapy
Besonderheiten: Die Ausbildung findet in Kooperation mit der Johann Hermann Lubinus Schule für Physiotherapie in Kiel statt.

Fachhochschule Osnabrück
Institut für Gesundheitsberufe, Caprivistr. 30 A, 49009 Osnabrück
Tel. (05 41) 9 69 31 42, E-Mail: IFG@vw.fh-osnabrueck.de
Internet: http://www.fh-osnabrueck.de
Studienangebot: Ergotherapie/Physiotherapie
Form: Vollzeit
Studienbeginn: Wintersemester, die Bewerbungsfrist endet am 15. Juli.
Dauer: 4,5 Jahre – 6 Semester für die Ausbildung an einer Partnerschule und 3 weitere für das anschließende Studium.
Abschluss: Bachelor of Science Occupational Therapy/Physiotherapy
Besonderheiten: Wenn die Ausbildung an einer Kooperationsschule erfolgt und an den studienrelevanten Zusatzangeboten teilgenommen wurde, entfällt die Eignungsprüfung.

Fachhochschule Oldenburg/Ostfriesland/Wilhelmshaven
Standort Emden, Constantiaplatz 4, 26723 Emden, Tel. (01 80) 56 78 07 12 50, Internet: http://www.fho-emden.de

Studienangebot: Physiotherapie/Ergotherapie/Logopädie
Form: Vollzeit
Studienbeginn: Wintersemester, Bewerbungsschluss ist der 15. Juli.
Dauer: 4,5 Jahre – 6 Semester für die Ausbildung an einer Partnerschule und 3 weitere für das anschließende Studium.
Studienabschluss: Bachelor of Arts Physiotherapy
Besonderheiten: Die Vergabe der jeweils 20 Studienplätze erfolgt aufgrund der erreichten Punktzahl im Einstufungsverfahren.

3 Freiberuflich oder angestellt?

Seit Anfang 2003 ist es für Physiotherapeuten, Logopäden und Ergotherapeuten einfacher, sich den Weg in die Selbstständigkeit zu bahnen, denn sie dürfen sich direkt nach Abschluss der Ausbildung selbstständig machen – und müssen nicht mehr wie bislang erst ein paar Jahre Berufserfahrung sammeln. Hinzu kommt, dass im selben Jahr die Bundesregierung beschloss, die Berufe des Gesundheitswesens zu den freien Berufen zu zählen. Das vereinfacht zum einen die steuerliche Buchführung und hat den Vorteil, dass die Freiberufler keine Gewerbesteuer zahlen müssen.

Ob sich die Selbstständigkeit lohnt, hängt von vielen Faktoren ab. Zunächst sollte man sich darüber im Klaren sein, was es bedeutet, freiberuflich tätig zu sein. Vor allem in den ersten Jahren der Selbstständigkeit ist die Arbeitsbelastung sehr hoch. Bis sich alles eingespielt hat, ist Urlaub oft nur in Ausnahmefällen möglich, Freizeit ein Fremdwort. Denn man ist für einfach alles selbst verantwortlich: von der Büroorganisation, dem Telefondienst über die Krankenversicherung und Altersvorsorge bis hin zu steuerlichen und rechtlichen Grundlagen. Und für den Fall, dass man Mitarbeiter einstellt, müssen diese natürlich ausgesucht, eingearbeitet und betreut werden. Auf der anderen Seite sind Freiberufler, wie der Name schon sagt, frei. Sie sind für ihren Arbeitstag selbst verantwortlich und nicht von einem Vorgesetzten abhängig. Es ist eine grundsätzliche Frage, welches Arbeitsverhältnis für einen selbst das beste ist.

Die Festanstellung bietet eine relative Sicherheit: jeden Monat das Gehalt auf dem Konto, eine Sozialversicherung, die vom Arbeitgeber mitgetragen wird, und die Gewissheit, sich voll und ganz auf seine Arbeit konzentrieren zu können, ohne den organisatorischen Aufwand, den eine selbstständige Tätigkeit mit sich bringt. Das alles schützt allerdings nicht vor Arbeitslosigkeit. Zudem ist Schichtdienst, vor allem im Alten- und Krankenpflegebereich, sehr anstrengend. Aber der ist in einer eigenen ambulanten Pflege auch nicht immer zu vermeiden. Wenn die Grundsatzentscheidung zugunsten der Freiberuflichkeit gefallen ist, steht als Nächstes die Überlegung an, welche Form von Selbstständigkeit angestrebt wird: Mache ich mich allein selbstständig, vielleicht in einem extra Zimmer in der Wohnung, oder suche ich mir Mitstreiter und gründe eine Gemeinschaftspraxis oder einen ambulanten Pflegedienst?

Danach ist es von Bedeutung, sich über die Standortfrage klar zu werden. Da es im Heilmittelbereich keinen Gebietsschutz gibt, ist es theoretisch möglich, überall eine neue Praxis aufzubauen. Das ist allerdings nur so lange sinnvoll, wie tatsächlich Kapazitäten vorhanden sind, denn mit der dritten physiotherapeutischen Praxis „ums Eck" ist niemandem geholfen. Die alteingesessenen Kollegen klagen über Patientenrückgang, während der neue Kollege nie so viele Patienten bekommt, dass sich seine Praxis rentiert. Es empfiehlt sich daher, eine solide Standortanalyse durchzuführen. Eng wird es im städtischen Bereich, vor allem in großen Städten wie München ist die Dichte an logopädischen, ergotherapeutischen und physiotherapeutischen Praxen hoch, während in ländlichen Bereichen oder in den fünf ostdeutschen Bundesländern noch keine Flächendeckung erreicht ist.

Wie es um das Wachstum von freien Praxen bestellt ist, soll anhand der Ergotherapie verdeutlicht werden. Einer Berechnung des DVE[8] zufolge nimmt die Zahl der ergotherapeutischen Praxen zwar weiterhin zu, allerdings war sie Ende 2002 nicht mehr so hoch wie noch im Jahr zuvor. Mögliche Ursachen sind zum einen die Veränderung in der Gesundheitspolitik, die zu Verunsicherungen führt, und deswegen viele Neugründungen erst einmal auf die lange Bank geschoben werden. Zum anderen liegt der Rückgang an der Schwierigkeit, günstige Kredite zur Existenzgründung von den Banken zu erhalten. Mit fortschreitender Konjunkturerholung dürfte sich dieses Problem aber wieder verringern.

Doch der Schritt in die Selbstständigkeit ist damit noch lange nicht getan. Die ideale Vorbereitungszeit liegt zwischen sechs und 18 Monaten. Auf dem Weg dahin sollten alle möglichen Informationen, von IHK über Berufsverbände, dem Arbeitsamt bis hin zu Unternehmensberatern, Steuerberatern und Anwälten genutzt werden. Die helfen etwa beim Erstellen eines fundierten Unternehmenskonzepts, das bei der Kredit gebenden Bank auch akzeptiert wird. Wer sich aus der Arbeitslosigkeit heraus selbstständig macht, hat vom Arbeitsamt die Möglichkeit, Mittel zu beziehen: Schlagworte sind Ich-AG und Überbrückungsgeld. Dazu muss man dem

---

[8] Siehe Ergotherapie & Rehabilitation 01/2003, S. 31

Arbeitsamt einen so genannten Businessplan vorlegen, der das Vorhaben näher erläutert. Informationen erteilt jedes örtliche Arbeitsamt.

Adressen

Bundesministerium für Wirtschaft und Arbeit
Scharnhorststraße 34–37, 10115 Berlin
Tel. (0 18 88) 6 15-0
Internet: http://www.bmwi.de

Institut für Freie Berufe (IFB) an der Friedrich-Alexander-Universität Erlangen-Nürnberg
Marienstraße 2, 90402 Nürnberg
Tel. (09 11) 23 5 65-0, E-Mail: info@ifb.uni-erlangen.de
Internet: http://www.ifb.uni-erlangen.de

@ Links

- http://www.ifb-gruendung.de (Information zur Existenzgründung von Freiberuflern)
- http://www.arbeitsamt.de (Information zu Überbrückungsgeld und Ich-AG)
- http://www.bmwi.de (Homepage des Bundeswirtschaftsministeriums für Wirtschaft und Arbeit)

Literatur

- **Starthilfe – Der Erfolgreiche Weg in die Selbständigkeit** (zu beziehen beim Bundesministerium für Wirtschaft und Arbeit unter Fax: 02 28/42 23-4 62 oder E-Mail: bmwa@gvp-bonn.de)
- **Grosch, Olaf:** Ich werde mein eigener Chef. Erfolgreich in die Selbstständigkeit. Würzburg: Lexika, 2003.

4 Arbeiten im Ausland

Viele Studenten verbringen mittlerweile einen Teil ihrer Ausbildung im Ausland. Warum soll man das nicht auch innerhalb seines Berufslebens planen? Praktika, Weiterbildung oder eine mehrjährige Tätigkeit – alles ist möglich. Man muss sich nur trauen.

Erste Anlaufstation ist die Zentralstelle für Arbeitsvermittlung (ZAV) in Bonn. Jeweils im Herbst veröffentlichen sie einen Leitfaden, in dem Jobangebote für das folgende Jahr aufgeführt sind. Die ZAV ist auch in einem Verbund europäischer Arbeitsämter integriert und hilft bei der Suche nach einer Stelle.

Erkundigen kann man sich auch bei den Berufsverbänden hierzulande. Die können Ansprechpartner im Ausland benennen und Hinweise zur beruflichen Anerkennung geben, denn nicht überall werden die deutschen Ausbildungen eins zu eins anerkannt. Eine Vermittlung von Arbeitsstellen bieten sie allerdings nicht. Berufsverbände sind auch Ansprechpartner im Wunschland. Dort informiert man sich über die Arbeitsfelder (Krankenhaus, Rehazentren oder Praxen), freie Stellen, Verdienstmöglichkeiten sowie Kontaktadressen. Eventuell werden auch Fachkurse angeboten, die man wahrnehmen kann, um die Arbeitsweise in anderen Ländern kennen zu lernen.

Ein weiterer Weg führt über die Botschaft oder das Konsulat des jeweiligen Landes in Deutschland. Dort bekommt man Informationen zur Aufenthaltsgenehmigung bzw. Visumspflicht, zur Arbeitserlaubnis und zu notwendigen Impfungen. Auch das Auswärtige Amt kann in diesem Zusammenhang weiterhelfen.

Es gibt derzeit einige Länder, die gezielt nach qualifiziertem Personal aus dem Ausland fahnden: Schweden beispielsweise sucht nicht nur händeringend nach Ärzten, sondern auch nach Ergotherapeuten und Kranken- und Gesundheitspflegern. Das Gleiche gilt für Australien und Neuseeland, wo etwa nach Krankenpflegepersonal gesucht wird. Dort ist die deutsche Krankenpflegeausbildung auch anerkannt.

Gerade für Kranken- und Gesundheitspfleger gibt es zahlreiche Möglichkeiten, ins Ausland zu gehen. Da wären die Entwicklungshilfeverbände, die nach ausgebildeten Fachkräften suchen. Nicht unbedingt Ausland im eigentliche Sinne ist ein Kreuzfahrtschiff, aber auch hier kann man reichhaltige Erfahrungen sammeln: Über Jobangebote informiert die Zentrale Heuerstelle in Hamburg.

Adressen

Internationale Weiterbildung und Entwicklung GmbH (InWEnt)
ASA-Programmbüro
Lützowufer 6–9, 10785 Berlin
Tel. (0 30) 2 54 82-0
Internet: http://www.asa-programm.de

Australian Nursing Council
PO Box 873, DICKSON ACT 2602, Australia
Tel. +61 (0) 26 27 49 10 4, Fax: +61 (0) 26 25 77 95 5
E-Mail: overseas@anc.org.au, Internet: http://www.anci.org.au

Deutsche Gesellschaft für Technische Zusammenarbeit GmbH (GTZ)
Dag-Hammarskjöld-Weg 1, 65760 Eschborn
Tel. (0 61 96) 79-0
Internet: http://www.gtz.de/

Deutscher Entwicklungsdienst
Tulpenfeld 7, 53113 Bonn
Tel. (02 28) 24 34-0, E-Mail: poststelle@ded.de

Evangelischer Entwicklungsdienst
Ulrich-von Hassell-Str. 76, 53123 Bonn
Tel. (02 28) 81 01-0, E-Mail: eed@eed.de
Internet: http://www.eed.de/

International Council of Nurses
3, Place Jean Marteau, 1201, Geneve, Schweiz
Tel.: +41 (0)22 90 80 10 0, Fax: +41 (0) 22 90 80 10 1
E-Mail: icn@icn.ch, Internet: http://www.icn.ch

Medicine sans frontiere (MSF)
Bd. Saint Marcel 68, F-75005 Paris
Adenauerallee 50, 53113 Bonn
Internet: http://www.msf.org

ZAV – Zentralstelle für Arbeitsvermittlung
53107 Bonn
Tel. (02 28) 7 13-0, E-Mail: Bon-ZAV@arbeitsamt.de
Internet: http://www.arbeitsamt.de/zav

@ Links

- http://www.nurserve.co.uk (Stellenangebote und nützliche Informationen sowie Kontaktadressen in Großbritannien)
- http://www.who.int/per/vacancies (Hauseigene Stellenangebote der WHO. Voraussetzung ist meistens eine Hochschulqualifikation und Erfahrung im Bereich internationale Gesundheitspolitik)
- http://europa.eu.int (Information rund um die Europäische Union)
- http://www.eu-kommission.de (Homepage der europäischen Kommission in Deutschland)
- http://www.auswaertiges-amt.de/www/de/laenderinfos/auslandsarbeit/arbeiten_html#4 (Informationen zum Arbeiten im Ausland vom Auswärtigen Amt)
- http://www.ams.se (Internetseite der schwedischen Arbeitsvermittlung)
- http://www.anci.org.au (Internetseite des australischen Krankenpflegeverbands)
- http://www.pflegelinks.de/Weltweit/pflegeweltweit.html (Links zu Pflegverbänden im englischsprachigen Raum)

📖 Literatur

- **Schürmann, Klaus; Mullins, Suzanne:** Weltweit bewerben auf Englisch. Musterbeispiele, Anschreiben und Lebenslauf, Vorbereitung auf das Vorstellungsgespräch, Formulierungshilfen und länderspezifische Tipps. Frankfurt a.M.: Eichborn, 2003.
- **Rudolph, Christine:** Going Swiss. Leben, Arbeiten und Pflegen in der Schweiz. Bern: Huber, 2003.

TEIL II STUDIUM

1 Orientierung

Egal, ob man frisch vom Gymnasium kommt oder bereits Berufserfahrung gesammelt hat, leicht ist es nicht, sich im Hochschulbetrieb zurechtzufinden. Daher soll der folgende Teil Licht in das Spektrum der Hochschulen bringen, eine Übersicht über die Zulassung zum Studium geben, die verschiedenen Studienabschlüsse näher erläutern sowie die gängigsten Veranstaltungen beschreiben.

1.1 Hochschularten

Uni, TU, FH – lauter Abkürzungen, hinter denen verschiedene Hochschultypen stecken, die sich durch ihre Ausrichtungen und Ziele unterscheiden. Bei den meisten Hochschulen ist der Träger der Staat. Daneben gibt es eine Reihe kirchlicher Einrichtungen sowie einige Privathochschulen. Letztere sind in der Regel gebührenpflichtig. Eine Sonderform stellen die Universitäten der Bundeswehr in Hamburg und München dar, die Bundeswehrangehörige akademisch ausbilden.

Universitäten und Technische Universitäten

Die Universitäten bieten – wie der Name schon sagt – ein nahezu universales Studium an. Von den geisteswissenschaftlichen Fächern, wie Theologie, Geschichte oder Germanistik, über Naturwissenschaften und Medizin bis hin zu den Ingenieurwissenschaften, Wirtschafts- und Sozialwissenschaften und Rechtswissenschaften. Technische Universitäten waren zwar ursprünglich einmal ingenieurwissenschaftliche Bildungsstätten, bieten aber heute auch geistes- und sozialwissenschaftliche Fächer an.

Fachhochschulen

Während an den Universitäten sehr umfangreich ausgebildet und auch geforscht wird, steht bei den Fachhochschulen ganz klar der Praxisbezug im Vordergrund: Fachhochschulen bereiten in einer praxisnahen Ausbildung auf den Beruf vor. Hier werden vor allem Studiengänge im Ingenieurwesen und in den Bereichen Wirtschafts- und Sozialwissenschaften angeboten. Gerade im sozialwissenschaftlichen Bereich sind oft kirchliche Einrichtungen die Träger. Der wichtigste Unterschied zur Universität ist das fehlende Promotionsrecht der Fachhochschulen. Da das Studium an einer Fachhochschule zielgerichteter ist als an der Universität, sind die Studienzeiten in der Regel kürzer.

Fernhochschulen

Eine dritte Möglichkeit, ein Studium zu absolvieren, bieten die Fernhochschulen, wobei die FernUniversität Hagen das bekannteste und älteste Institut ist. Doch mittlerweile gibt es auch andere Einrichtungen, die ein Studium auf Distanz anbieten, so wie etwa die Fern-Fachhochschule Hamburg. Auch bereits bestehende Hochschulen haben Fernstudiengänge eingerichtet, meist mit Schwerpunkt im Management.

Fernstudiengänge gewinnen durch das Internet an Attraktivität. Die Studenten kommen problemlos an ihre Unterlagen, können durch E-Mail und Chat mit ihren Dozenten und Mitstudenten in Kontakt treten – und alles vom heimischen PC aus. Gerade im Bereich Pflege, in dem ja viele Studiengänge berufsbegleitend stattfinden, gibt es einige Beispiele, die hier auch besprochen werden.

1.2 Zulassung

Viele Wege führen an die Hochschulen. Um ein Studium in Pflege und Gesundheit oder im Sport zu beginnen, muss man sich zunächst erkundigen, welche Zulassungsvoraussetzungen zu erfüllen sind. In der Regel ist es das Abitur, das in der Fachsprache umständlich als Hochschulzugangsberechtigung bezeichnet wird. In den Studiengängen zur Pflege und Gesundheit wird mancherorts auch Berufserfahrung vorausgesetzt. Gibt es mehr Bewerber als Studienplätze, greift ein Auswahlverfahren nach Noten, auch *Numerus clausus* genannt. Dieses Verfahren kann für eine einzige Hochschule gelten oder aber für alle Universitäten Deutschlands oder eines Bundeslandes. Die Vergabe von Studienplätzen, die einen bundesweiten Numerus clausus besitzen, übernimmt die zentrale Studienplatzvergabe (ZVS) in Dortmund. Bei den hier besprochenen Studiengängen spielt sie lediglich für den Diplomstudiengang Sportwissenschaft in Nordrhein-Westfalen eine Rolle. Wer dort ein Studium beginnen möchte, wendet sich an folgende Adresse:

Zentralstelle für die Vergabe von Studienplätzen
44128 Dortmund
Tel.: (02 31) 10 81-0
Internet: http://www.zvs.de

Die Studienplätze werden dann nach Note und Wartezeit vergeben. Ob man an seine Wunschuniversität kommt, hängt auch davon ab, ob man „soziale Bindungen" in der gewünschten Stadt hat – etwa die Familie. Für die anderen Studiengänge wendet man sich an die jeweilige Hochschule selbst, um sich über das Zulassungsverfahren zu informieren. Dabei gibt es verschiedene Möglichkeiten.

Freie Einschreibung

Gibt es keine Zulassungsbeschränkung für den gewählten Studiengang, erkundigt man sich bei der Hochschule über die Termine, an denen die Einschreibung möglich ist. Dann findet man heraus, welche Unterlagen dafür benötigt werden – das sind in der Regel neben dem Abiturzeugnis eine Bescheinigung der Krankenversicherung –, und geht damit zur Immatrikulation, also zur Einschreibung. Frühaufsteher haben in der Regel gute Chancen, das Ganze ohne längere Wartezeiten hinter sich zu bringen. Je später am Vormittag, umso länger die Schlangen vor den Büros. Zulassungsfreie Fächer sind im Allgemeinen die Magisterfächer, also im vorliegenden Studienführer die sportwissenschaftlichen Studiengänge.

Achtung: Für Studiengänge an Fachhochschulen, die nicht zulassungsbeschränkt sind, gibt es mitunter auch Anmeldefristen. Das heißt, man meldet sich schriftlich bis zu einem bestimmten Zeitpunkt bei der Hochschule an und schreibt sich später dann persönlich mit den nötigen Unterlagen ein.

Hochschuleigenes Zulassungsverfahren

Bei Fächern, in denen nur eine begrenzte Anzahl von Studienplätzen vorhanden ist, werden diese nach bestimmten Kriterien vergeben. Die gängigste Methode ist die Vergabe nach Noten. In den Pflegestudiengängen, die meist erst nach einer Berufsausbildung und nach mehreren Jahren Berufserfahrung aufgenommen werden, wird die Berufstätigkeit bei der Vergabe der Studienplätze berücksichtigt. Beim Sport sind oftmals sportliches Engagement und Trainerlizenzen ausschlaggebend für die Platzvergabe. Auch Bewerbungsgespräche oder Tests werden zur Auswahl von Studenten – vor allem in der Pflege – herangezogen. Für das Sportstudium wird an den meisten Universitäten eine so genannte Sporteignungsprüfung verlangt, auf die bei der Beschreibung des Sportstudiums näher eingegangen wird. Konkrete Details zur Zulassung finden sich auch im Adressteil wieder.

Um sich auf einen Studienplatz zu bewerben, ist es erforderlich, rechtzeitig die nötigen Formulare zu besorgen und die Bewerbungsfrist zu beachten. In der Regel ist das der 15. Juli für das Wintersemester und der 15. Januar für den Studienbeginn im Sommersemester. Jedoch können nicht alle Studiengänge im Sommer begonnen werden. Es ist auch möglich, sich an mehreren Hochschulen gleichzeitig zu bewerben, um so die Chancen auf einen Studienplatz zu vergrößern.

Studieren ohne Abitur

In jedem Bundesland gibt es Regelungen – die allerdings von Bundesland zu Bundesland sehr unterschiedlich sind –, die es besonders qualifizierten Berufstätigen ermöglichen, ein Hochschulstudium aufzunehmen. Dabei gibt es verschiedene Modelle, die den Berufstätigen den Weg ins Studium ebnen. Das kann nach einer Berufsausbildung mit anschließender Berufstätigkeit eine besondere Hochschulzugangsprüfung sein, die die Eignung und die erforderliche Vorbildung für das gewünschte Fach, feststellt. Eine weitere Variante beinhaltet ein Probestudium im gewünschten Fach und schließlich gibt es auch die Möglichkeit über ein Kontaktstudium, eine Art universitäre Weiterbildung für Berufstätige, ein Studium aufzunehmen.

Interessant ist das vor allem für diejenigen Bewerber ohne Abitur, die lange in der Pflege gearbeitet haben und für eine leitende Position eine akademische Qualifikation anstreben. Wer sich also für ein pflege- oder gesundheitswissenschaftliches Studium interessiert, sollte sich bei den Hochschulen erkundigen, unter welchen Voraussetzungen ein Studium auch ohne Abitur möglich ist. Meist bekommt man die nötige Information bei der Studienberatung.

1.3 Studienabschlüsse

Bevor auf die unterschiedlichen Studienabschlüsse eingegangen wird, noch eine kleine Vorbemerkung, die für die Beschreibung der Studienabschlüsse von Relevanz ist. Es werden grundständige von postgradualen Studiengängen unterschieden. Die Erklärung ist ganz einfach: Ein grundständiges Studium setzt lediglich die Berechtigung voraus, ein Studium aufzunehmen, also eine so genannte Hochschulzugangsberechtigung – Abitur oder Fachabitur – und führt zu einem ersten berufsqualifizierenden Abschluss. Ein postgraduales Studium setzt dagegen bereits den Abschluss eines Studiums oder eine Berufstätigkeit voraus.

Diplom

Ein Diplom bekommen Absolventen an Universitäten und Fachhochschulen für die unterschiedlichsten Fächer verliehen. In diesem Zusammenhang sind das die Diplom-Pflegewissenschaftler, Diplom-Gesundheitswissenschaftler, Diplom-Pflegemanager, Diplom-Gesundheitsmanager oder Diplom-Sportökonomen. An den Fachhochschulen wird das Diplom mit dem Zusatz (FH) versehen. Der Diplomstudiengang gliedert sich in ein Grundstudium, das mit der Vordiplomprüfung abschließt, und in ein Hauptstudium, das nach der Regelstudienzeit meist im achten Semester mit der eigentlichen Diplomprüfung abschließt. Zusätzlich zu den Prüfungen wird eine schriftliche Diplomarbeit verlangt, die in der Regel im Anschluss an die Prüfungen geschrieben wird. Die Inhalte eines Diplomstudiengangs sind weitgehend vorgeschrieben, vor allem im Grundstudium. Im Hauptstudium findet dann oftmals eine Spezialisierung statt.

Magister Artium (M.A.)

Der Titel Magister Artium oder in weiblicher Form Magistra Artium kommt aus dem Lateinischen und heißt wortwörtlich übersetzt „Meister der (Freien) Künste". Der *Magister* wird denjenigen verliehen, die ein geistes- oder sozialwissenschaftliches Studium an einer Universität absolviert haben. Das betrifft im Zusammenhang dieses Studienführers vor allem die Sportwissenschaftler.

Da es in den geisteswissenschaftlichen Fächern nicht nur auf das jeweilige Fachwissen, sondern auch auf die Allgemeinbildung und die Fähigkeit ankommt, das Wissen auch im größeren Kontext zu setzen, werden zwei oder drei Fächer gelehrt: Zwei Hauptfächer oder ein Haupt- und zwei Nebenfächer. Diese werden aus dem Fächerkanon der Philosophischen Fakultäten der Universitäten gewählt. Der Grad des Magisters wird im ersten Hauptfach erworben. Anders als beim Diplom ist man bei der Wahl seiner Fächer und Schwerpunkte beim Magisterstudium relativ frei. Das ist nicht immer einfach, denn man sollte sich frühzeitig überlegen, wohin man sich im späteren Berufsleben orientieren will. Nach diesem Schema sollte ein Magisterstudent dann seine Lehrveranstaltungen auswählen.

Das Studium gliedert sich in ein Grundstudium, das mit der Zwischenprüfung abschließt, und ein Hauptstudium, an dessen Ende die Magisterarbeit verfasst wird, die als Zulassung für die Magisterprüfung dient. Das Studium wird normalerweise laut Regelstudienzeit im neunten Semester abgeschlossen. An den meisten Universitäten ist die Magisterausbildung eng mit der Lehramtsausbildung verknüpft.

Bachelor

Die Internationalisierung ist nicht nur auf die Wirtschaft begrenzt, sie findet zunehmend auch an den Hochschulen statt. Grund dafür ist die Vergleichbarkeit der Studienabschlüsse, die man im EU-Raum erreichen will. Daher werden seit einigen Jahren die Diplom- und immer öfter auch die Magisterstudiengänge in ein kombiniertes Bachelor-/Masterstudium umgewandelt oder auf dieses erweitert.

Nach einem geisteswissenschaftlichen Studium bekommen Absolventen den Bachelor of Arts oder auch Bakkalaureus Artium (B.A.), wie der Titel auf Latein heißt, verliehen. Nach einem naturwissenschaftlichen Studium, wie das in der Pflege zum Teil der Fall ist, lautet der Titel Bachelor of Science (B.Sc.).

Sechs bis acht Semester dauert es im Regelfall, bis man seinen Abschluss in der Tasche hat. Das ist auch im Sinne des Erfinders, denn ein Grund mit für die Einführung der Bachelorstudiengänge war, die Studenten schneller an einen ersten berufsqualifizierenden Hochschulabschluss heranzuführen und so auch die Zahl der Studienabbrecher zu senken. Wie beim angelsächsischen Vorbild finden die Prüfungen überwiegend studienbegleitend statt, also nach jedem Semester. Um das Studium international vergleichbar zu machen, erfolgt die Bewertung nach einem Leistungspunktesystem in den so genannten Credit Points. International geht es oft auch bei der Sprache zu – so sind englischsprachige Vorlesungen keine Seltenheit.

Master

Ein Master of Arts (M.A.) oder Master of Science (M.Sc.) baut auf einem ersten Abschluss – in der Regel einem Bachelor – auf und dauert zwischen zwei und vier Semestern. In einem Masterstudium werden Spezialgebiete vertieft, so wie das im Hauptstudium von Diplom- und Magisterstudium üblich ist. Beachtenswert ist dabei, dass die Förderung eines Masterstudiums, das auf einem Bachelor aufbaut, nach dem BAföG möglich ist, wenn noch kein anderer Studienabschluss vorliegt. Auch hier ist die Unterrichtssprache oftmals Englisch.

1.4 Veranstaltungsarten

Wer neu an der Hochschule ist, wird vielleicht angesichts der Fülle an Veranstaltungen leicht den Überblick verlieren. Daher werden im Folgenden die wichtigsten Veranstaltungsformen kurz erläutert.

Zunächst wird das Geheimnis der Abkürzung **SWS** gelüftet. Das bedeutet schlichtweg **Semesterwochenstunden** und ist eine Recheneinheit, die die Stunden der besuchten Veranstaltungen zählt. Eine Veranstaltung mit 2 SWS findet über das gesamte Semester mit je zwei Stunden pro Woche statt. Effektiv dauert die Veranstaltung allerdings nur 1,5 Stunden, da eine Lehrstunde in der Regel nur 45 Minuten dauert. Die Vor- und Nachbereitung der jeweiligen Veranstaltung ist in dieser Zahl noch nicht enthalten.

Zunehmend werden die Semesterwochenstunden vom **European Credit Transfer System (ECTS)** abgelöst. Das System wurde eingeführt, um eine internationale Vergleichbarkeit von Studienleistungen zu schaffen. Damit wird es einfacher, die im Ausland erbrachten Studienleistungen anzurechnen. Im ECTS-System wird jeder Lehrveranstaltung ein Wert zwischen einem und 60 Punkten zugeordnet. Auf diese Weise wird der gesamte Arbeitsumfang für einen Kurs beschrieben – es werden also nicht nur die Stundenzahl der Veranstaltung berücksichtigt, sondern auch die persönliche Vorbereitung auf Lehrveranstaltungen und Prüfungen zu Hause oder in Bibliotheken mit einberechnet. Der Studienaufwand für ein Semester entspricht nach dem ECTS-System 30 Anrechnungspunkte.

Um die für das eigene Studium relevanten Veranstaltungen zu finden, ist es ratsam, sich rechtzeitig eine **Studien- oder Prüfungsordnung** zu besorgen. Dort ist ausführlich beschrieben, welche Veranstaltungen belegt werden müssen und welches Wissen in den Prüfungen abgefragt wird. Anhand dieser Information stellt man sich dann den individuellen Stundenplan zusammen. Viele Fakultäten bieten einen Leitfaden für Erstsemester an, in dem ausführlich beschrieben wird, welche Fächer zu belegen sind, und hilft damit, die ersten universitären Schritte zu vereinfachen.

Modul ist ein Begriff aus den neuen Bachelor- und Masterstudiengängen. **Module** sind nach inhaltlichen und thematischen Gesichtspunkten gebildete Einheiten, die sich über maximal zwei Semester erstrecken. Diese Einheiten können sich aus verschiedenen Lehr- und Lernformen zusammensetzen: Klassische Formen wie Vorlesungen, Übungen, Seminare, aber auch neue Formen multimedialen und internetbasierten Lernens können Elemente von Modulen sein.

In der **Vorlesung** beschränkt sich die Tätigkeit des Studenten hauptsächlich aufs Zuhören und Mitschreiben. Oft hat man dabei große Vorlesungssäle mit vielen Studenten vor Augen. Doch das ist bei den meisten hier besprochenen Studien nicht unbedingt der Fall, da die Teilnehmerzahlen in diesen Studiengängen stark reglementiert sind und so eine eher familiäre Atmosphäre entsteht. Vorlesungen vermitteln einen Überblick über das behandelte Fachgebiet und geben den Studenten Hinweise an die Hand, wie sie den Stoff im Selbststudium vertiefen können.

Im **Seminar** muss der Student selbst etwas erarbeiten, denn für Seminare – **Prose-minare** im Grundstudium und **Haupt-** bzw. **Oberseminare** im Hauptstudium – gibt es Leistungsnachweise, so genannte Scheine. Die bekommt man entweder durch das Verfassen einer Seminararbeit oder durch eine Klausur, die am Ende des Semesters das erworbene Wissen aus der Veranstaltung abfragt. In den Veranstaltungen werden Referate gehalten, und es wird über das jeweilige Fachgebiet diskutiert.

In einer **Übung** wird in kleiner Gruppe die nötige Fingerfertigkeit bei der praktischen Anwendung des Lehrstoffs vermittelt. So werden beispielsweise sport- oder pflegewissenschaftliche Arbeitsmethoden gelehrt.

In **Kolloquien** soll im kleinen Kreis ein wissenschaftliches Gespräch zustande kommen. Wegen des erhöhten wissenschaftlichen Anspruchs wird es vor allem von Studenten in höheren Semestern besucht. Meist dienen solche Veranstaltungen der Vorbereitung auf das Examen, und es wird über methodische und inhaltliche Probleme diskutiert.

Exkursionen sind Ausflüge, die im Rahmen eines Seminars stattfinden. Dabei möchte man dem Forschungsgegenstand vor Ort auf die Spur kommen. Im Sportstudium kann das auch einmal der Ausflug in die Berge sein, wenn im Winter das Skifahren auf dem Lehrplan steht.

Daneben finden im Sportstudium **sportpraktische Veranstaltungen** statt, in denen die Studenten die Praxis diverser Sportarten lernen.

📖 Literatur

- **Becher, Stephan:** Schnell und erfolgreich studieren. Organisation, Zeitmanagement, Arbeitstechniken. 2., überarb. u. aktualis. Auflage. Würzburg: Lexika, 2003.
- **Esselborn-Krumbiegel, Helga:** Von der Idee zum Text. Eine Anleitung zum wissenschaftlichen Schreiben. Stuttgart: UTB, 2002.
- **Nicol, Natascha; Albrecht, Ralf:** Wissenschaftliche Arbeiten schreiben mit Word (mit CD-ROM). Formvollendete und normgerechte Examens-, Diplom- und Doktorarbeiten. München: Addison-Wesley, 2002.
- **Rossig, Wolfram E., Prätsch, Joachim:** Wissenschaftliche Arbeiten. Ein Leitfaden für Haus-, Seminar-, Examens- und Diplomarbeiten sowie Präsentationen. Rossig, 2002.

2 Studentenleben

Nachdem nun die wichtigsten Informationen rund um den Ablauf des Studiums geklärt sind, ist es an der Zeit, sich über die Finanzierung Gedanken zu machen und sich nach einer geeigneten Unterkunft umzusehen.

2.1 Kosten und Finanzierung

Obwohl das Studium in Deutschland in der Regel gebührenfrei ist, gibt es dennoch eine Reihe von Kosten, die auf Studierende zukommen. Denn nicht jedes Studium ist per se unentgeltlich: So müssen Langzeitstudenten in Baden-Württemberg und dem Saarland Gebühren bezahlen, in Niedersachsen oder Nordrhein-Westfalen werden Gebühren nach dem Aufbrauchen eines so genannten Studienguthabens fällig. In Bayern und Sachsen fallen Gebühren an, wenn ein Zweitstudium begonnen wird. An privaten Hochschulen, Weiterbildungsinstituten und für Fernstudien werden generell Studiengebühren erhoben. Im Hochschuladressteil wird jeweils angegeben, ob und in welcher Höhe Studiengebühren anfallen.

Bei der Einschreibung und Rückmeldung sind normalerweise Beiträge für die Leistungen des Studentenwerks, der Studentenvertretung und gegebenenfalls für ein Semesterticket für den öffentlichen Nahverkehr zu bezahlen; in einzelnen Ländern kommen noch Verwaltungsgebühren hinzu.

Daneben fallen Ausgaben für Studienmaterial an und natürlich auch Lebenshaltungskosten für Wohnen und Essen sowie Kosten für die Freizeit. Das Deutsche Studentenwerk (DSW) führt alle drei Jahre die so genannte Sozialerhebung durch (http://www.sozialerhebung.de). Der 16. Sozialerhebung zufolge gab 2000 ein „Normalstudent" (ledig, außerhalb des Elternhauses wohnend und im Erststudium) monatlich durchschnittlich 662 Euro in den alten Bundesländern bzw. 640 Euro in den neuen Bundesländern für seinen Lebensunterhalt aus.

Doch woher kommt das Geld, das die Studenten fürs tägliche Leben brauchen? Auch das weiß die 16. Sozialerhebung: Die meisten Studierenden verfügen über Einnahmen aus mehreren Finanzierungsquellen, wobei die Eltern die Haupteinnahmequelle sind – 86 Prozent werden finanziell von den Eltern unterstützt, die vom Gesetzgeber aus ihren Kindern gegenüber verpflichtet sind – auch wenn diese schon volljährig sind –, Unterhalt während der Ausbildung bis zu einem ersten berufsqualifizierenden Abschluss zu zahlen. Anfang 2002 lag der Regelsatz bei 600 Euro pro Monat. Die Eltern erhalten Kindergeld und Steuerfreibeträge für die Unterstützung.

Wenn allerdings die Eltern – oder bei verheirateten Studenten der Ehepartner – den Studierenden finanziell dennoch nicht unterstützen können, greift der Staat mithilfe der Ausbildungsförderung nach dem Bundesausbildungsförderungsgesetz (BAföG) den Studenten mit monatlich maximal 585 Euro unter die Arme. Seit April 2001 vergibt die Bundesregierung zur Förderung von Studierenden in besonderen Studiensituationen zudem einen Bildungskredit.

Viele Studenten nehmen die Verantwortung für ihr Einkommen auch in die eigene Hand. So verdienen sich 65 Prozent aller Studierenden im Erststudium etwas dazu.

Daneben gibt es die Möglichkeit, über Begabtenförderungswerke, Stiftungen oder europäische Mobilitätsprogramme (z.b. Sokrates und Leonardo) an Unterstützung zu gelangen. Unter bestimmten Umständen gibt es für Studenten auch die Möglichkeit, Wohngeld und Sozialhilfe zu beziehen. Wer also gar nicht weiterweiß, wendet sich an das zuständige Wohn- oder Sozialamt.

Wenn es hart auf hart kommt, kann man bei den Studentenwerken vor Ort ein Darlehen aufnehmen oder Mittel aus dem Härtefonds des DSW beziehen. In Form

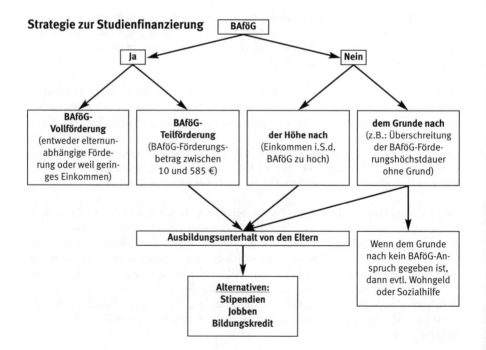

von Naturalien unterstützen die Mensen der Studentenwerke mit so genannten Freitischen die Studenten.

Einige Studenten werden auch vom Lebenspartner, Verwandten oder Bekannten finanziert. Wie man sich das Studium privat finanzieren lässt, bleibt der eigenen Fantasie überlassen, aber wie man etwa an BAföG, Stipendien und Jobs kommt, soll im Folgenden erläutertet werden.

BAföG

Was ist BAföG?

BAföG ist eine Ausbildungsbeihilfe des Bundes, die zur Hälfte als zinsloses Darlehen und zur Hälfte als Zuschuss gezahlt wird. Das heißt, 50 Prozent des Betrags muss man nach dem Studium wieder zurückzahlen, die anderen 50 Prozent sind ein Geschenk des Staates. Damit soll Studenten geholfen werden, die kein Geld von ihren Eltern bekommen können oder nicht genügend eigene finanzielle Mittel haben.

Da die Regierung sich zum Ziel gesetzt hat, mehr Studenten mit BAföG zu fördern, hat sich im April 2001 einiges beim BAföG geändert. Daneben wurden auch die finanziellen Mittel erhöht. Das Ergebnis: Der 15. BAföG-Bericht stellte fest, dass die Zahl der Geförderten gestiegen ist – von 58.000 im Wintersemester 2000/01 auf 302.000 Studierende im Wintersemester 2001/02[9]. Nun empfangen 25 Prozent der Studierenden in der Regelstudienzeit monatlich durchschnittlich 365 Euro BAföG.

Wer bekommt BAföG?

Wer eine erste Ausbildung an einer Hochschule, einer Akademie, einer Berufsfachschule (also auch zukünftige Logopäden, Ergotherapeuten und Physiotherapeuten) oder Fachoberschule oder an einer weiterführenden allgemein bildendenden Schule ab der 10. Klasse (bei auswärtiger Unterbringung) absolviert, kann als Deutscher einen Antrag auf Ausbildungsförderung stellen. Unter bestimmten Voraussetzungen haben auch ausländische Auszubildende einen Anspruch auf BAföG.[10] Zu Beginn der Ausbildung sollte man nicht älter als 30 Jahre sein. Ausnahmen sind möglich – beispielsweise für diejenigen, die das Abitur auf dem zweiten Bildungsweg erlangt haben, oder für Berufstätige ohne Abitur, die aufgrund ihrer beruflichen Qualifikation eingeschrieben sind. Auskunft erteilen die BAföG-Ämter der Studentenwerke.

---

[9] Der 15. BAföG-Bericht ist auf der Webseite des Bundesministeriums für Bildung und Forschung unter http://www.bmbf.de einzusehen.

[10] Näheres unter http://www.das-neue-bafoeg.de

Wie komme ich an BAföG?

Die amtlichen Antragsformulare gibt es bei den Ämtern für Ausbildungsförderung der Studentenwerke am Hochschulort (in Rheinland-Pfalz bei der Hochschule) oder im Internet unter http://www.bafoeg.bmbf.de. Die Förderung beginnt ab dem Monat der Antragstellung, frühestens jedoch ab dem Beginn der Ausbildung. Um die Frist einzuhalten, genügt zunächst ein formloser Antrag. Der detailliert ausgefüllte Antrag kann dann nachgereicht werden.

Tipp: Die Ämter informieren auch über die Einzelheiten des BAföGs. Dort wird auch unverbindlich der voraussichtliche BAföG-Förderungsbetrag errechnet, wenn man den Einkommensteuerbescheid der Eltern aus dem vorletzten Kalenderjahr mitbringt. Es lohnt sich auf alle Fälle, sich dort beraten zu lassen, auch wenn man sich nicht sicher ist, ob man Anspruch auf BAföG hat.

Wie hoch ist das BAföG?

Der Förderungsbetrag ist für jeden unterschiedlich hoch. Das hängt davon ab, welche Ausbildung man absolviert und ob man bei den Eltern oder alleine wohnt. Der BAföG-Regelbedarfssatz (Grundbedarf und Bedarf für die Unterkunft) für Studenten, die höhere Fachschulen, Akademien oder Hochschulen besuchen und noch bei ihren Eltern leben, beträgt 377 Euro. Wer nicht bei den Eltern wohnt, hat einen Bedarf von 466 Euro. Wer eine Fachschule besucht, die eine abgeschlossene Berufsausbildung vermittelt (also Ergotherapeuten, Logopäden und Physiotherapeuten), hat einen Bedarf von 354 Euro, wenn er/sie bei den Eltern wohnt, oder 443 Euro, wenn er/sie eine eigene Wohnung oder ein eigenes Zimmer hat.

Der monatliche Bedarfssatz erhöht sich um:
- bis zu 64 Euro, wenn die Mietkosten für Unterkunft und Nebenkosten nachweislich den Betrag von 133 Euro übersteigen,
- 47 Euro, bei selbst beitragspflichtig Krankenversicherten,
- 8 Euro, bei selbst beitragspflichtig sozial Pflegeversicherten.
(Stand Oktober 2003)

Wie viel man dann tatsächlich bekommt, hängt davon ab, wie hoch das Einkommen oder Vermögen der Eltern, des Ehepartners und des Auszubildenden ist. Das Kindergeld wird dabei nicht als Einkommen gerechnet. Es gibt diverse BAföG-Freibeträge, die vom Einkommen und Vermögen des Auszubildenden und dessen Eltern bzw. Ehepartner abgezogen werden. Die Freibeträge richten sich nach dem Familienstand der Eltern, der Zahl der Geschwister und deren Ausbildungsart, Unterhaltszahlungen an Großeltern und Ähnlichem. Für die Anrechnung des Einkommens der Eltern und des Ehepartners sind deren Einkommensverhältnisse im vorletzten Kalenderjahr vor Beginn des Bewilligungszeitraums maßgebend. Vom eigenen Einkommen bleiben monatlich 215 Euro anrechnungsfrei. Wer nur in den Semesterferien jobbt, darf 4.330 Euro im Jahr ohne Anrechnung dazuverdienen.

Vom Einkommen der Eltern bleiben monatlich anrechnungsfrei für

Eltern, verheiratet und zusammenlebend	1.440 Euro
Elternteil, allein stehend	960 Euro
Stiefelternteil	480 Euro
Kinder und sonstige Unterhaltsberechtigte, die nicht in einer förderungsfähigen Ausbildung stehen	435 Euro

Ist der Auszubildende verheiratet, bleiben monatlich vom Einkommen des Ehepartners anrechnungsfrei für den

Ehepartner, sofern dieser nicht selbst einen Förderungsanspruch hat	960 Euro
Kinder und sonstige Unterhaltsberechtigte, die nicht in einer förderungsfähigen Ausbildung stehen	435 Euro

Das Einkommen, das über den Freibeträgen liegt, wird nur zu 50 Prozent angerechnet. Dieser Prozentsatz erhöht sich um fünf Prozent für jedes Kind, für das ein Kinderfreibetrag gewährt wird. In Härtefällen kann ein weiterer Einkommensteil anrechnungsfrei bleiben.

Der Förderungsbetrag setzt sich also folgendermaßen zusammen:
Gesamtbedarf
minus anrechenbares eigenes Einkommen
minus anrechenbares eigenes Vermögen (5.200 Euro inklusive Zinsen)
minus anrechenbares Einkommen der Unterhaltspflichtigen

Daraus ergibt sich dann der Betrag, der jeden Monat vom BAföG-Amt gezahlt wird. Wer es genau wissen will, kann auf dem BAföG-Server des Bundesministeriums für Bildung und Forschung (http://www.bafoeg.bmbf.de) mithilfe des BAföG-Rechners den voraussichtlichen persönlichen Förderanspruch auch online berechnen.

> **!** **Tipp:** Wer nach dem 18. Lebensjahr bereits fünf Jahre gearbeitet hat oder auf insgesamt sechs Jahre Ausbildung und Erwerbstätigkeit kommt, hat Anspruch auf eine elternunabhängige BAföG-Förderung. Das heißt, das Einkommen der Eltern wird bei der Berechnung des BAföG-Betrags nicht berücksichtigt.

Wie lange bekomme ich BAföG?

Das hängt davon ab, was man studiert, denn die BAföG-Förderungshöchstdauer richtet sich nach der festgesetzten Regelstudienzeit, die in der Studien- und Prüfungsordnung des jeweiligen Studienfachs geregelt ist. An den Universitäten sind dies meist neun Semester für Diplom- und Magisterstudiengänge, an den Fachhochschulen sind acht Semester die Regel. Für einen Masterstudiengang wird Ausbildungsförderung gezahlt, wenn er auf einen Bachelorabschluss aufbaut. Manchmal wird auch noch länger gefördert, wenn wegen Behinderung, Krankheit, Tätigkeit in einem Hochschulgremium, Pflege und Erziehung eines Kindes oder erstmaligen Nichtbestehens des Examens sich die Studienzeit verzögert.

Wird BAföG auch im Ausland bezahlt?

Um BAföG auch bei einem Studium oder Praktikum im Ausland zu erhalten, muss man einen gesonderten Antrag stellen und das erste Studienjahr im Inland verbracht haben. Danach ist sogar das ganze restliche Studium innerhalb der EU-Mitgliedsstaaten einschließlich Studienabschluss zu Inlandsbedingungen förderungsfähig. Außerhalb der EU kann die Ausbildung zunächst bis zu einem Jahr, später insgesamt bis zu fünf Semestern gefördert werden. In der Regel zählt dann maximal ein Jahr Auslandsausbildung nicht bei der BAföG-Förderungshöchstdauer mit. Zusätzlich zur Inlandsförderung, die zur Hälfte als Zuschuss und zur Hälfte als Darlehen gewährt wird, kann man außerhalb der EU Auslandszuschläge für Studiengebühren, Reisekosten und Krankenversicherungskosten als Zuschuss erhalten.

Wann wird das Darlehen zurückgezahlt?

Ungefähr ein halbes Jahr vor Beginn der Rückzahlungspflicht meldet sich das Bundesverwaltungsamt, das für die Rückzahlung des BAföGs zuständig ist, und teilt die Höhe der Darlehenssumme und den Rückzahlungsbeginn mit. Die Rückzahlung des Darlehensanteils beginnt fünf Jahre nach Ende der BAföG-Förderungshöchstdauer, nicht nach dem Studienende. 20 Jahre dauert dann die Rückzahlung im längsten Fall, deren Raten in der Regel bei 105 Euro im Monat liegen und 10.000 Euro nicht überschreiten. Für ein besonders schnelles, erfolgreiches Studium oder bei vorzeitiger Rückzahlung wird ein Teil des Darlehens erlassen. Wer gerade nicht so viel verdient, kann von der Rückzahlung freigestellt werden.

@ Links

- http://www.das-neue-bafoeg.de (Information rund ums BAföG)
- http://www.bundesverwaltungsamt.de (Homepage des Bundesverwaltungsamts)

📖 Literatur

- **Brickwell, Andreas:** Studenten Service Broschüre. BAföG aktuell. Studienförderung. 8., neubearb. Auflage. Bad Honnef: Bock, 2001.
- **Bundesministerium für Bildung und Forschung BMBF (Hrsg.):** Ausbildungsförderung – BAföG, Bildungskredit und Stipendien. überarb. Nachdruck September 2003 (kostenlos erhältlich über BMBF, Ref. Öffentlichkeitsarbeit, Postfach 30 02 35, 53182 Bonn, Tel. (18 05) 26 23 02 – 0,12 Euro/Min, E-Mail: books@bmbf.bund.de oder im Internet unter http://www.bmbf.de)

Bildungskredit

Wer kurz vor dem Ende des Studiums steht und seine Zeit zur Vorbereitung auf das Examen braucht, hat seit Anfang April 2001 die Möglichkeit, von der Bundesregierung einen zinsgünstigen Kredit zu erhalten. Das Bildungskreditprogramm ist völlig unabhängig von der Förderung nach dem Bundesausbildungsförderungsgesetz (BAföG), die Förderung ist also parallel möglich. Im Gegensatz zum BAföG besteht kein Rechtsanspruch auf den Bildungskredit. Die Idee hinter dieser Form der Finanzierung ist die Sicherung der Ausbildung. Die Bundesregierung will es Studierenden ermöglichen, das Studium schnell zu beenden, und verhindern, dass Studierende das Studium aufgrund fehlender finanzieller Mittel abbrechen müssen.

Welche Voraussetzungen müssen erfüllt werden?
Das Einkommen und Vermögen des Auszubildenden oder seiner Eltern spielen bei der Vergabe des Bildungskredits keine Rolle. Mit dem Bildungskreditprogramm werden nur Ausbildungen gefördert, die auch im Rahmen des BAföG anerkannt sind. Auch für den Besuch einer ausländischen Ausbildungsstätte oder für ein Praktikum im Ausland wird ein Kredit vergeben, wenn er dem Besuch einer inländischen Ausbildungsstätte gleichwertig ist.

Wer kann einen Antrag stellen?
Deutsche Schüler, Studierende und Praktikanten, unter bestimmten Voraussetzungen auch ausländische Auszubildende. Die Altersgrenze liegt zwischen dem vollen-

deten 18. Lebensjahr und der Vollendung des 36. Lebensjahrs. Der Bildungskredit kann nur bis zum Ende des zwölften Studiensemesters beansprucht werden, außer man legt eine Bescheinigung vor, dass die Ausbildung bis zum Ende des möglichen Förderzeitraums abgeschlossen werden kann.

Wie hoch ist der Kredit?
Der Bildungskredit wird über maximal 24 Monate in Höhe von monatlich 300 Euro an den Auszubildenden ausgezahlt. Er beläuft sich also auf maximal 7.200 Euro. Falls ein bestimmter Betrag für die Finanzierung eines außergewöhnlichen Aufwands benötigt wird, kann einmalig ein Teil des Kredits bis zur Höhe von sechs Raten als Abschlag im Voraus ausgezahlt werden. Der Kredit wird von der Auszahlung an verzinst. Bis zum Beginn der Rückzahlung werden die Zinsen jedoch gestundet. Als Zinssatz wird die zinsgünstige European Interbank Offered Rate (EURIBOR) erhoben, zuzüglich eines Aufschlags von einem Prozent.

Wie bekomme ich den Bildungskredit?
Um den Kredit zu bekommen, stellt man einen Antrag beim Bundesverwaltungsamt (BVA). Dort wird geprüft, ob die Voraussetzungen für die Gewährung eines Bildungskredits vorliegen. Wenn der Kredit bewilligt wird, schließt man einen privatrechtlichen Kreditvertrag mit der Deutschen Ausgleichsbank (DtA) in Bonn ab. Damit der Förderungsbescheid des BVA wirksam bleibt, muss das Vertragsangebot innerhalb eines Monats angenommen und unterzeichnet an die Deutsche Ausgleichsbank geschickt werden. Die Auszahlung erfolgt dann direkt durch die DtA.

Wie wird der Kredit zurückgezahlt?
Der Bildungskredit plus Zinsen ist nach einer mit der ersten Auszahlung beginnenden Frist von vier Jahren in monatlichen Raten von 120 Euro an die Deutsche Ausgleichsbank zurückzuzahlen. Er kann aber auch vorab ganz oder teilweise zurückgezahlt werden.

@ Links

- http://www.bildungskredit.de (Alles über den Bildungskredit)
- http://www.bmbf.de (Homepage des Bundesministeriums für Bildung und Forschung)
- http://www.bundesverwaltungsamt.de (Homepage des Bundesverwaltungsamts)
- http://www.dta.de (Homepage der Deutschen Ausgleichsbank)

Stipendien

Nicht nur der Staat greift Studierenden unter die Arme, damit sie ihr Studium schneller und besser bewältigen können. Materielle Hilfe gibt es auch an anderer Stelle. So werden besonders begabte und engagierte Studenten und Promovierende von Stiftungen unterstützt. Diese Stipendien sind eine gute Alternative zu BAföG und Bildungskredit, da sie zum einen nicht zurückgezahlt werden müssen und zum anderen meist über den BAföG-Sätzen liegen.

Die Stiftungen haben unterschiedliche Träger: So unterhalten alle großen politischen Parteien ihre eigenen Stiftungen ebenso wie Kirchen, Gewerkschaften und Berufsverbände und andere private Organisationen. Ansprechpartner an den Hochschulen sind oft Vertrauensdozenten, deren Namen man dem örtlichen Personal- und Vorlesungsverzeichnis entnehmen kann und die über die Bedingungen eines Stipendiums informieren.

Die wichtigsten Begabtenförderungswerke sind nachfolgend aufgeführt:

Cusanuswerk e. V.
Bischöfliche Studienförderung
Baumschulallee 5, 53155 Bonn
Tel. (02 28) 9 83 84-0
Internet: http://www.cusanuswerke.de

Evangelisches Studienwerk e. V. Villigst
Iserlohner Straße 25, 58239 Schwerte
Tel. (0 23 04) 7 55-1 96,
E-Mail: info@evstudienwerk.de
Internet: http://www.evstudienwerk.de

Friedrich-Ebert-Stiftung e. V.
(Nähe zur SPD)
Abteilung Studienförderung
Godesberger Allee 149, 53175 Bonn
Tel. (02 28) 8 83-0
Internet: http://www.fes.de

Friedrich-Naumann-Stiftung
(Nähe zur FDP)
Wissenschaftliche Dienste und
Begabtenförderung

Karl-Marx-Straße 2, 14482 Potsdam
Tel. (03 31) 70 19-3 49
E-Mail: mohammad.shahpari@fnst.org
Internet: http://www.fnst.de

Hanns-Seidel-Stiftung e. V.
(Nähe zur CSU)
Förderungswerk
Lazarettstraße 33, 80636 München
Tel. (0 89) 12 58-0
E-Mail: info@hss.de
Internet: http://www.hss.de

Heinrich-Böll-Stiftung
(Bündnis90/Die Grünen)
Rosenthaler Straße 40–41
10178 Berlin
Tel. (0 30) 2 85 34-0
E-Mail: info@boell.de
Internet: http://www.boell.de

Konrad-Adenauer-Stiftung e. V.
(Nähe zur CDU)

Rathausallee 12, 53757 Sankt Augustin
Tel. (0 22 41) 24 60
E-Mail: zentrale@kas.de
Internet: http://www.kas.de

Bundesstiftung Rosa Luxemburg e.V.
(Nähe zur PDS)
Franz-Mehring-Platz 1, 10243 Berlin
Tel. (0 30) 4 43 10-2 23
Internet: http://www.rosaluxemburg-stiftung.de
Die Rosa-Luxemburg-Stiftung fördert insbesondere Frauen.

Hans-Böckler-Stiftung e.V. (DGB)
Hans-Böckler-Straße 39
40476 Düsseldorf
Tel. (02 11) 77 78-0
E-Mail: zentrale@boeckler.de
Internet: http://www.boeckler.de

Stiftung Deutsche Sporthilfe
Burnitzstraße 42
60596 Frankfurt a.M.
Tel. (0 69) 6 78 03-0
E-Mail: info@sporthilfe.de
Internet: http://www.sporthilfe.de
Studienhilfen und Erstattung von trainingsbedingten Auslagen für Spitzensportler der Leistungskader A, B und C.

Stiftung der Deutschen Wirtschaft
Studienförderwerk Klaus Murmann
Haus der Deutschen Wirtschaft
Breite Strasse 29, 10178 Berlin
Tel. (0 30) 20 33-15 03
E-Mail: studienfoerderwerk.sdw@bda-online.de
Internet: http://www.sdw.org
Studenten mit besonderen fachlichen Leistungen, gesellschaftlichem Engagement und Ziel- und Berufsorientierung im Studium werden gefördert.

Studienstiftung des Deutschen Volkes e.V.
Ahrstraße 41, 53175 Bonn
Tel. (02 28) 8 20 96-0
E-Mail: info@studienstiftung.de
Internet: http://www.studienstiftung.de
Vorschlag zur Förderung erfolgt durch Hochschullehrer.

Deutscher Akademischer Austauschdienst e.V.
Kennedyallee 50, 53175 Bonn
Tel. (02 28) 8 82-0
E-Mail: postmaster@daad.de
Internet: http://www.daad.de
Der DAAD vergibt Auslandsstipendien für ein Jahr und weniger.

Tipp: Viele Universitäten unterhalten ebenfalls Stiftungen, die unterschiedliche Bereiche fördern. Einfach beim Studentenwerk nachfragen oder auf der Homepage der gewünschten Uni nachsehen.

@ Links

- http://www.begabte.de (Liste der Stiftungen für Begabte)
- http://www.begabtenfoerderung.de (Begabtenförderungswerk für berufliche Bildung)

- http://www.stiftungsindex.de (Ausführliche Datenbank zur Förderung von Studenten, Projekten und Forschung)

 Literatur

- **Deutsches Studentenwerk (Hrsg.):** Förderungsmöglichkeiten für Studierende. 13., neubearb. Auflage. Bad Honnef: Bock, 2003.
- **DAAD:** Auslandsstipendien für Deutsche (erscheint jährlich neu).
- **Schmauß, Edwin:** Geld im Studium. Wegweiser für Studierende und ihre Eltern. Berlin: Uni-Edition, 2003.

Jobben

Nach der 16. Sozialerhebung des DSW jobben knapp 70 Prozent der Studierenden neben dem Studium. Wie sich die Neuerung des BAföGs auswirkt, bleibt abzuwarten und lässt sich sicherlich anhand der 17. Sozialerhebung, die für das Jahr 2004 ansteht, erkennen. Wer darauf angewiesen ist, neben dem Studium zu jobben, sollte einen Bereich wählen, der fachliche Nähe zum Studium aufweist. Beispielsweise können Sportstudenten als Aerobiclehrer im Fitnessstudio arbeiten oder Pflegestudenten in einer Sozialeinrichtung.

Erste Anlaufstelle für Studentenjobs ist die Jobvermittlungsstelle des Arbeitsamts, die es an den meisten Hochschulorten gibt. Die Adresse erhält man vom örtlich zuständigen Studentenwerk. Fundgruben für Jobs sind auch die Stellenanzeigen in Zeitungen und die schwarzen Bretter in der Mensa oder in den Instituten. Manchmal hilft auch ein Tipp aus dem Bekanntenkreis weiter. Wer in den Semesterferien einen Job im Ausland sucht, ist bei der Zentralstelle für Arbeitsvermittlung (ZAV), Abteilung Ausland in Bonn an der richtigen Adresse. Jeweils im Herbst veröffentlicht die ZAV einen Leitfaden, in dem die Angebote für das folgende Jahr aufgeführt sind.

Ein paar rechtliche Dinge gibt es beim Jobben noch zu beachten. Ob ein Job nämlich unter den studentischen „Sondertarif" für Sozialversicherungsabgaben fällt oder nicht, hängt davon ab, ob er kurzfristig ist und geringfügig entlohnt wird. Ebenso spielt es eine Rolle, ob man im Semester oder in den Semesterferien arbeitet.

Kurzfristig ist eine Beschäftigung, wenn sie auf zwei Monate oder 50 Arbeitstage im Jahr begrenzt ist. Mehrere kurzfristige Beschäftigungen werden dabei zusammengerechnet. Diese Beschäftigungen sind sozialversicherungsfrei. Was jedoch anfällt, ist die Rentenversicherung: 2003 betrug der Beitragssatz 19,5 Prozent. Sie wird jeweils zur Hälfte von Arbeitgeber und Arbeitnehmer gezahlt. Zudem muss man eine Lohnsteuerkarte beim Arbeitgeber abgeben. Wenn der Verdienst unterhalb des Grundfreibetrags von 7.235 Euro im Jahr bleibt, bekommt man die vom Arbeitgeber einbehaltene Lohnsteuer im Rahmen des Lohnsteuerjahresausgleichs vom Finanzamt wieder zurück. Pflichtpraktika während des Studiums sind generell versicherungsfrei.

Während des Semesters bleibt eine unbefristete Beschäftigung sozialversicherungsfrei, wenn die wöchentliche Arbeitszeit 20 Stunden nicht überschreitet.

Weiterhin gibt es die neue Regelung für *geringfügige* Beschäftigung, die seit dem 1. April 2003 gilt. Was bisher ein 325-Euro-Job war, ist nun eine neuer Minijob. Diese Minijobs treten in folgenden Formen auf:

- Beträgt der Verdienst weniger als 400 Euro im Monat, fallen weder Steuern noch Sozialabgaben an. Der Arbeitgeber führt pauschal 25 Prozent des Lohns für Sozialabgaben und Steuer ab.
- Liegt der Lohn zwischen 400,01 Euro und 800 Euro im Monat, so bewegt man sich im so genannten Niedriglohnsektor, bei dem die Sozialversicherungsbeiträge allmählich steigen.

Weitergehende Informationen bekommt man bei der Minijob-Zentrale (http://www.minijob-zentrale.de, Hotline: 08000 200 504, E-Mail: minijob@minijob-zentrale.de) und bei den Krankenversicherungen und Rentenversicherungsträgern (http://www.LVA.de, http://www.BfA.de)

Wer einen Steuerberater an der Hand hat, kann sich auch dort nach den individuellen Details erkundigen. Auch das örtliche Studentenwerk oder die Studierendenvertretungen (AStA, StuRa[11]) stehen mit Rat und Tat beiseite.

Achtung: Aufpassen müssen alle, die BAföG bekommen. Denn sobald man mehr als 4.330 Euro pro Jahr verdient, wird der Verdienst auf die Höhe des BAföGs angerechnet. Pro Monat darf man demnach höchstens 360 Euro dazuverdienen.

---

[11] Der Allgemeine Studentenausschuss bzw. Studentenrat sind studentische Organisationen, die die Interessen der Studenten gegenüber der Hochschule vertreten.

Bei einem neuen Minijob von 400 Euro pro Monat würde die BAföG-Förderung demnach um 30 Euro gemindert.

📖 **Literatur**

- **Jung, Konrad; Thiemann, Uwe:** 400 Euro Mini-Jobs. Das neue Recht ab 1.4.2003 für geringfügig und Niedriglohn-Beschäftigte. Freiburg: Haufe, 2003.
- **Koch, Irmelind R.:** 400-Euro-Jobs. Maximaler Profit mit Mini-Jobs. Neues Recht ab 1.4.2003 – neue Pflichten. Was Arbeitnehmer und Arbeitgeber wissen müssen. Regensburg: Walhalla Fachverlag, 2003.
- **Massow, Martin:** Der neue Jobber-Atlas. 1000 Tips für haupt- und nebenberufliche Tätigkeiten. Mit über 500 Jobideen. 8., überarb. u. erw. Auflage. München: Econ, 2002.

2.2 Wohnen

Nicht nur die Finanzen sollten stimmen, auch eine passende Unterkunft muss her, um entspannt studieren zu können. Doch leichter gesagt als getan. Jedes Jahr zu Beginn des Wintersemesters spielt sich in den großen Universitätsstädten das gleiche Szenario ab: Verzweifelte Erstsemester, die nicht wissen, wo sie wohnen sollen, und händeringend auf der Suche nach einer Unterkunft sind. Wer nicht bei Verwandten und Bekannten unterkommen kann, landet dann in Wohncontainern. Vor allem in den westdeutschen Städten wie München oder Stuttgart ist dies ein Problem.

Ein weiteres Problem ist der Preis für die Unterkunft. Gerade in Städten wie Frankfurt/Main oder München, in denen der Mietspiegel sowieso schon exorbitant hoch ist, sind Unterkünfte auch für Studenten dementsprechend teuer. Hier haben ostdeutsche Städte wie Leipzig und Dresden eindeutige Vorteile. Dort sind Studentenbuden wirklich noch erschwinglich.

Was kann man tun, um an bezahlbaren Wohnraum zu kommen?

Ein Besuch des Hochschulorts ist für die erfolgreiche Zimmersuche meist unabdingbar. Dafür sollte man einige Tage einplanen. Am besten wendet man sich an Verwandte und Bekannte, bei denen man vor Ort einige Tage wohnen kann. Wenn man niemanden in der neuen Stadt kennt, bieten Jugendherbergen eine preiswerte Alternative.

Der erste Weg führt zu den **Studentenwerken**. Die informieren über die **Studentenwohnheime** vor Ort und geben Hilfestellungen bei der Bewerbung um ein Zimmer.

Allerdings gibt es lange nicht so viele Wohnheimplätze wie Studenten, und somit steht dann für die meisten doch die Suche nach einem Privatzimmer auf dem Programm. Auch hier helfen viele Studentenwerke mit einer Vermittlung für private Zimmer weiter. Zudem kümmert sich der AStA mit einem Sozialreferat um die Wohnungsvermittlung der Studenten.

Vor Ort sind die **schwarzen Bretter** in den Mensen und Instituten oder aber auch in Studentenkneipen und in Supermärkten eine gute Anlaufstelle. Dort findet man Zimmer in **Wohngemeinschaften** und vielleicht auch kleine Wohnungen. Dabei lohnt es sich auch selbst einen Zettel aufzuhängen. Gerade in Städten mit Wohnungsnot läuft der Weg oft umgekehrt: Leute, die Zimmer oder Wohnungen zu vergeben haben, melden sich bei den Suchenden. Auf diese Weise können sie den vielen Anrufen entgehen, die nach einer Annonce den Anrufbeantworter belagern.

Selbst Annoncen aufzugeben ist ein guter Tipp für die Wohnungssuche in örtlichen **Tageszeitungen**, in Anzeigenblättchen oder in Stadtmagazinen, die zweiwöchig oder monatlich erscheinen; beispielsweise im Stadtmagazin „Prinz", das es in jeder größeren Stadt gibt.

> **/ Tipp:** Oft sieht man in den Wohnungsgesuchen Anzeigen wie: *„Wir, Lehrerehepaar, suchen für unsere Tochter ein Zimmer..."* Das vermittelt potenziellen Vermietern die Sicherheit, dass die Miete auch bezahlt wird und kann die Chancen auf eine Unterkunft durchaus vergrößern.

Für die Mietangebote sollte man sich die Zeitung an dem Tag, an dem der Wohnungsmarkt veröffentlicht wird, besorgen. Das ist bei den meisten Tageszeitungen am Mittwoch und am Wochenende der Fall, manchmal auch schon freitags („Süddeutsche Zeitung"). In Städten, in denen Wohnraum knapp ist, empfiehlt es sich, die Ausgabe schon am Abend zuvor zu holen und entweder gleich anzurufen (wenn es noch nicht so spät ist) oder zeitig am nächsten Morgen, sodass man der oder die Erste ist. Meistens findet man die Wohnungsanzeigen auch in den Internetausgaben der Tageszeitungen. Dort kann man sich auch die passenden Angebote per E-Mail zuschicken lassen. Das ist vor allem dann von Vorteil, wenn man nicht vor Ort ist.

Im *Internet* findet man auch eine Menge Webseiten, die Zimmer vermitteln. Ein großer Vorteil dabei ist, dass die Anzeigen kostenlos sind, wenn man von den Onlinegebühren einmal absieht. Zudem kann man gemütlich von zu Hause aus suchen und dann Termine für ein bestimmtes Wochenende vereinbaren. Auch hier kann man Zimmer suchen und auch selbst Anzeigen schalten.

Links

- http://www.wg-welt.de
- http://www.wg-gesucht.de
- http://www.studentenwg.de
- http://wwww.studentenwohnungsmarkt.de

Wohnen auf Zeit bieten diverse kommerzielle Mitwohnzentralen oder Wohnungs-vermittler. Mitwohnzentralen vermitteln Zimmer oder Wohnungen auf Zeit gegen eine Gebühr. Diese Möglichkeit der Zimmersuche bietet sich auch an, wenn man wegen eines Praktikums für zwei bis drei Monate in eine andere Stadt geht. Gerade in den Semesterferien finden sich viele freie Zimmer, weil die Studenten dann entweder zu Hause oder in den Ferien sind oder eben auch ein Praktikum in einer anderen Stadt absolvieren. Eine Liste der Mitwohnzentralen findet man, indem man nach „Mitwohnzentrale" kombiniert mit der gewünschten Stadt im Internet sucht. Unter http://www.mitwohnzentrale.de findet man den Ring Europäischer Mitwohnzentralen, die Zimmer in verschiedenen deutschen Städten anbieten.

Immobilienmakler sind auch ein Weg, an Wohnraum zu kommen, allerdings ein sehr teurer. Dort muss man Provision zwischen ein und drei Monatsmieten bezahlen.

Ein weiterer Weg bei der Wohnungssuche kann auch zum **Wohnungsamt** führen, um dort einen Schein für eine Sozialwohnung zu erhalten. Den bekommt man, wenn die Einkünfte das übliche Studenteneinkommen nicht überschreiten. Dort kann man auch Wohngeld beantragen – falls man kein BAföG bezieht. Mit einem Wohnberechtigungsschein tritt man den Weg zu den Wohnungsbaugesellschaften an, die dann (hoffentlich) eine passende Bleibe vermitteln können.

Tipp: Die beste Zeit, um ein Zimmer zu finden, ist das Ende eines jeden Semesters, denn dann kommt Bewegung in den Wohnungsmarkt für Studenten: Absolventen, Studienabbrecher und Hochschulwechsler verlassen den Studienort, oder ältere Studenten ziehen in ein anderes Viertel.

Literatur

- **Jantos, Robin; Schüttlöffel, Regula:** Auf eigenen Füßen. Alles, was man wissen muss, wenn man von zu Hause auszieht. Würzburg: Lexika, 2003.

3 Auslandssemester

Es wird immer beliebter und immer wichtiger, einen Teil des Studiums im Ausland zu verbringen. Teilweise ist es in den Studienordnungen bereits vorgeschrieben oder zumindest fest im Lehrplan verankert. Da eifrig an einer europäischen Vereinheitlichung der Studienleistungen gearbeitet wird, gibt es kaum noch Probleme, ein Studium an einer europäischen Hochschule hierzulande anerkennen zu lassen. Viele Hochschulen haben Partnerhochschulen im Ausland, mit denen Austauschprogramme bestehen. Bei Interesse wendet man sich an den jeweiligen Koordinator. An einer Partnerhochschule zu studieren hat in jedem Fall den Vorteil, dass ein Großteil der Organisation von der Hochschule übernommen wird. Was bleibt, ist dann höchstens die Zimmersuche vor Ort, wobei die Vermittlung von Wohnheimplätzen schon im Voraus von Deutschland aus möglich ist.

Was bringt ein Auslandsaufenthalt?

Schlägt man die Stellenanzeigen für Akademiker auf, so findet man in den meisten Fällen den Zusatz „Auslandserfahrung erwünscht". Gerade im Zuge der europäischen Einheit und der Globalisierung ist es in den meisten Fachbereichen unerlässlich, zusätzliche Qualifikationen wie Sprachkenntnisse und interkulturelles Wissen mitzubringen. Abgesehen von den Anforderungen potenzieller Arbeitgeber hilft ein Studienaufenthalt im Ausland natürlich auch, das Studiengebiet aus einem anderen Blickwinkel zu betrachten. Pflege- und Gesundheitswissenschaftler kommen etwa in Berührung mit einem anderen Gesundheitssystem und können Anregungen mit nach Hause nehmen. Sportwissenschaftler lernen beispielsweise andere Trainingsprinzipien kennen.

Auch persönlich profitiert man von einem Auslandsaufenthalt. Man erlebt andere kulturelle und soziale Zusammenhänge und knüpft neue Kontakte, von denen man noch jahrelang zehren kann. Was man außerdem nicht unterschätzen sollte, ist die Stärkung des Selbstbewusstseins: Schließlich hat man sich in einem neuen Umfeld organisiert und zurechtgefunden.

Wann gehe ich ins Ausland?

Ein guter Zeitpunkt, um ein Semester oder ein Studienjahr im Ausland zu verbringen, ist sicherlich die Zeit nach dem Vordiplom oder der Zwischenprüfung. Man hat bereits ein grundlegendes Wissen in dem Fachgebiet erworben sowie erste Prüfungen abgeschlossen. Auch bleibt genug Zeit, sich auf den Aufenthalt vorzubereiten. Die meisten Förderprogramme setzen ein mindestens einjähriges Studium voraus. Aber auch nach einem ersten Studienabschluss lohnt sich der Schritt ins

Ausland, um etwa ein postgraduales Studium aufzunehmen. Eine Möglichkeit, die vor allem für Bachelorabsolventen interessant ist.

Wer hilft mir?

Wenn das Auslandsstudium nicht sowieso vom Institut im Rahmen des Studiums organisiert wird, muss man selbst aktiv werden. Erste Anlaufstelle ist dabei der Deutsche Akademische Austauschdienst (DAAD). In Landesstudienführern hilft der DAAD ein Studium im Ausland vorzubereiten und durchzuführen. Informationen bekommt man beim Akademischen Auslandsamt der eigenen Hochschule oder direkt beim DAAD in Bonn (Adresse siehe S. 115).

Wie finanziere ich meinen Auslandsaufenthalt?

Ein Auslandsstudium ist nicht ganz billig. Es entstehen Reisekosten, Lebenshaltungskosten, die eventuell teurer als zu Hause sind, und unter Umständen fallen sogar Studiengebühren an. Auch hier hilft der DAAD mit einer Broschüre weiter, die jährlich erscheint und die die zur Verfügung stehenden Auslandsstipendien auflistet.

Innerhalb Europas gibt es Fördermittel der so genannten europäischen Mobilitätsprogramme wie *Sokrates, Leonardo* und *Tempus*. Diese übernehmen eventuelle Studiengebühren und zahlen einen monatlichen Förderungsbetrag sowie eine Beihilfe zu den Reisekosten. Die Bewerbung für die europäischen Programme läuft über die Koordinierungsstelle der jeweiligen Hochschule.

Wer Anspruch auf BAföG hat oder nur knapp kein BAföG bekommen hat, kann sich nach der Förderung eines Auslandsstudiums erkundigen. Die fällt in der Regel höher aus als im Inland. Zuständig dafür ist das Auslandsamt für BAföG, also am besten bei den BAföG-Ämtern der Studentenwerke nachfragen.

Wie organisiere ich den Aufenthalt?

Ein Auslandsaufenthalt hat eine lange Vorlaufzeit. Etwa 18 Monate vor dem geplanten Sprung ins Ausland sollte man sich darüber Gedanken machen, wohin die Reise gehen soll – dabei sind Sprachkenntnisse ein wichtiges Kriterium. Dazu gehört auch, dass man sich erkundigt, ob es an der eigenen Hochschule ein Austauschprogramm mit ausländischen Hochschulen gibt, das zum eigenen Studienfach passt. Das erfährt man von älteren Mitstudierenden, der Fachschaft, dem Akademischen Auslandsamt oder Professoren, von denen man weiß, dass sie Kontakte zu ausländischen Hochschulen pflegen. Eine andere Möglichkeit bietet die Suche auf der Internetseite des DAAD. Wichtig ist auch zu prüfen, welche Voraussetzungen für das Studium an der ausländischen Universität gelten: Darunter fallen neben Sprachkenntnissen manchmal auch fachliche Voraussetzungen.

Konkrete Vorbereitungen beginnen etwa ein Jahr vor dem geplanten Auslandsaufenthalt. Die Bewerbungsfristen für den hochschulinternen Austausch oder für die ausländische Universität sind zu beachten – sie können zum Teil bereits ein Jahr vor Studienbeginn liegen. Der Kontakt zur ausländischen Hochschule geht am schnellsten per E-Mail. Die jeweiligen Ansprechpartner findet man auf den Internetseiten der Hochschulen.

Wie wird das Auslandssemester angerechnet?

Wenn man im Ausland studieren will, sollte man sich darüber Gedanken machen, ob die im Ausland erbrachten Studienleistungen auch hierzulande anerkannt sind. Innerhalb der EU hat man dazu das so genannte ECTS-System eingeführt, das die Vergleichbarkeit von Studienleistungen gewährleisten soll (siehe S. 94). Auskunft über die Anrechenbarkeit von Studienleistungen aus anderen Ländern geben auch die Akademischen Auslandsämter der Hochschule.

Muss ich die Landessprache sprechen?

Damit der Auslandsaufenthalt auch zu einem Erfolg wird, sind Kenntnisse der Landessprache oder zumindest passable Englischkenntnisse – denn mittlerweile gibt es Vorlesungen vielerorts auch in englischer Sprache – unabdingbar. Oft wird ein Sprachtest verlangt. Für diejenigen, die in den USA studieren wollen, ist der so genannte TOEFL-Test (Test of English as a Foreign Language) unabdingbar. Das gilt übrigens auch für manche MBA-Programme im Ausland. Information dazu gibt es beim Akademischen Auslandsamt der Hochschule oder unter http://www.toefl.org.

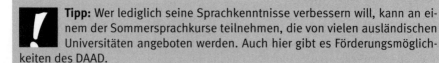

Tipp: Wer lediglich seine Sprachkenntnisse verbessern will, kann an einem der Sommersprachkurse teilnehmen, die von vielen ausländischen Universitäten angeboten werden. Auch hier gibt es Förderungsmöglichkeiten des DAAD.

Adressen

Deutscher Akademischer Austauschdienst (DAAD)
Kennedyallee 50, 53175 Bonn
Tel. (02 28) 8 82-0, E-Mail: postmaster@daad.deLiteratur
Internet: http://www.daad.de

@ Links

- http://www.spiegel.de/unispiegel (Information rund um Studium und Beruf)
- http://www.daad.de (Homepage des Deutschen Akademischen Austausch-dienstes)
- http://dir.yahoo.com/Education/Higher_Education/Colleges_and_Universi-ties (Verzeichnis von ausländischen Universitäten)
- http://www.toefl.org (Homepage von TOEFL)
- http://www.eu.daad.de (Informationen über die europäischen Mobilitätspro-gramme)
- http://www.das-neue-bafoeg.de (Informationen über das Auslands-BAföG)
- http://www.hochschulkompass.de (Homepage der Hochschulrektorenkonfe-renz, die Informationen zu internationalen Hochschulpartnerschaften gibt.)
- http://www.wege-ins-ausland.de (Auflistung von Möglichkeiten ins Ausland zu gehen: Studium, Arbeit, Weiterbildung)

📖 Literatur

- **Massow, Martin:** Karriere-Atlas Europa. Top-Informationen zu Studieren und Arbeiten in 46 Ländern. München: Econ, 2001.

4 Pflege und Gesundheit

Wie Pilze schießen die Studiengänge in Pflege und Gesundheit aus dem Boden. Das ist auch notwendig, denn im internationalen Vergleich hat die Bundesrepublik in diesem Bereich erheblichen Nachholbedarf. Die erhöhten Anforderungen an die Pflege durch die demographische Entwicklung, den medizinischen Fortschritt und die knappen finanziellen Ressourcen halten die Führungskräfte auf Trab. Disea-semanagement, Budgetierung und Changemanagement sind nur einige der Schlag-worte, die im Zusammenhang mit der Umstrukturierung des Gesundheitssystems fallen. Sie erfordern akademisch ausgebildete Fachkräfte, die sowohl etwas von Pflege und Gesundheit verstehen als auch gleichzeitig juristische, wirtschaftliche und organisatorische Multitalente sind. Deswegen sind diese Studiengänge auch hauptsächlich auf bereits ausgebildete Pflegekräfte ausgerichtet und vermitteln ihnen das nötige zusätzliche Handwerkszeug.

„Leider sind die Kompetenz und das Können der akademisierten Pflegekräfte oft noch nicht bis in die Führungsetagen vorgedrungen", meint Michael Schaaf, Unternehmensberater im Gesundheitswesen. Seiner Meinung nach herrscht noch immer ein gewisses Unverständnis über die diversen Studiengänge. *„Das liegt zum einen daran, dass in vielen Betrieben des Gesundheitswesens das Personal lediglich verwaltet wird, aber nicht entwickelt"*, sagt Schaaf. Viele Verantwortliche wissen gar nicht, welche Kompetenzen ihre Mitarbeiter haben. Zum anderen sorgen die vielen unterschiedlichen Bezeichnungen für die Studiengänge für Verwirrung: Pflege, Pflegemanagement, Pflege- und Gesundheitswissenschaften, Gesundheitsförderung, Public Health, Nursing Science oder Health Communications implizieren eine Vielfalt von Ausbildungen in der Hochschullandschaft und wollen doch nur das eine: kompetente Fachkräfte im Gesundheitswesen ausbilden. Und so ist es auch kein leichtes Unterfangen, die vielen Bezeichnungen in eine sinnvolle Ordnung zu bringen.

Wir haben es dennoch gewagt und sie anhand ihrer Schwerpunkte zunächst grob in Pflege und Gesundheit unterteilt. Pflege umschreibt die Studiengänge, die sich mit der Rehabilitation alter oder kranker Menschen beschäftigt. Gesundheit geht in Richtung Prävention und Gesunderhaltung. Dass sich Überschneidungen zwischen den beiden Gebieten ergeben, liegt in der Natur der Sache: Ein kranker Mensch wird gepflegt, um sich zu erholen. Gleichzeitig werden ihm aber auch Verhaltensregeln ans Herz gelegt, um seine Gesundheit auch zukünftig zu erhalten.

Auf die Weiterbildung und das Studium der Pflege- und Gesundheitspädagogik, also den Lehrerberuf, wird in diesem Studienführer nicht weiter eingegangen (ein Überblick über alle Studiengänge der Pflege- und Gesundheitswissenschaft inklusive der Pädagogik findet sich unter http://www.pflegestudium.de).

Berufsaussichten

Flexibilität, das ist das Geheimnis, um nach dem Studium eine Anstellung zu bekommen. Zumindest stellen das die Hochschulen fest, wenn sie ihre Absolventen danach befragen, wo und wie sie nach dem Studium beruflich untergekommen sind. Schwer scheint es also nicht zu sein, an einen Job zu kommen, denn der Bedarf an akademisch ausgebildeten Pflegewissenschaftlern, die mit den aktuellen gesundheitspolitischen Fragen vertraut sind, ist groß. Zudem ist der Gesundheitsmarkt mit einem Umsatz von über 220 Milliarden Euro im Jahr ein wichtiger Wirtschaftssektor. Mehr als vier Millionen Menschen sind derzeit in diesem Markt beschäftigt. Und zur Umsetzung der Reformen, die im Gesundheitswesen anstehen, braucht man qualifiziertes Personal. Für Pflege- und Gesundheitswissenschaftler werden sich daher neue Berufsfelder bei Krankenkassen und Einrichtungen des Gesundheitswesens erschließen, die bisher von Akademikern aus anderen Studienrichtungen besetzt waren. *„Zukünftig werden Pflegewissenschaftler die Mediziner in ihren leitenden Positionen ablösen"*, meint Ralf Siegel, stellvertretender Institutsleiter der Universität Witten/Herdecke. *„Denn bald"*, so Siegel, *„wird es nicht mehr genügend Mediziner geben, die diese Aufgaben übernehmen können."* Das Bild, das der aktuelle Stellenmarkt zeichnet, ist allerdings nicht so positiv. Ein Blick auf die Statistik zeigt, dass die Stellenangebote im Gesundheits- und Sozialwesen allgemein in den ersten neun Monaten 2003 im Vergleich zum Vorjahreszeitraum um 47 Prozent zurückgegangen sind.[12] Das ist zwar kein Phänomen, das sich originär auf den Gesundheitsbereich bezieht, dennoch zeigt es auf, dass auch in der Gesundheitsbranche vorsichtig mit Neueinstellungen umgegangen wird.

4.1 Pflege

Pflege ist derzeit in aller Munde, und das wird sich auch in den kommenden Jahren nicht ändern. Das liegt zum einen an dem steigenden Anteil der Menschen über 60 Jahre in unserer Gesellschaft und zum anderen an den veränderten Lebensumständen: Singlehaushalte sind zur Norm geworden, große Familienverbände gehören der Vergangenheit an. Es ist also größtenteils nicht mehr die Familie, die sich um die Versorgung von pflegebedürftigen Menschen kümmert. Als eine Folge davon verbringen viele Senioren ihren Lebensabend in Pflegeheimen, und auch Behinderte sind vermehrt in Heimen und Tagesstätten untergebracht.

Daher ist die Pflege zu einem Wirtschaftsfaktor herangewachsen, der sich mit der Geldknappheit bei den Kassen und einer steigenden Anzahl an Pflegebedürftigen konfrontiert sieht und somit beispielsweise Heimleiter vor schier unlösbare Aufgaben stellt. Als Folge davon entsteht ein Bedarf an akademisch ausgebildeten Fachkräften, die auf der einen Seite das wirtschaftliche Rüstzeug für die Leitung von Pflegeheimen besitzen und zum anderen neue Pflegekonzepte aus der Wissenschaft mitbringen und sie in die Praxis umsetzen.

---

12 Adecco Stellenindex Deutschland – Gesundheits- und Sozialwesen (1. bis 3. Quartal 2003)

Da diese Aufgaben für eine einzelne Person viel zu aufwändig wären, haben sich zwei Richtungen herauskristallisiert: die Wissenschaft und das Management. Der Schwerpunkt der Pflegewissenschaft liegt auf der wissenschaftlichen Erforschung und Umsetzung neuer Konzepte und besetzt Positionen, die im Allgemeinen als Pflegedienstleitung bezeichnet werden. Das Pflegemanagement hingegen konzentriert sich auf die ökonomische Leitung einer Pflegeeinrichtung und bereitet auf die Position eines Heimleiters vor. Allerdings wird in der Wissenschaft auch das Management angesprochen und im Management die Wissenschaft. Nach Meinung von Astrid Elsbernd, Praxisleitern der FH Esslingen, liegt das daran, dass es immer mehr Mischpositionen gibt, die beides im Blick haben. Vor allem im Altenpflegebereich würden Fachkräfte benötigt, die das Kaufmännische beherrschen und die Inhalte von Pflegekonzepten strategisch umsetzen können.

Für welche Fachrichtung der Einzelne sich entscheidet, hängt damit zusammen, wo die persönlichen Neigungen liegen. Für eine Position im Management sind nur diejenigen geeignet, die sich auch tatsächlich für wirtschaftliche Zusammenhänge interessieren. Da der Abschluss Diplom-Pflegewirt (FH) sowohl Pflegewissenschaftlern als auch Pflegemanagern verliehen wird, empfiehlt es sich, auch den Studienplan einer Bewerbung beizufügen. So kann sich der zukünftige Arbeitgeber ein Bild über das Können des Bewerbers machen.

4.1.1 Pflegewissenschaft

Inhalt
Auf dem Studienplan der späteren Pflegewissenschaftler stehen Theorie und Praxis der Pflegewissenschaft, die Grundbegriffe des wissenschaftlichen Arbeitens, sozialwissenschaftliche Kenntnisse, medizinische Themen, ökonomische und rechtliche Kenntnisse sowie das Wissen über die Strukturen des Gesundheitswesens. Wir wollen im Folgenden einen Überblick geben, welche konkreten Fächer und Inhalte sich hinter den Fachgebieten verbergen. Die Bezeichnung und die Stundenverteilung variieren zwischen den Hochschulen, aber das Grundkonzept bleibt gleich.

Theorie und Praxis der Pflegewissenschaft
- Theorien und Modelle der Pflege
- Ethik und Anthropologie
- Familienorientierte Pflege
- Internationaler Kontext von Pflege
- Public Health und Gesundheitsförderung
- Pflegemethodik
- Handlungskonzepte der Pflege

Wissenschaftliche Hintergründe
- Einführung in das wissenschaftliche Arbeiten (Literaturrecherche, Moderation und Präsentation)
- Wissenschaftstheorie
- Grundlagen von EDV und Statistik
- Anwendung empirischer Forschungsmethoden

Sozialwissenschaftliche und soziale Hintergründe
- Soziologie
- Psychologie
- Pädagogik
- Sozialmedizin
- Beratung in der Pflege

Medizinische Hintergründe
- Naturwissenschaften
- Geriatrie
- Onkologie
- Psychiatrie
- Hygiene/Mikrobiologie
- Pharmakologische Grundlagen

Strukturen des Gesundheitswesens
- Ökonomie des Gesundheitswesens
- Recht im Gesundheitswesen
- Sozialpolitik
- Berufspolitik

Betriebsführung
- Betriebswirtschaftslehre (in Bezug auf Krankenhäuser oder Pflegeeinrichtungen)
- Qualitätsentwicklung und Qualitätssicherung
- Gesundheitsökonomie
- Beratung
- Leistungserstellung
- Gutachten, Assessment- und Klassifikationssysteme
- Kommunikation und Interaktion
- Fachenglisch

Schwerpunkte

Da Pflegewissenschaft nur der allgemeine Oberbergriff für ein facettenreiches Studium ist, gibt es an den Hochschulen diverse Schwerpunkte, auf die sich die Studenten für ihren weiteren Berufsweg festlegen können. Das sind:
- Angewandte Pflegewissenschaft
  Hier werden allgemeine und klinische Pflege- und Gesundheitswissenschaften

gelehrt, die auf eine wissenschaftliche Karriere oder die Umsetzung von Pflegekonzepten in den Heimen ausgerichtet ist.

- Pflege- und Gesundheitsmanagement
  Hier werden die kaufmännischen Grundprinzipien erörtert. Anders als bei den
  Pflegemanagementstudiengängen werden nur die Basics behandelt.

- Pflege
  Hier geht es weniger um die wissenschaftliche Entwicklung der Pflege als um die
  praktische Umsetzung. Darunter fallen Schwerpunkte wie „psychiatrische und
  psychosomatische Pflege" oder „interkulturelle Pflege".

- Public Health/Gesundheitsförderung
  Hierunter fallen unter anderem Lebensstilkonzepte und Gesundheit, Gesund-
  heitssystemforschung, Versorgungsforschung, Qualitätsmanagement bei der
  Versorgung älterer Menschen.

- Pflegeinformatik
  Computerprogramme machen auch vor einem von Menschen dominierten
  Bereich wie der Pflege nicht Halt. Doch die Einführung geht nur langsam von-
  statten, sodass Informatiker gut gebraucht werden können.

Studiendauer und Struktur
Für den Diplomstudiengang Pflegewissenschaft ist eine Regelstudienzeit von acht
bis neun Semestern anzusetzen. Das Grundstudium wird mit zwei bis drei Semestern veranschlagt und schließt mit dem Vordiplom ab. Bereits im Grundstudium
sind neben dem Studium Praktika abzuleisten. Im Hauptstudium, das fünf Semester in Anspruch nimmt, legen die Studenten individuelle Schwerpunkte fest.
Mindestens ein Semester wird von einem Praktikum in einer Pflegeeinrichtung
beansprucht. Am Ende des achten oder neunten Semesters stehen dann die
Diplomprüfungen an.

Beim Bachelorstudiengang beträgt die Regelstudienzeit sechs Semester und bietet
im Anschluss die Möglichkeit eines dreisemestrigen Masterstudiums. Auch hier
leisten die Studenten ein praktisches Semester ab, das wahlweise im In- oder Ausland stattfindet. Da das Studium nach dem angelsächsischen Vorbild gestaltet ist,
haben die Absolventen bereits mit dem Bachelor einen vollwertigen Abschluss.

Viele der Studenten, die ein Pflegestudium anstreben, haben bereits einen festen
Job. Deshalb werden einige Studiengänge auch als berufsbegleitende Modelle angeboten. Der Unterricht findet dann in Blockveranstaltungen statt. Entweder am
Stück oder auch freitags und samstags. Nähere Informationen erteilen die jeweiligen Institute.

✓ **Voraussetzungen**

- Abitur (allgemein oder fachgebunden)
Für fast alle Hochschulen zusätzlich:
- Abgeschlossene Berufsausbildung in einem Pflegefachberuf (Kranken- und Gesundheitspflege, Kinderkrankenpflege, Entbindungspflege, Altenpflege) oder teilweise auch in einem Gesundheitsberuf mit direktem Klientenkontakt aus den Fachrichtungen Physiotherapie, Diätassistenz, pharmazeutisch-technische Assistenz, medizinisch-technische Assistenz oder medizinisch-technische Radiologieassistenz
- Mindestens einjährige Berufspraxis in einem dieser pflegerischen Berufe (manchmal auch mehr)

Fast jedes Bundesland bietet Möglichkeiten, bei langjähriger Berufstätigkeit ein Studium auch ohne Abitur zu beginnen. Nähere Informationen dazu erteilen die Hochschulen.

Berufsfelder
Die Evangelische Fachhochschule Darmstadt hat nachgeforscht, wo ihre ausgebildeten Pflegewirte in der Praxis geblieben sind. Dabei kam heraus, dass die Absolventen von pflegewissenschaftlichen Studiengängen sowohl auf höhere Posten in ihrem angestammten Berufsfeld in Krankenhäusern, Alteneinrichtungen, ambulanten Pflegeeinrichtungen und Gesundheitseinrichtungen verschiedenster Art zurückgingen als auch zunehmend neue Berufsfelder besetzten, wie beispielsweise bei Kranken- und Pflegekassen, im öffentlichen Gesundheitswesen (in Gesundheitsämtern, Gemeinden, Verbänden, Ministerien, Parteien und Berufsgenossenschaften), bei Verbänden, in Verlagen, in der Forschung (in Fachhochschulen, Universitäten, Forschungsinstituten oder Forschungsabteilungen der Industrie), in Bildungseinrichtungen, Pharmaunternehmen oder bei der Koordination und Durchführung von Gesundheitsprojekten im Ausland.
Pflegewissenschaftler arbeiten dann in Bereichen wie Qualitätssicherung, Management, Konzeptentwicklung, Begutachtung, Beratung, direkte Pflege, Forschung, Bildung und Öffentlichkeitsarbeit.

Tätigkeiten
Die FH Fulda führt auf, was Absolventen des Studiengangs Pflege alles können müssen: [13]

---

[13] Nachzulesen auf der Internetseite der FH Fulda unter
http://www.fh-fulda.de/fb/pg/index.htm

- Die Pflege in unterschiedlichen Tätigkeitsbereichen des Gesundheitswesens und bei verschiedenen Gruppen von Patienten und Klienten professionell planen, durchführen, dokumentieren und evaluieren
- Individuelle Pflegesituationen in ihrer Komplexität erfassen und angemessene Pflegekonzepte patienten-, klienten- und umfeldbezogen entwickeln
- Patienten bzw. Klienten und deren relevante Bezugspersonen pflegebezogen beraten
- Patienten bzw. Klienten in Fragen der Rehabilitation und Gesundheitsförderung beraten
- Patienten bzw. Klienten und deren relevante Bezugspersonen kompetent auf spezialisierte Beratungseinrichtungen sozialpflegerischer, rechtlicher und hilfsmittelbezogener Art verweisen
- Pflegewissenschaftliche Erkenntnisse rezipieren, in die Praxis umsetzen, sie innerhalb der Berufsgruppe vermitteln und zu ihrer Entwicklung beitragen
- Die individuelle Pflegebedürftigkeit feststellen und begutachten, die Qualität der Pflege methodisch begründet sichern und evaluieren, die aus pflegerischer Sicht erforderlichen Maßnahmen begründen und gegenüber anderen Berufsgruppen kompetent vertreten
- Die organisatorischen, technischen und institutionellen Bedingungen der Pflege methodisch begründet gestalten, an ihrer Weiterentwicklung mitwirken und innovative Gestaltungskonzepte angemessen umsetzen
- Die Kommunikation im Kontakt zu Patienten/Klienten, innerhalb der eigenen Berufsgruppe und in der Kooperation mit anderen Berufsgruppen reflektiert, gezielt und angemessen gestalten
- Einen qualifizierten Beitrag leisten, im Rahmen der beruflichen Tätigkeit auftretende Konflikte aktiv und lösend bewältigen
- Pflegebezogene sozialpolitische Regelungen qualifiziert umsetzen, bewerten und zu ihrer Weiterentwicklung beitragen

Hochschulen

Hochschule	Studiengang	Abschluss	Vollzeit	Berufs-begleitend
Evangelische FH Darmstadt	Pflegewissenschaft	Diplom-Pflegewirt (FH)	X	
Evangelische FH für Soziale Arbeit Dresden	Pflegewissenschaft Pflegemanagement	Diplom-Pflegewirt (FH)		X
FH Esslingen	Pflege/Pflege-management	Diplom-Pflegewirt (FH)	X	
Evangelische FH Ludwigshafen	Pflegeleitung	Diplom-Pflegewirt (FH)	X	
FH Frankfurt/Main	Pflege	Diplom-Pflegewirt (FH)	X	

Hochschule	Studiengang	Abschluss	Vollzeit	Berufs-begleitend
FH Fulda	Pflege	Diplom-Pflegewirt (FH)	X	
U Halle Wittenberg	Pflege- und Gesundheitswissenschaft	Diplom-Pflege- und Gesundheitswissenschaftler		X
FH Hamburg	Pflege	Diplom-Pflegewirt (FH)	X	
Evangelische FH Rheinland-Westfalen-Lippe	Pflege	Diplom-Pflegewissenschaftler (FH)	X	
FH Osnabrück	Pflegewissenschaft	Diplom-Pflegewirt (FH)	X	
Universität Witten/Herdecke	Pflegewissenschaft	Bachelor/Master of Science in Nursing (BScN/ MScN)	X	

Aufbaustudiengänge

Hochschule	Abschluss	Studiengang	Vollzeit	Berufs-begleitend
HU Berlin	Master of Science (in Nursing) (MScN)	Nursing Science		X
Universität Witten/Herdecke	Master of Science in Nursing (MScN)	Pflegewissenschaft	X	

📖 Literatur

Zeitschriften
- **Pflegezeitschrift.** Verlag Kohlhammer (http://www.pflegezeitschrift.de) Fachzeitschrift für stationäre und ambulante Pflege
- **Pr-InterNet für die Pflege.** HpS-Medienverlag (http://www.pr-internet.com/pflege). Das wissenschaftliche Medium für Pflegepädagogik, Pflegemanagement, Pflegeinformatik und Pflegeforschung.

4.1.2 Pflegemanagement

Inhalt

Ein Pflegemanager ist nicht einfach nur ein Manager. Pflege ist ein Metier, in dem es um das Wohl von Menschen geht. Im Studium werden daher neben den betriebswirtschaftlichen Kenntnissen auch pflegerische, medizinische, sozialpolitische, psychologische, rechtliche und ethische Grundlagen vermittelt. Auch die Befähigung zum wissenschaftlichen Arbeiten und die Kommunikationswissenschaft stehen auf dem Lehrplan. Obwohl die Studienpläne von Hochschule zu Hochschule variieren, lassen sich die Studieninhalte dennoch in folgende Bereiche einteilen:

Pflege
- Pflegewissenschaft
- Pflegeforschung
- Gesundheitswissenschaften und Gesundheitsförderung
- Medizin, Pflege und Rehabilitation
- Pflegebedarf und Pflegegruppen
- Technik in der Pflege
- Empirische Pflegeforschung
- Prävention und Kuration
- Pflegerisches Handeln

Geistes- und Sozialwissenschaften
- Philosophie und Theologie
- Ethik
- Psychologie
- Sozialwissenschaften
- Pädagogik

Betriebsmanagement
- Allgemeine Betriebswirtschaftslehre
- Mathematik
- Rechnungswesen
- Statistik
- Volkswirtschaftslehre
- Finanzmanagement
- Krankenhausbetriebslehre
- Qualitätsmanagement
- Ökonomie im Gesundheitswesen

Organisations- und Personalentwicklung
- Datenverarbeitung im Krankenhaus
- Personalmanagement
- Planungstechniken
- Kommunikation
- Fachenglisch
- Organisation des Pflegedienstes

Recht und Verwaltung
- Wirtschaftsrecht
- Arbeitsrecht
- Vertragsrecht
- Recht in Einrichtungen des Gesundheitswesens
- Gesundheitssysteme

Es muss beachtet werden, dass jede Hochschule eigene Schwerpunkte setzt. Bei der Auswahl der Hochschule sollten Studieninteressierte sich auf alle Fälle die Studienpläne genau anschauen und vergleichen, um herauszufiltern, auf welchen Bereich sie sich spezialisieren wollen.

Schwerpunkte
Die Studienschwerpunkte im Pflegemanagement richten sich sehr stark nach dem späteren Einsatzgebiet. Daher sind sie im Allgemeinen auf

- Altenpflege,
- Gesundheitsförderung,
- Pflegedienst im Krankenhaus,
- Behindertenpflege und Rehabilitation,
- Pflege- und Betreuungswesen und
- Ambulante Dienste

ausgerichtet.

Studiendauer und Abschluss
Die Regelzeit des Diplomstudiengangs umfasst acht Semester. Das Studium ist unterteilt in ein Grund- und Hauptstudium. Davon dauert das Grundstudium drei Semester. Das Hauptstudium beginnt mit dem vierten Semester und wird mit dem achten Semester, dem Diplomsemester, abgeschlossen.

Der Bachelorstudiengang Pflegemanagement führt nach sechs Semestern zu einem ersten akademischen Grad und ermöglicht damit bereits nach drei Jahren Studium den Berufseinstieg. Der Theorie nach sind alle Bachelorabschlüsse international anerkannt und die Studienleistungen mit denen anderer Länder kompatibel. Wer jedoch nach einem Bachelorabschluss seinen Master im Ausland absolvieren möchte oder etwa eine Anstellung im Ausland anstrebt, sollte sich vorab bei potenziellen Arbeitgebern oder Universitäten erkundigen, ob dies auch wirklich der Fall ist, und sich absichern!

✔ Zulassungsvoraussetzungen

- Abitur (allgemein oder fachgebunden)
Bei fast allen Hochschulen zusätzlich:
- Abgeschlossene Berufsausbildung in einem pflegerischen Beruf (Altenpflege, Gesundheits- und Krankenpflege, Kinderkrankenpflege, Heilerziehungs- oder Entbindungspflege)
- Mindestens ein Jahr Berufspraxis in dem erlernten Beruf (manchmal auch mehr)
Fast jedes Bundesland bietet Möglichkeiten bei langjähriger Berufstätigkeit ein Studium auch ohne Abitur zu beginnen. Nähere Informationen dazu erteilen die Hochschulen.

Berufsfelder

Wie der Name schon sagt, qualifiziert das Studium Pflegemanagement die Absolventen für Planungs- und Managementaufgaben in Einrichtungen des öffentlichen und privaten Gesundheits- und Pflegewesens (Management in Krankenhäusern und Pflege- und Rehabilitationseinrichtungen), in den Kranken- und Pflegekassen und der Qualitätsprüfung und Unternehmensberatung sowie der Fortbildung in den genannten Bereichen.

Hier arbeiten Pflegemanager:

- Krankenhäuser
- Ambulante Pflegeeinrichtungen
- Stationäre Altenpflegeeinrichtungen
- Einrichtungen der Altenhilfe
- Gesundheitsämter
- Kranken- und Pflegeversicherung
- Behinderteneinrichtungen
- Institute der Qualitäts- und/oder Organisationsentwicklung
- Pharmazeutische Industrie
- Produzenten von Pflegehilfsmitteln und medizinischen Bedarfsartikeln

Tätigkeiten

- Pflegedienstleitung und Unternehmensführung
- Unternehmensberatung
- Entwicklung und Umsetzung von Konzepten des Qualitätsmanagements
- Organisationsanalyse, -entwicklung und -beratung
- Diseasemanagement oder Casemanagement[14]
- Personalmanagement
- Pflegebezogenes Marketing und Controlling
- Vertragsverhandlungen mit Kranken- oder Pflegekassen
- Wissenschaftliche Expertise
- Beratung und Anleitung von Pflegenden, Pflegebedürftigen u. ihren Angehörigen
- Praktische Aus-, Fort- und Weiterbildung von Pflegepersonal
- Gesundheitsvorsorge: individuelle und betriebliche Gesundheitsförderung in der Pflege

---

[14] Das sind Versorgungskonzepte, die für bestimmte Krankheiten ausgearbeitet wurden. So bekommen Ärzte zum Beispiel für Zuckerkranke einen bestimmten Behandlungsplan, nach dem sie den Patienten versorgen. Das soll eine einheitliche Behandlung gewährleisten.

Hochschulen

Hochschule	Studiengang	Abschluss	Vollzeit	Berufs-begleitend
Alice-Salomon-Fachschule Berlin (FH)	Pflege/Pflege-management	Diplom-Pflegewirt (FH)	X	X
Evangelische Fachhoch-schule Berlin	Pflege/Pflege-management	Diplom-Pflegewirt (FH)	X	
Hochschule Bremen	Internationaler Studien-gang für Pflegeleitung	Diplom-Pflegewirt (FH)	X	
Fachhochschule Braun-schweig/Wolfenbüttel/Wolfsburg	Management in Ein-richtungen des Gesundheitswesens	Diplom-Kaufmann (FH)	X	
Fachhochschule Frankfurt a. M.	Pflegemanagement	Diplom-Pflegewirt (FH)		X
Katholische Fachhoch-schule Freiburg	Pflegemanagement	Diplom-Pflegewirt (FH)		X
FH Fulda	Pflegemanagement	Bachelor of Science, Master of Science		X
FH im DRK Göttingen	Pflegemanagement	Bachelor of Nursing Management	X	
Fern-FH Hamburg	Pflegemanagement	Diplom-Pflegewirt (FH)		X
Evangelische FH Hannover	Pflegemanagement	Diplom-Pflegewirt (FH)		X
FH Jena	Pflege/Pflege-management	Diplom-Pflegewirt (FH)		X
Katholische FH Mainz	Pflegemanagement	Diplom-Pflegewirt (FH)	X	X
Katholische Stiftungsfach-hochschule München	Pflegemanagement	Diplom-Pflegewirt (FH)	X	
FH Münster	Pflegemanagement	Diplom-Pflegewirt (FH)	X	
FH Neubrandenburg	Pflegewissenschaft/Pflegemanagement	Bachelor of Nursing & Administration, Master of Nursing & Administration	X	
Evangelische FH Nürnberg	Pflegemanagement	Diplom-Pflegewirt (FH)	X	
Katholische FH Nordrhein-Westfalen, Köln	Pflegemanagement	Diplom-Pflegeleiter/Diplom-Pflegemanager (FH)		X
FH Osnabrück	Krankenpflege-management	Diplom-Kaufmann (FH)	X	
	Pflege- und Gesund-heitsmanagement	Diplom -Kaufmann (FH)		X
Katholische FH Nord-deutschland Osnabrück	Pflegemanagement	Diplom-Pflegewirt (FH)		X
FH Würzburg-Schweinfurt	Pflegemanagement	Diplom-Pflegewirt (FH)	X	
Westsächsische Hoch-schule Zwickau (FH)	Pflegemanagement	Diplom-Pflegewirt (FH)	X	

📖 **Literatur**

- **Eisenreich, Thomas (Hrsg.):** Handbuch Pflegemanagement. Erfolgreich führen und wirtschaften in der Pflege. 2., überarb. Auflage. Neuwied: Luchterhand, 2003.
- **Kriesel, Petra; Krüger, Helga; Piechotta, Gudrun u.a.:** Pflege lehren – Pflege managen. Eine Bilanzierung innovativer Ansätze. Frankfurt a.M.: Mabuse, 2001.

4.2 Gesundheit

Gesundheit wird als das höchste Gut des Menschen bezeichnet. Und sie zu bewahren, darüber macht sich nicht nur jeder selbst so seine Gedanken, sondern auch ein ganzes Heer von Wissenschaftlern und Managern, die im Gesundheitswesen arbeiten. Schließlich ist Gesundheit auch ein wichtiger Faktor für die Volkswirtschaft. Während früher die Gesundheit der Bevölkerung verbessert wurde, indem etwa die Hygienestandards gehoben oder die Leute geimpft wurden, liegt es heute vielmehr am Einzelnen für seine Gesundheit zu sorgen: zum Beispiel durch ausreichende Bewegung, gesunde Ernährung oder Vorsorgeuntersuchungen. Aufklärung müsste daher groß geschrieben werden, damit Krankheiten wie Diabetes, Kreislauferkrankungen oder Erkrankungen des Muskel-Skelett-Systems gar nicht erst auftreten, denn die Kassen im Gesundheitswesen sind leer.

Möglichst effektiv vorzubeugen ist auch eines der Ziele von Gesundheitsmanagern, Gesundheitswissenschaftlern oder Public-Health-Spezialisten. Auf der einen Seite informieren sie die Menschen über gesunde Lebensweisen und überlegen sich Programme, wie sie die verschiedenen Bevölkerungsgruppen erreichen können. Sie schicken sich an, das Gesundheitssystem zu überarbeiten und sind in Leitungspositionen von verschiedenen Gesundheitseinrichtungen zu finden. Medizin, Psychologie, Soziologie und Ökonomie sind nur einige der Fächer, in denen sie sich auskennen müssen, um Probleme kompetent lösen zu können.

Im Folgenden sind die verschiedenen Bereiche, die an den Hochschulen im Zusammenhang mit Gesundheit angeboten werden, dargestellt. Beginnend mit der Gesundheitswissenschaft, die sich vor allem auf die Erforschung von gesundheitlichen Tatbeständen konzentriert und hauptsächlich in grundständigen Studiengängen angeboten wird. Daran anknüpfend folgt Public Health, das als Aufbaustudiengang das Werkzeug zur Umsetzung der Forschung beinhaltet. Abschließend soll auf die Gesundheitsökonomie eingegangen werden, die ihren Schwerpunkt in der wirtschaftlichen Umsetzung der Konzepte hat. In der Praxis gibt es natürlich Überschneidungen der Bereiche. Das ist der Tatsache geschuldet, dass es immer von Vorteil ist, wenn die einzelnen Bereiche über ihren Tellerrand schauen können.

4.2.1 Gesundheitswissenschaft und Public Health

Krebs, AIDS, SARS: Schreckgespenster, die uns um unsere Gesundheit bangen lassen. Dank der modernen Kommunikation können wir schnell vor drohender Gefahr für unsere Gesundheit gewarnt werden. Eine Möglichkeit, die Gesundheitswissenschaftler und Public-Health-Spezialisten die Arbeit vereinfacht – Vorsorge und Aufklärung der Bevölkerung sind heute einfacher als je zuvor. Diese Aufklärung erfolgt auf vielen Wegen: Das fängt bei Krebswarnungen auf den Zigarettenschachteln an und geht über AIDS-Aufklärung an Bushaltestationen bis hin zu Vorsorgeuntersuchungen aller Art. Die Wissenschaftler setzen auf zwei Strategien, um mit Gesundheitsproblemen umzugehen. Entweder die Menschen werden dazu angehalten, ihr Verhalten zu verändern, oder die Verhältnisse werden geändert, die ein gesundes Leben bedrohen. Dazu analysieren sie erst einmal die Lebensweisen und Lebensbedingungen der verschiedenen Bevölkerungsgruppen und planen daraufhin unterschiedliche Interventionsmaßnahmen, die dann angewendet und beurteilt werden.

Gesundheitswissenschaftler beschäftigen sich zum einen mit den Bedingungen für Gesundheit und den Ursachen von Krankheit, mit den Wechselwirkungen zwischen Menschen und ihren natürlichen, technischen und sozialen Umwelten, mit der Gesundheitsförderung und der Bewältigung von Krankheiten. Das andere große Themengebiet umfasst das Gesundheitssystem und seine Leistungen. Dabei geht es darum, wie dieses System politisch und ökonomisch gesteuert werden kann, wie es bewertet und wie die Qualität kontrolliert werden kann. Dabei wird ein gemeinsames Ziel verfolgt: die Verlängerung der Lebenszeit und die Verbesserung der Lebensqualität der Bevölkerung.

Was ist eigentlich der Unterschied zwischen Gesundheitswissenschaften und Public Health?
Um Gesundheitswissenschaftler zu werden, gibt es mehrere Möglichkeiten. Entweder man entscheidet sich für einen grundständigen Studiengang, bei dem das Abitur und erste Erfahrungen im Gesundheitswesen notwendig sind, oder man hat bereits einen Studienabschluss als Humanwissenschaftler (Sozialarbeiter, Mediziner, Psychologe, Pädagoge, Soziologe oder Pflegewissenschaftler) und entscheidet sich dann für einen Aufbaustudiengang.

Zunehmend setzt sich für das Studium der Gesundheitswissenschaft auch der Begriff „Public Health" durch. Allerdings kann Public Health nicht eins zu eins mit

Gesundheitswissenschaft übersetzt werden. Der Begriff Public Health stammt aus den USA und vereint die Forschung und die Anwendungswissenschaft. Der deutsche Begriff „Gesundheitswissenschaften" steht jedoch streng genommen nur für die Wissenschaft selbst, also für das Forschen. Public Health erkennt also nicht nur die gesundheitlichen Probleme, sondern sucht auch nach Lösungen für die sozialen, medizinischen und psychologischen Schwierigkeiten der Menschen, auf denen diese Probleme beruhen. Die WHO definiert Public Health als „Wissenschaft und Praxis der Krankheitsverhütung, Lebensverlängerung und der Förderung psychischen und physischen Wohlbefindens durch gemeindebezogene Maßnahmen".

In das Gebiet der Public Health spielen dementsprechend viele andere Bereiche hinein. Deshalb zahlt es sich aus, wenn die Studenten bereits ein wissenschaftliches Studium hinter sich haben und sich dann auf den Bereich Public Health spezialisieren. Dadurch kann auch ein Austausch zwischen den Berufsgruppen stattfinden, die für die Gesundheit der Bevölkerung zuständig sind. Daher wird das Studium hauptsächlich als Aufbaustudiengang angeboten. An den Hochschulen haben sich zwei Richtungen herauskristallisiert: auf der einen Seite Hochschulen, die das Public-Health-Studium in die Medizin integrieren, wie das in München oder Dresden der Fall ist, und auf der anderen Seite Fakultäten, die als gesundheitswissenschaftliche Einrichtungen neu entstanden sind und die verschiedenen Disziplinen dort vereinen, wie es zum Beispiel bei dem ältesten Studiengang im Bereich Public Health in Bielefeld oder an der TU Berlin der Fall ist.

Gesundheitswissenschaft

Inhalt

Das Gebiet der Gesundheitswissenschaftler reicht von wissenschaftstheoretischen Grundlagen über medizinisches, naturwissenschaftliches und pflegerisches Grundwissen bis hin zu den gesundheitswissenschaftlichen Kerndisziplinen. Die Studieninhalte der verschiedenen Universitäten sind nach Überbegriffen geordnet, um Studieninteressierten einen Überblick über die angebotenen Fächer und die konkreten Inhalte zu verschaffen. Details zu den Fächern und den jeweiligen Lehrveranstaltungen gibt es bei den Hochschulen selbst.

<u>Wissenschaftliche Grunddisziplinen</u>
- Methoden des wissenschaftlichen Arbeitens und Denkens
- Anwendung empirischer Forschungsmethoden
- Sozialwissenschaften
- Planung und Evaluation
- Projektmanagement
- EDV und Statistik

- Fachenglisch

Ökonomie und Recht
- Grundlagen der Wirtschaftswissenschaften
- Unternehmensführung
- Führung und Organisation
- Managementkonzepte
- Rechnungswesen
- Recht
- Steuerlehre

Sozialwesen und Pflege
- Sozial- und Gesundheitssysteme im internationalen Vergleich
- Ökonomische Grundlagen des Sozialwesens
- Institutionen im Sozialwesen
- Professionalisierung der Pflege
- Systeme und Instrumente der Pflege
- Theorien und Modelle der Pflege

Medizin und Gesundheit
- Medizinische und naturwissenschaftliche Grundlagen
- Einführung in Public Health
- Angewandte Epidemiologie: Prävention und Gesundheitsförderung
- Gesundheitspsychologie
- Gesellschaft und Gesundheitsberatung
- Gesundheitsaufklärung und -erziehung
- Gesundheitspädagogik
- Gesundheitssoziologie
- Gesundheitsökonomie
- Lebensbedingungen
- Umwelt und Gesundheit
  - Verhaltensbezogene Gesundheitsprobleme und Intervention
    (Alkohol, Drogen, Rauchen, AIDS, Ernährung, Stress)
  - Lebensaltersbezogene Gesundheitsprobleme und Intervention
    (Kinder und Jugendliche, Erwachsene, alte Menschen)
  - Lebenssituationsbezogene Gesundheitsprobleme und Intervention
    (Gemeinde, Arbeitsplatz, soziale Benachteiligung)

Schwerpunkte

Da es sich bei der Gesundheitswissenschaft um ein relativ neues Feld handelt, bieten die verschiedenen Hochschulen unterschiedliche Schwerpunkte an. Ein gutes Beispiel dafür ist der Studiengang Health Communications an der Universität Bielefeld. Dort steht die Kommunikation zwischen Medizin und Patienten im Mittelpunkt. Ausschlaggebend für diese Ausrichtung ist die Veränderung des Gesundheitswesens, in dem der Versicherte nicht mehr Patient ist, sondern ein Kunde, der sich durch verschiedene Medien, von Zeitschriften über Fernsehen bis hin zum Internet, über Gesundheit informiert. Gelehrt werden also neben den Gesundheitswissenschaften auch Kommunikationswissenschaften. Einsatz finden die Gesundheitskommunikationswissenschaftler überall dort, wo Medizin und Gesundheit vermittelt werden. Nach drei Jahren Studium sollen die Absolventen die wichtigsten Theorien, Methoden, Verfahren und Strategien in Berufsfeldern der Gesundheitskommunikation beherrschen.

Diese Felder sind:
- Gesundheitsversorgung und -beratung
- Gesundheitsbildung und -aufklärung
- Gesundheitsberichterstattung und -informatik
- Gesundheitsmarketing und -consulting
- Gesundheitstelematik und Telemedizin

Schwerpunkte an anderen Hochschulen sind:
- Allgemeine und klinische Pflege- und Gesundheitswissenschaft
- Pflege- und Gesundheitspädagogik/Medizinpädagogik
- Pflege- und Gesundheitsmanagement [15]

oder
- Prävention und Gesundheitsförderung
- Epidemiologie und Gesundheitsberichterstattung. [16]

Studiendauer und Abschlüsse
Ein Diplom in Gesundheitswissenschaft haben Studenten nach acht bis neun Semestern in der Tasche. Dabei nimmt das Grundstudium je nach Hochschule drei bis vier Semester in Anspruch. Das Hauptstudium beginnt dann entweder im vierten oder im fünften Semester. Darauf folgt die Diplomprüfung.

Schneller geht es mit einem Bachelor, der in sechs Semestern zu bewältigen ist. Ein anschließender Master dauert dann noch einmal vier Semester. Die Aufbaustudiengänge vergeben ihre Zertifikate nach drei bis vier Semestern.

---

[15] Im Diplom-Studiengang der Medizinische Fakultät der Uni Halle
[16] Im Diplom-Studiengang der Fachhochschule Hamburg

> ✔️ **Zulassungsvoraussetzungen**
>
> - Abitur, Fachabitur oder die Zulassungsprüfung für besonders befähigte Berufs-tätige und/oder
> - eine abgeschlossene dreijährige Ausbildung in einem Gesundheitsberuf [17] oder
> - ein Praktikum von mindestens drei Monaten

Berufsfelder
Absolventen arbeiten nach ihrem Studium in Einrichtungen des öffentlichen Gesundheitswesens, der Kranken- und Pflegekassen und in Unternehmensberatungen. Sie entwickeln und implementieren beispielsweise Gesundheitsförderprogramme im Bereich der Gesundheitsberatung und -erziehung. Sie übernehmen Planungs- und Managementaufgaben im Gesundheitswesen und sind darüber hinaus im Bereich der epidemiologischen Forschung oder in der Gesundheits- und Umweltberichterstattung tätig.

Tätigkeiten
- Entwicklung und Umsetzung von Konzepten der Gesundheitsförderung und Prävention
- Umsetzung gesundheitswissenschaftlicher Erkenntnisse
- Gesundheitsberichterstattung in der Praxis
- Entwicklung und Umsetzung von Konzepten der internen Qualitätssicherung
- Planung und Durchführung von Gesundheitsprojekten
- Koordination von Kooperationsstrukturen im Gesundheitswesen
- Gesundheitsvorsorge
- Wissenschaftliche Expertise
- Konzeption, Planung, Durchführung und Evaluation von Forschungsprojekten
- Gesundheitsmanagement, Gesundheitsförderung
- Organisationsanalyse, Organisationsentwicklung und Organisationsberatung
- Lehre an Hochschulen, Schulen, Fort- und Weiterbildungseinrichtungen

---

[17] Anmerkung: Gesundheitsberufe sind z.B.
- Pflegeberufe wie Krankenpflege, Kinderkrankenpflege, Altenpflege oder Entbindungspflege (Hebammen)
- Therapeutisch rehabilitative Gesundheitsfachberufe wie Physiotherapeuten, Ergotherapeuten, Logopäden, Orthoptisten, Diätassistenten, Rettungsassistenten
- Arzthelfer, Zahnarzthelfer
- Diagnostisch technische Gesundheitsberufe wie z.B. MTA Labor, MTA Röntgen, MTA Funktionsdiagnostik

- Personalmanagement
- Verwaltung und Marketing

Hochschulen

Hochschule	Studiengang	Abschluss	Vollzeit	Berufs-begleitend
U Bielefeld	Health Communication	Bachelor of Science in Health Communication	X	
FH Göttingen	Internationales Gesundheits- und Sozialmanagement	Master of Arts in Nursing Management	X	
U Halle-Wittenberg	Pflege- und Gesundheitswissenschaft	Diplom-Pflege- und Gesundheitswissenschaftler		X
HAW Hamburg	Gesundheit	Diplom-Gesundheitswirt (FH)	X	
FH Neubrandenburg	Gesundheitswissenschaften	Bachelor/Master of Public Health and Administration	X	

Aufbaustudiengänge

Hochschule	Studiengang	Abschluss	Vollzeit	Berufs-begleitend
Uni Bielefeld/ FH Magdeburg	Angewandte Gesundheitswissenschaft	Zertifikat Gesundheitsmanager/Bachelor		X
FH Magdeburg	Gesundheitsförderung in Europa	European Master in Health Promotion and Sustainability		X
FH Magdeburg	Gemeindebezogene Gesundheitsförderung	Zertifikat		X
FH NON Lüneburg	Angewandte Gesundheitswissenschaften	Gesundheitsberater (Zertifikat)		X

Public Health (Aufbaustudiengang)

„Gesundheitswissenschaften/Public Health", so die TU Berlin auf ihrer Internetseite, „sind Wissenschaft und Praxis der Krankheitsverhütung, der Lebensverlängerung und Förderung physischen und psychischen Wohlbefindens durch bevölkerungsbezogene Maßnahmen." Mit dieser Definition versuchen die Gestalter des Studiengangs, sich von der reinen Gesundheitswissenschaft abzugrenzen, denn Wissenschaft hat in Deutschland nur etwas mit Forschen zu tun, nicht aber mit praktischer Umsetzung. Genau das ist jedoch das Ziel von Public Health.

Die Universität Bielefeld hat mit ihrem 1989 gegründeten Studiengang Public Health die längste Erfahrung auf diesem Gebiet. Das Ziel des dortigen Studiums ist es, den Studenten beizubringen, wie sie Probleme im Gesundheitsbereich analysieren und lösen können. Dann lernen sie, wie diese Methoden angewendet und umgesetzt werden. Die Lehrveranstaltungen der Universität Bielefeld setzen sich mit folgenden gesundheitswissenschaftlichen Fragestellungen auseinander:

- Förderung der sozialen, psychischen und physischen Gesundheit in allen Phasen des Lebens
- Förderung der Gesundheit von Bevölkerungsgruppen in unterschiedlichen sozialen Lebenslagen
- Zusammenhang von Arbeits- und Umweltbedingungen und Gesundheitsbeeinträchtigungen
- Erforschung der Ursachen und Verbreitung neuartiger Gesundheitsbeeinträchtigungen
- Entwicklung von Früherkennungs- und Präventionsstrategien
- Weiterentwicklung des Sozialversicherungs- und Krankenhaussystems
- Analyse der Organisations- und Strukturmerkmale des gesundheitlichen Versorgungssystems
- Verbesserung der Finanzierungs- und Steuerungsprinzipien des medizinischen und des psychosozialen Gesundheitssystems
- Verzahnung von Angeboten der Prävention, Kuration, Rehabilitation und Pflege
- Qualitätssicherung und Qualitätsmanagement im Gesundheitswesen
- Aufbau einer kontinuierlichen Gesundheits- und Umweltberichterstattung
- Versorgungsprobleme chronisch Kranker
- Kommunikation gesundheitswissenschaftlicher Inhalte

Diese Auflistung vermittelt einen guten Überblick über das weite Feld von Public Health und soll daher exemplarisch für das Studienangebot stehen. Als Aufbaustudium richtet sich Public Health an diejenigen, die bereits im Gesundheitswesen tätig sind und sich in diesem Bereich weiterqualifizieren wollen.

Inhalte und Schwerpunkte
Da es sich bei Public Health um ein interdisziplinäres Studium handelt, werden alle Wissenschaften gelehrt, die für die Lösung von gesundheitlichen Problemen notwendig sind. Je nachdem, aus welchem Bereich der Student kommt, belegt er die jeweils anderen Disziplinen, um so einen ausgeprägten Rundumblick zu erhalten. Aus dem Programm der Universität Bielefeld stammt die folgende Liste von Studienfächern:

- Medizinische Grundlagen
- Bevölkerungsmedizin
- Epidemiologie
- Ökologie
- Soziologie

- Versorgung und Pflege
- Prävention
- Rehabilitation
- Gesundheitssystemgestaltung
- Gesundheitsmanagement/-ökonomie
- Gesundheitsökologie
- Gesundheitspädagogik und -psychologie
- Gesundheitsförderung
- Forschungsmethoden
- Statistik

In Bielefeld wird nach dem Vorbild der internationalen „Schools of Public Health" gelehrt. Das Studium knüpft aber auch an die deutsche Tradition der Sozialhygiene und Gesundheitsfürsorge an, bei der die Gesundheitswissenschaften als Brücke zwischen den biomedizinischen und den Sozial-, Verhaltens-, Umwelt- und Managementwissenschaften gesehen werden. Auch der Aufbaustudiengang der FH Emden, der das Pflegepersonal und Abgänger der pflegewissenschaftlichen Studiengänge im Visier hat, ist ähnlich aufgebaut. Die Studiengänge in München, Hannover, Dresden und Düsseldorf wenden sich dagegen hauptsächlich an Mediziner. An der LMU München liest sich der Studienplan folgendermaßen:

- Epidemiologische Grundlagen für öffentliche Gesundheit und Epidemiologie
- Biometrische Grundlagen für öffentliche Gesundheit und Epidemiologie
- Medizinisch-biologische Grundlagen für öffentliche Gesundheit und Epidemiologie
- Sozial- und verhaltenswissenschaftliche Grundlagen für öffentliche Gesundheit und Epidemiologie
- Wesentliche Gegenstände und Methoden der Gesundheitssystemforschung und Ökonomie
- Präventivmedizinische und epidemiologische Anwendungsfelder

---

✔ Zulassungsvoraussetzungen

- Nachweis eines wissenschaftlichen Hochschulabschlusses in einem Studienfach, das für die Public Health relevant ist[18]
- zwei Jahre einschlägige Berufserfahrung

---

18 Pflegewissenschaften, Biologie, Medizin, Ökotrophologie, Zahnmedizin, Veterinärmedizin, Pharmazie, Ingenieur- und Planungswissenschaften, Erziehungswissenschaften, Psychologie, Soziologie, Wirtschaftswissenschaften

Berufsfelder

Viele Absolventen der Public Health kehren nach dem Studium wieder in ihren angestammten Beruf, oft sogar an den alten Arbeitsplatz zurück. Dort können sie dann das Gelernte einbringen. Die Arbeitsfelder liegen in folgenden Bereichen:

- Öffentlicher Gesundheitsdienst (Ministerien, Gesundheitsämter)
- Krankenkassen und Sozialversicherungsträger
- Träger der ambulanten, stationären und rehabilitativen Versorgung
- Kassenärztliche Vereinigungen
- Betriebliche Gesundheitsförderung
- Beratungsstellen
- Verbände
- Selbsthilfeeinrichtungen
- Selbstständige Tätigkeit
- Forschung (z.B. Epidemiologie)

Hochschulen

Hochschule	Studiengang	Abschluss	Vollzeit	Berufs-begleitend
U Bielefeld	Public Health	Master of Public Health (MPH), European Master of Public Health (EMPH)	X	
U Berlin, Bielefeld und München	Epidemiology	Master of Science in Epidemiology (MSE)		X
TU Berlin	Gesundheitswissen-schaften/ Public Health	Magister Public Health (M.P.H.)	X	
U Bremen	Öffentliche Gesundheit (Public Health)	Magister Public Health (M.P.H.)	X	
U Düsseldorf	Öffentliche Gesundheit und Epidemiologie	Magister Public Health (M.P.H.)	X	X
TU Dresden	Gesundheitswissen-schaften/ Public Health	Diplom-Gesundheits-wissenschaftler (Magister Public Health M.P.H.)	X	
HAW Hamburg	Public Health	Master of Public Health (M.P.H.)	X	
U Hannover	Bevölkerungsmedizin und Gesundheitswesen (Public Health)	Master of Public Health (M.P.H.)	X	
LMU München	Öffentliche Gesundheit und Epidemiologie	Magister Public Health (postgrad.)		X
FH Oldenburg/ Ostfriesland/ Wilhelmshaven	Praxisorientierte inter-disziplinäre Gesund-heitswissenschaft (Public Health)	Master of Public Health (M.P.H.)		X

4.2.2 Gesundheitsökonomie/Gesundheitsmanagement

Der Gesundheitssektor ist mit einem Umsatz von mehr als 220 Milliarden Euro im Jahr einer der größten Wirtschaftszweige Deutschlands. Doch das Gesundheitssystem ist nicht nur ein Wirtschaftszweig, sondern auch ein Politikum. Zunehmend beherrschen gesundheitspolitische Themen und Fragestellungen das soziale und unternehmerische Handeln. Eine einfache Pflegeausbildung reicht dafür nicht mehr aus, es bedarf akademisch ausgebildeter Fachkräfte, die sowohl den gesundheitlichen als auch den wirtschaftlichen Aspekt des Gesundheitswesens durchblicken. Es liegt an ihnen, das Gesundheitssystem für die Aufgabe fit zu machen, die Gesundheit der Bevölkerung zu erhalten und auch in Zukunft eine leistungsfähige, sozial gerechte und bezahlbare Gesundheitsversorgung sicherzustellen.

Denn einerseits bemüht sich der Gesetzgeber, die Ausgaben für das Gesundheitssystem zu begrenzen, andererseits werden aber aufgrund der demographischen Entwicklung und des medizinischen Fortschritts die Ausgaben in absehbarer Zeit zwangsläufig steigen. Gesundheitsmanager sollen nun so ausgebildet werden, dass sie die schwierigen Umstellungen, die auf die Institutionen und Unternehmen des Gesundheitswesens zukommen, bewältigen können.

Die von den Hochschulen angebotenen Studiengänge versuchen diesen Anforderungen auf unterschiedliche Weise gerecht zu werden. Während die einen, beispielsweise der Studiengang in Bayreuth, eher auf die betriebswirtschaftlichen Fächer setzen, legen andere ihre Schwerpunkte eher auf die informationstechnischen Kategorien, wie die FH Niederrhein. Angeboten werden Studiengänge, die „Leitung und Management in multiprofessionellen Gesundheits- und Sozialdiensten", „Health Care Management" oder „Gesundheitsförderung/Gesundheitsmanagement" heißen. Usus ist, dass gesundheits- und pflegewissenschaftliche und kommunikationswissenschaftliche Erkenntnisse sowie Kenntnisse der Methoden wissenschaftlichen Arbeitens miteinander verbunden werden, um den künftigen Gesundheitswissenschaftlern ein bedarfsgerechtes Werkzeug an die Hand zu geben. Dieses soll ihnen ermöglichen, die Gesundheitsversorgung in den Bereichen Prävention, Diagnostik, Therapie, Rehabilitation und Pflege zu gestalten. Sie sind die Mittler zwischen Ärzten, Krankenpflegekräften und Ökonomen.

Inhalte
Wer die Gesundheit vieler fördern will, muss über umfangreiche Kenntnisse der historischen, gesellschaftlichen, politischen, ökonomischen, rechtlichen und institutionellen Grundlagen des Gesundheitssystems verfügen. Da der Mensch im Mittelpunkt des Gesundheitssektors steht, den der Gesundheitsökonom im Ganzen

begreifen muss, stehen auch die Humanbiologie sowie Gesundungs- und Krankheitsprozesse mit auf dem Studienplan. Um das Gesundheits- und Krankheitserleben von Individuen sowie sozialer Gruppen im biografisch-sozialen Kontext analysieren und verstehen zu können, müssen sich die Studenten zusätzlich mit Psychologie, Pädagogik und Soziologie auseinander setzen.

Einen neuen Weg geht die Hochschule Niederrhein. Sie bietet einen Modellstudiengang „Gesundheitswesen/Technische Medizinwirtschaft" an. Er kombiniert die Lehrgebiete Medizin, Organisation und Betriebswirtschaft sowie Informationstechnologie im Gesundheitswesen und Medizintechnik.

Im Folgenden werden die Studieninhalte der verschiedenen Hochschulen vorgestellt und kategorisiert. Das soll einen Überblick darüber ermöglichen, welche Fächer Studenten während ihres Studiums in der Gesundheitsökonomie erwarten. Die einzelnen Schwerpunkte und Ziele der jeweiligen Universität finden sich im Adressteil wieder, sollten aber bei konkretem Interesse nochmals direkt bei den Hochschulen erfragt werden.

Wissenschaft und Forschung
- Grundlagen der Wissenschaft
- Quantitative Sozialforschung/Statistik
- Qualitative Sozialforschung
- Studienprojekt

Wirtschaftswissenschaftliche Hintergründe
- Betriebswirtschaftslehre
- Volkswirtschaftslehre
- Wirtschaftliche Grundlagen des Managements
- Gesundheitsökonomie
- Arbeitswissenschaftliche und rechtliche Grundlagen
- Personalmanagement
- Gesundheits- und Qualitätsmanagement
- Versicherung und Recht

Wissenschaftliche Hintergrundfächer
- Medizin
- Humanbiologie
- Sozialmedizin
- Pädagogik
- Psychologie
- Soziologie
- Ethik in Gesundheits- und Sozialdiensten
- Gesundheits- und Sozialpolitik

Gesundheitswissenschaften
- Gesundheitsversorgung und Gesundheitspolitik
- Gesundheitswissenschaften
- Public Health/Gesundheitsförderung
- Gesundheitsförderung in Settings
- Betriebliches Gesundheitsmanagement

Kommunikation
- Internationale Kommunikation
- Unternehmenskommunikation
- Kommunikation mit Patienten und Klienten
- Gesundheitskommunikation
- Kompetenztraining in Moderation, Präsentation sowie Rhetorik
- Öffentliche Kommunikation, neue Medien

Schwerpunkte

Die Hochschulen richten ihre Schwerpunkte auf verschiedene Bereiche aus. So kann man sich speziell auf die Betriebswirtschaft stürzen oder sich mit Wirtschaftsinformatik beschäftigen. Oder man setzt den Schwerpunkt auf die öffentliche Gesundheit. Es ist ratsam, sich genau zu überlegen, in welchem Bereich man später arbeiten möchte und anhand dieser Wünsche die passende Hochschule zu wählen.

Studiendauer und Abschlüsse

Für einen Diplomstudiengang, der in Vollzeit studiert wird, sind acht bis neun Semester anzusetzen. Das Grundstudium dauert je nach Universität drei oder vier Semester und schließt mit dem Vordiplom ab. Nach weiteren vier bis fünf Semestern legt man dann die Diplomprüfung ab. Bei Vollzeitstudien sind auch studienpraktische Semester Teil des Studiums.

Bereits nach sechs Semestern kann man einen Bachelortitel an der FH Fulda erwerben, weitere vier Semester muss man für den Mastertitel einplanen. Aufbaustudiengänge, die mit einem Zertifikat abschließen, werden in der Regel berufsbegleitend durchgeführt und dauern zwischen einem und zwei Jahren. Ein Master of Business Administration (MBA) nimmt in der Regel vier Semester in Anspruch.

 Zulassungsvoraussetzungen

Grundständige Studien
- Abitur, Fachabitur oder die Zulassungsprüfung für besonders befähigte Berufstätige und/oder

- eine abgeschlossene dreijährige Ausbildung in einem Gesundheitsberuf[19] oder
- ein Praktikum von mindestens drei Monaten

Aufbaustudiengänge
- Abgeschlossenes Hochschulstudium (die Fachrichtungen variieren und sind bei den Hochschulen nachzufragen)
- meist zwei Jahre einschlägige Berufserfahrung

Berufsfelder

Nach Abschluss des Studiums besetzen Gesundheitsökonomen und Gesundheitsmanager führende Positionen in den Unternehmen und Institutionen des Gesundheitswesens. Dabei verrichten sie folgende Managementaufgaben:

- Koordinierende Tätigkeiten in Praxisnetzwerken oder Praxisgemeinschaften in der ambulanten Gesundheitsversorgung
- Qualitätsmanagement oder Controlling in der stationären Gesundheitsversorgung
- Vertragsverhandlungen, Diseasemanagement oder Casemanagement in der Kranken- und Pflegeversicherung
- Gesundheitsinformation in der Gesundheitsförderung
- Projekte im Bereich der Selbsthilfe oder der Patienteninformation
- Organisations- und Projektmanagement
- Bildungs- und Öffentlichkeitsarbeit
- Forschungs- und Entwicklungsarbeiten

Potenzielle Arbeitgeber nach dem Studium sind:
- Krankenkassen
- Berufsgenossenschaften
- Landesvereinigungen für Gesundheit
- Selbsthilfegruppen

---

[19] Anmerkung: Gesundheitsberufe sind z.B.
- Pflegeberufe wie Krankenpflege, Kinderkrankenpflege, Altenpflege oder Entbindungspflege (Hebammen)
- Therapeutisch rehabilitative Gesundheitsfachberufe wie Physiotherapeuten, Ergotherapeuten, Logopäden, Orthoptisten, Diätassistenten, Rettungsassistenten
- Arzthelfer, Zahnarzthelfer
- Diagnostisch technische Gesundheitsberufe wie z.b. MTA Labor, MTA Röntgen, MTA Funktionsdiagnostik

- Forschungsinstitute
- Hochschulen
- Politische Institutionen
- Behörden der Europäischen Union, des Bundes, des Landes und der Kommunen sowie der freien Wirtschaft
- Stiftungen sowie andere Institutionen des Sozial- und Gesundheitswesens
- Krankenhäuser
- Pharmazeutische Hersteller
- Medizinprodukteindustrie
- Rehabilitationseinrichtungen
- Prüfungs- und Beratungsgesellschaften
- Verbände des Gesundheitswesens

Die Hochschule Niederrhein gibt eine Reihe von Berufsfeldern und Einsatzgebieten an, die von Absolventen ihres Studiengangs „Gesundheitswesen/Technische Medizinwirtschaft" besetzt werden können:

- Kliniken, Krankenhäuser im Verwaltungsbereich, in den Bereichen Beschaffung, DV, Logistik, Marketing (z.b. Verwaltung, Logistik, Kostenrechnung, Controlling, Anwenderbetreuung, Datenschutz, Organisation von Wartung und Betreuung technischer Einrichtungen)
- Kliniken, Krankenhäuser im medizinisch-pflegerischen Bereich (Abwicklung von Therapieplänen, Organisation der Behandlung und Betreuung der Patienten im Bereich ambulanter und stationärer Diagnostik, Therapie und Pflege)
- Andere Anbieter von Diagnostik-, Therapieleistungen und Rehabilitationsmaßnahmen in ambulanten und stationären Bereichen des Gesundheitswesens (z.B. pharmazeutische Industrie, Hersteller von Medizintechnik, Hersteller von Pflegebedarf und Krankenhaustechnik, Gesundheitszentren, ambulante Rehaeinrichtungen und Pflegeheime)
- Organisation von Maßnahmen zur Gesundheitsvorsorge (primär: Antidrogenprogramme, sekundär: Diabetikerbetreuung, Betreuung nach Herzinfarkt usw.)
- Krankenversicherer, Gebührenzentralen (z.B. Verwaltung, Steuerung, Organisation von Abrechnungssystemen)
- Dienstleister für DV-Versorgung (allgemeine DV im Gesundheitssystem, DV-Systemanbieter, DV-Serviceunternehmen)
- Anbieter von Medizinalbedarf, Laborbedarf, Technik (medizinisch spezialisierte Ver- und Entsorgung)

Hochschulen

Hochschule	Studiengang	Abschluss	Vollzeit	Berufs-begleitend
U Bayreuth	Gesundheitsökonomie	Diplom-Gesundheits-ökonom	X	
FH Fulda	Gesundheitsmanage-ment (Health Care Management)	Bachelor of Science (B.Sc.)		X
U Köln	Gesundheitsökonomie	Diplom-Gesundheits-ökonom	X	
H Niederrhein	Gesundheitswesen/Technische Medizin-wirtschaft	Diplom-Gesundheits-ökonom	X	X
FH Magdeburg-Stendal	Gesundheitsförderung/-management	Diplom-Gesundheits-wirt (FH)	X	

Aufbaustudiengänge

Hochschule	Studiengang	Abschluss	Vollzeit	Berufs-begleitend
Katholische FH NRW, Aachen	Leitung und Manage-ment in multiprofessio-nellen Gesundheits- und Sozialdiensten	Master of Arts in Inter-professional Health and Community Care (M.A.)		X
FHW Berlin	MBA Health Care Management	Master of Business Administration (MBA)		X
FH Deggendorf	MBA Gesundheits-management	Master of Business Administration (MBA)		X
Akademie für Weiterbildung an den Universitäten Heidel-berg und Mannheim	Gesundheits-management	Zertifikat	X	
Kassel International Management School (KIMS)	Health Management	Master of Business Administration (MBA)	X	
U Marburg	Health Care Management	Zertifikat		X
EBS Gesundheitsakademie Östrich-Winkel	Kontaktstudium Gesundheitsökonom	Zertifikat		X
FH Osnabrück	Gesundheits-management Management and Health	Master of Business Administration (MBA)	X	
Fern-FH Riedlingen	Gesundheits-management	Betriebswirt		X

📖 **Literatur**

Bücher

- **Hurrelmann, Klaus; Laaser, Ulrich (Hrsg.):** Handbuch Gesundheitswissenschaften. Studienausgabe. 3. Auflage. Weinheim: Juventa, 2003.
- **Kolip, Petra (Hrsg.):** Gesundheitswissenschaften. Eine Einführung. Weinheim: Juventa, 2002.
- **Schwartz, Friedrich Wilhelm; Badura, Bernhard; Busse, Reinhard u.a. (Hrsg.):** Das Public Health Buch. Gesundheit und Gesundheitswesen. 2., neubearb. u. erw. Auflage. München: Urban & Fischer, 2003.

Zeitschriften

- **Gesundheitsprofi.** Verlag: Otto Sternefeld. (http://www.sternefeld.de/gesundheitsprofi/index.cfm)
- **Gesundheitsökonomie und Qualitätsmanagement.** Verlag: Thieme (http://www.thieme.de/gesqm/index.html)
- **Gesundheit und Gesellschaft G+G.** Verlag: KomPart. (http://www.aok-bv.de/service/medien/gg)

4.3 Adressen und Links

Adressen der Hochschulen

Im Folgenden werden die Adressen der Hochschulen aufgeführt, an denen Pflege- und Gesundheitswissenschaften studiert werden können. Da es sich um ein relativ neues Studiengebiet handelt, ist derzeit noch viel im Aufbau begriffen. Stand der Informationen ist das WS 2003/04. Die Voraussetzungen für ein pflegewissenschaftliches Studium sind, wie bereits erwähnt, die Hochschulreife und eine Pflegeausbildung mit einer mindestens einjährigen Berufserfahrung. Abweichende Regelungen werden gesondert aufgeführt. Nicht zu vergessen ist die Möglichkeit, auch ohne Abitur zu studieren. Das ist in der Regel an jeder Hochschule möglich. Auskunft darüber erteilen die Hochschulen oder das Kultusministerium des jeweiligen Bundeslandes.

Baden-Württemberg

Fachhochschule Esslingen – Hochschule für Sozialwesen
Flandernstr. 101, 73732 Esslingen, Tel. (07 11) 3 97-49, E-Mail: rektorat@hfs-esslingen.de
Internet: http://www.hfs-esslingen.de
Studiengang/Abschluss: Pflege/Pflegemanagement – Diplom-Pflegewirt (FH)

Form: Vollzeitstudium
Beginn: Wintersemester (1.Oktober); Anmeldung bis 15. Juli
Studiendauer: 8 Semester (2 Semester Grundstudium und 6 Semester Hauptstudium)
Ziel: Angestrebt wird eine konsequent eigenständige wissenschaftliche Grundlegung der Pflege-praxis. Erkenntnisse anderer Wissenschaften fließen in das Lehrangebot ein, sie werden aber nicht in selbstständigen Angeboten organisiert.
Schwerpunkte: Qualität und Qualitätsentwicklung; kaufmännischer Bereich
Praktika: Integriert in das Studium sind zwei praktische Studiensemester (3. und 6. Semester). Das erste praktische Semester kann auf Antrag bei entsprechender mehrjähriger beruflicher Vorerfahrung erlassen werden.
Extra: Es liegen Pläne vor, das Studium ab dem WS 2004 als Bachelorstudiengang anzubieten. Auskunft erteilt das Institut.

Katholische Fachhochschule Freiburg
Karlstr. 63, 79104 Freiburg, Tel. (07 61) 2 00-6 02, E-Mail: pflege@kfh-freiburg.de
Internet: http://www.kfh-freiburg.de
Studiengang/Abschluss: Pflegemanagement – Diplom-Pflegewirt (FH)
Form: berufsbegleitend
Beginn: Wintersemester; Bewerbungen bis 15. Juni
Studiendauer: 8 Semester (3 Semester Grundstudium, 5 Semester Hauptstudium)
Ziel: Das Studium qualifiziert Pflegende für Leitungsaufgaben im Gesundheitswesen und in Institutionen der Pflege.
Schwerpunkte: Gerontologische Pflege; Gesundheitspflege
Praktika: im 5. Semester unter Supervision

Akademie für Weiterbildung an den Universitäten Heidelberg und Mannheim
Friedrich-Ebert-Anlage 22-24, 69117 Heidelberg, Tel. (0 62 21) 54-78 10 oder 54-78 11
E-Mail: afw@uni-hd.de, Internet: http://www.akademie-fuer-weiterbildung.de
Studiengang: Gesundheitsmanagement
Abschluss: Zertifikat (Mit dem Erwerb des Zertifikats besteht die Möglichkeit, im Rahmen einer Externenprüfung an der Universität Heidelberg den Abschluss Master of Science im Studiengang „Humanmedizin mit betriebswirtschaftlicher Qualifikation" der Fakultät für Klinische Medizin Mannheim zu erwerben. Der Erwerb des Master of Science setzt ergänzend zu den Leistungen des Kontaktstudiums eine viermonatige Masterarbeit und deren mündliche Verteidigung voraus.)
Form: berufsbegleitend
Beginn: im Oktober
Studiendauer: 2 Semester
Voraussetzung: abgeschlossenes Hochschulstudium im medizinnahen Bereich wie Medizin, Zahnmedizin, Pharmazie, Pflegewissenschaften etc.; zwei Jahre einschlägige Berufserfahrung
Ziel: Das Kontaktstudium soll Managementkenntnisse und -können erlernen und vertiefen helfen. Es will die Studierenden mit den Anforderungen an Führungskräfte in Krankenhäusern und anderen Institutionen des Gesundheitswesens vertraut machen.
Extra: Die Studiengebühr für das gesamte Studium beträgt 7.990 Euro.

Ruprecht-Karls-Universität Heidelberg
Institut für Tropenhygiene und Öffentliches Gesundheitswesen, Im Neuenheimer Feld 324

69120 Heidelberg, Tel. (0 62 21) 56 49 05, E-Mail: Anke.Nitschke@URZ.Uni-Heidelberg.de
Internet: http://www.hyg.uni-heidelberg.de/ITHOEg/TEACHINg/MSc/index.htm
Studiengang/Abschluss: Community Health and Health Management in Developing Countries –
Master of Science in Community Health and Health Management in Developing Countries
(CHHM)
Form: Vollzeit
Beginn: Wintersemester; Bewerbung bis zum 31. Dezember jedes Jahres
Studiendauer: 2 Semester
Voraussetzung: Hochschulabschluss; Berufserfahrung in einem Entwicklungsland von mindestens
2 Jahren; ausreichende Englischkenntnisse
Ziel: Das Aufbaustudium soll das Wissen vermitteln, das man braucht, um Gesundheitsservice in
Entwicklungsländern zu managen.
Extra: max. 25 Studienplätze pro Jahr

Evangelische Fachhochschule Ludwigshafen
Maxstraße 29, 67059 Ludwigshafen, Tel. (06 21) 5 91 13-27, Internet: http://www.efhlu.de
Studiengang/Abschluss: Pflegeleitung – Diplom-Pflegewirt (FH)
Form: Vollzeitstudium
Beginn: Sommersemester; Bewerbung bis Mitte Oktober
Studiendauer: 8 Semester (3 Semester Grundstudium, 5 Semester Hauptstudium)
Voraussetzung: zweijährige Pflegetätigkeit
Schwerpunkte: Betriebsführung (Betriebswirtschaftslehre, Psychologie, Erziehungswissenschaften,
Recht); Theorie und Praxis der Pflege (Pflegewissenschaft, Pflegetheorie, Ethik, Sozialmedizin)
Praktika: Das Hauptstudium beinhaltet zwei praktische Studiensemester (4. und 7. Semester).
Extra: 18 Studienplätze pro Jahr

Deutsch-Ordens Fachhochschule Riedlingen
Robert-Bosch-Str. 23, 88499 Riedlingen, Tel. (0 73 71) 93 15-14
E-Mail: info@fh-riedlingen.de, Internet: http://www.fh-riedlingen.de
Studiengang/Abschluss: Gesundheitsmanagement – Betriebswirt (FH/SRH) mit der Fachrichtung
Gesundheitsmanagement
Form: Kontaktstudium: Selbststudium (70%) und Präsenzstudium (30%)
Beginn: 1. März und 1. September (Studienzentren Riedlingen, Stuttgart, Heidelberg). 1. Septem-
ber (Studienzentrum Zell im Wiesental)
Studiendauer: 4 Semester
Voraussetzung: Eine abgeschlossene Berufsausbildung, bevorzugt im Gesundheits- oder Sozialwe-
sen und Berufserfahrung im erlernten Beruf oder ein abgeschlossenes Fachhochschul- oder Hoch-
schulstudium oder eine sonstige mehrjährige Tätigkeit im Gesundheits- oder Sozialwesen.
Kosten: 312 Euro monatlich

Bayern

Universität Bayreuth
Institut für Medizinmanagement und Gesundheitswissenschaften, 95440 Bayreuth
Tel. (09 21) 55 73-50, E-Mail: helga.hofstetter@uni-bayreuth.de
Internet: http://www.uni-bayreuth.de/studium/diplom/gesundheitsoek.html

Studiengang/Abschluss: Gesundheitsökonomie – Diplom-Gesundheitsökonom (Univ.)
Form: Vollzeit
Beginn: Wintersemester. Bewerbung bis zum 15. Juli
Studiendauer: 8 Semester (3 Semester Grundstudium, 5 Semester Hauptstudium)
Voraussetzung: Abitur; dreimonatiges Praktikum in Institutionen des Gesundheitswesens; Eignungsprüfung (Abiturnoten der Fächer Deutsch, Mathematik und Geschichte, schriftlicher Eignungstest und Auswahlgespräch mit einem Hochschullehrer)
Ziel: Das Studium der Gesundheitsökonomie soll die Studenten befähigen, Führungsaufgaben im Gesundheitswesen wahrnehmen zu können. Neben der Ausbildung für die betriebliche Praxis bereitet das Studium auch auf eine Qualifizierung für eine wissenschaftliche Tätigkeit vor.
Praktika: Insgesamt 6 Monate, zwei davon vor Beginn des Studiums

Katholische Stiftungsfachhochschule München
Fachbereich Pflegemanagement, Preysingstr. 83, 81667 München, Tel. (0 89) 4 80 92-2 71
E-Mail: pflegemanagement@ksfh.de, Internet: http://www.ksfh.de
Studiengang/Abschluss: Pflegemanagement – Diplom-Pflegewirt (FH)
Form: Vollzeitstudium
Beginn: Wintersemester, Anmeldungen 1. Mai bis 15. Juni
Studiendauer: 8 Semester (3 Semester Grundstudium, 5 Semester Hauptstudium)
Praktika: Das 4. und 5. Semester sind praktische Studiensemester.
Extra: Es stehen 35 Studienplätze (je Wintersemester) zur Verfügung. Für die Vergabe der Studienplätze führt die Hochschule ein eigenes Zulassungsverfahren durch.

Fachhochschule Deggendorf
Bayern Innovativ GmbH – Geschäftsfeld BayTech, Gewerbemuseumsplatz 2, 90403 Nürnberg, Tel. (09 11) 2 06 71-3 57, E-Mail: mba-gesundheitsmanagement@baytech.de
Internet: http://www.mba-gesundheitsmanagement.de
Studiengang/Abschluss: MBA-Studiengang Gesundheitsmanagement – Master of Business Administration (MBA)
Form: Berufsbegleitend
Beginn: Wintersemester
Studiendauer: 3 Semester (2 Semester Studium, 1 Semester Masterarbeit)
Voraussetzung: Erfolgreich abgeschlossenes Hochschulstudium (national oder international) bzw. ein als gleichwertig anerkannter Abschluss; der Nachweis einer geeigneten, mindestens 2-jährigen einschlägigen beruflichen Praxis.
Ziel: Der MBA-Studiengang „Gesundheitsmanagement" qualifiziert seine Teilnehmer für die laufenden und anstehenden Veränderungen im Gesundheitswesen. Der Fokus liegt auf den kommenden privatwirtschaftlichen Strukturen, auch unter Berücksichtigung der gesundheitspolitischen Neuorientierung.
Kosten: Ca. 5.000 Euro für den gesamten Studiengang

Ludwig-Maximilians-Universität München
Studiengang Öffentliche Gesundheit und Epidemiologie, IBE, Klinikum Großhadern
Marchioninistr. 15, 81377 München, Tel. (0 89) 70 95-44 81
Internet: http://mph-studiengang.web.med.uni-muenchen.de
Studiengang/Abschluss: Öffentliche Gesundheit und Epidemiologie – Master of Public Health

M.P.H. (postgrad.)
Form: Vollzeit oder berufsbegleitend
Beginn: Sommersemester. Bewerbung bis zum 31. Dezember
Studiendauer: 4 Semester
Voraussetzung: abgeschlossenes Universitätsstudium der Human-, Zahn-, Tiermedizin, der Pharmazie, der Naturwissenschaften, der Gesellschaftswissenschaften oder vergleichbarer Fächer; erfolgreiche Teilnahme am Eingangstest; einschlägige Berufserfahrung ist erwünscht; gute Deutsch- und Englischkenntnisse
Schwerpunkte: Methoden der Biometrie und Epidemiologie (mit begleitender Einführung in computergestützten Analysetechniken)

Evangelische Fachhochschule Nürnberg
Fachbereich Pflegemanagement, Bärenschanzstr. 4, 90429 Nürnberg, Tel. (09 11) 2 72 53-8 80
E-Mail: fb.pflege@evfh-nuernberg.de, Internet: http://www.evfh-nuernberg.de
Studiengang/Abschluss: Pflegemanagement – Diplom-Pflegewirt (FH)
Form: Vollzeitstudium
Beginn: Wintersemester; Bewerbungen 1. Mai bis 15. Juni
Studiendauer: 8 Semester (3 Semester Grundstudium, 5 Semester Hauptstudium)
Voraussetzung: mindestens 2 Jahre Berufspraxis in dem erlernten Beruf
Schwerpunkte: Management von Altenpflegesystemen; Gesundheitsförderung/Public Health; Management stationärer Kinder-/Krankenpflegeeinrichtungen
Praktika: Das 4. und 5. Semester werden als Praxissemester durchgeführt. Die Studierenden sind dabei jeweils für ein Semester in einer Pflegeeinrichtung, in der sie die praktische Umsetzung theoretischer Kenntnisse trainieren.

Fachhochschule Würzburg-Schweinfurt
Studiengang Pflegemanagement, Mariannhillstr. 1 c, 97074 Würzburg, Tel. (09 31) 35 11-4 20
E-Mail: pflegman@mail.fh-wuerzburg.de, Internet: http://www.fh-wuerzburg.de
Studiengang/Abschluss: Pflegemanagement – Diplom-Pflegewirt (FH)
Form: Vollzeitstudium
Beginn: Wintersemester (1. Oktober); Anmeldung 2. Mai bis 15. Juni
Studiendauer: 8 Semester (3 Semester Grundstudium 5 Semester Hauptstudium)
Voraussetzung: Nachweis eines Berufsabschlusses in der Pflege
Schwerpunkte: Kliniken; Ambulante Dienste; Alten- und Pflegeheime; Pflegemanagement in den Entwicklungsländern
Praktika: im 3. und 6. Studiensemester

Berlin

Alice-Salomon-Fachschule Berlin
Alice-Salomon-Platz 5, 12627 Berlin, Tel. (0 30) 9 92 45-0, Internet: http://www.asfh-berlin.de
Studiengang/Abschluss: Pflege/Pflegemanagement – Diplom-Pflegewirt (FH)
Form: Vollzeittagesstudium (Beginn zum Sommersemester); berufsbegleitendes Vollzeitabendstudium (Beginn zum Wintersemester)
Beginn: Wintersemester; Anmeldung bis 15. Juli; Sommersemester; Anmeldung bis 15. Januar
Studiendauer: 8 Semester (3 Semester Grundstudium, 5 Semester Hauptstudium)

Voraussetzung: mindestens zweijährige Vollzeittätigkeit im erlernten Pflegefachberuf
Ziel: Ziel des Studiums ist es, den Studierenden durch eine handlungsorientierte, interdisziplinäre Lehre eine breit angelegte, wissenschaftlich fundierte Qualifikation als Grundlage für die Berufsausübung und zur Wahrnehmung von Führungsaufgaben in Pflege- und Gesundheitseinrichtungen zu vermitteln. Das Studium dient zudem der Etablierung und Weiterentwicklung der Pflege als Wissenschaft.
Praktika: 80 Arbeitstage im 5. Semester

Evangelische Fachhochschule Berlin – Fachhochschule für Sozialarbeit und Sozialpädagogik

Postfach 370280, 14132 Berlin, Tel. (0 30) 83 02-1
Internet: http://www.evfh-berlin.de/evfh-berlin/html/sl/sg-pflege/sl-sg-pflege.asp
Studiengang/Abschluss: Pflege/Pflegemanagement – Diplom-Pflegewirt (FH)
Form: Vollzeitstudium
Beginn: Wintersemester; Anmeldungen bis 15. Juni
Studiendauer: 8 Semester (4 Semester Grundstudium, 4 Semester Hauptstudium)
Voraussetzung: mindestens zweijährige berufliche Tätigkeit in einem Pflegeberuf
Schwerpunkte: Pflegewissenschaft/Transkulturelle Pflege; Ethik; Pflegemanagement/Qualitätsmanagement; Betriebswirtschaft; Recht; Sozialwissenschaften/Sozialmedizin; Forschungsprojektphase (7. Semester)
Praktika: im 5. Semester in einer Einrichtung der ambulanten/gemeindenahen pflegerischen Betreuung sowie in einer Einrichtung der stationären pflegerischen Betreuung

Fachhochschule für Wirtschaft Berlin

MBA Department, Badensche Str. 50/51, 10825 Berlin, Tel. (0 30) 8 57 89-2 62,
E-Mail: mbainfo@fhw-berlin.de, Internet: http://www.fhw-berlin.de
Studiengang/Abschluss: Health Care Management – Master of Business Administration (MBA)
Form: berufsbegleitend, Abendstudium in Teilzeit
Beginn: Oktober
Studiendauer: 4 Semester
Voraussetzung: abgeschlossenes Hochschulstudium (FH, Uni, BA); angemessene Berufserfahrung nach dem Studium, insbesondere in Einrichtungen des Gesundheits- und Sozialwesens; ökonomische Grundkenntnisse; grundsätzlich gute Englischkenntnisse
Ziel: Die Teilnehmer werden befähigt sein, Leitungsaufgaben wahrzunehmen. Sie sollen in der Lage sein, notwendige Veränderungsprozesse zu initiieren, mitzugestalten und zu tragen, um den Herausforderungen der Zukunft erfolgreich begegnen zu können. Die Teilnehmer sollen als externe und interne Berater – zum Beispiel in Stabsstellen des Krankenhausmanagements – in der Lage sein, das Management bei der erfolgreichen Realisierung von zum Beispiel Organisationsentwicklungsprozessen zu unterstützen, indem sie befähigt sind, diese zu planen, durchzuführen und zu evaluieren.
Kosten: 10.900 Euro für das gesamte Studium

Humboldt-Universität Berlin

Universitätsklinikum Charité, Medizinische Fakultät der Humboldt-Universität zu Berlin
Institut für Medizin-/Pflegepädagogik und Pflegewissenschaft, Ziegelstraße 5, 10117 Berlin
Tel. (0 30) 40 52 90 33, Internet: http://www.charite.de/emsn (Masterstudiengang) bzw.
http://www.charite.de/ch/pflege (Institut)

Studiengang/Abschluss: Nursing Science – Master of Science in Nursing (MScN)
Form: berufsbegleitendes Fernstudium
Beginn: Wintersemester; Bewerbungen 1. Juni bis 15. Juli
Studiendauer: 8 Semester
Voraussetzung: Ein Bachelorgrad in Nursing, ein Hochschulabschuss in einem Pflegestudiengang, ein als gleichwertig anerkannter Abschluss **oder** der Nachweis der Eignung für das Studium durch einen Beruf in einem für den Studiengang relevanten Bereich, ohne dass ein Hochschulabschluss erworben wurde. Nachweis der Beherrschung der englischen Sprache
Ziel: Ziel des Studiengangs ist es, Kenntnisse, Fähigkeiten und Fertigkeiten zu erwerben, die für eine Befähigung als Pflegewissenschaftler benötigt werden. Das Programm ist organisiert in Zusammenarbeit mit der spanischen University of Zaragoza, der französischen l'Université de Paris, der niederländischen Universiteit Maastricht, der schwedischen Blekinge Teknıska Hogskola, dem schweizerischen WE'G, Weiterbildungszentrum für Gesundheitsberufe, der britischen Glasgow Caledonian University.
Kosten: 20 Euro pro Credit Point; das Studium umfasst 120 Credit Points

Technische Universität Berlin
Institut für Gesundheitswissenschaften/Public Health, TEL 11-5, Ernst-Reuter-Platz 7
10587 Berlin, Tel. (0 30) 3 14-2 37 44
E-Mail: studiengang@ifg.tu-berlin.de, Internet: http://www.tu-berlin.de
Studiengang/Abschluss: Postgraduiertenstudiengang Gesundheitswissenschaften/Public Health – Magister Public Health (postgrad.) – M.P.H.
Form: Vollzeit
Beginn: Wintersemester; Bewerbungsfrist: bis 30. April
Studiendauer: 4 Semester
Voraussetzung: gesundheitswissenschaftlich relevanter Hochschulabschluss (bei Fachhochschulabschluss muss eine mindestens zweijährige Berufstätigkeit nach dem Studium nachgewiesen werden)
Schwerpunkte: Gesundheitsförderung in der Gemeinde und am Arbeitsplatz; Planung und Management im Gesundheitswesen; Epidemiologie und Methoden
Extra: 40 Studienplätze pro Jahr

Brandenburg

Fachhochschule Neubrandenburg
Brodaerstr. 2, 17033 Neubrandenburg, Tel. (03 95) 5 69 34 03
Internet: http://www.fh-nb.de/pug/pg_intro.htm
Studiengang/Abschluss: Pflegewissenschaft/ Pflegemanagement – Bachelor/Master of Nursing and Administration; **Gesundheitswissenschaften** – Bachelor/Master of Health Promotion and Administration
Form: Vollzeitstudium
Beginn: Wintersemester; Bewerbung bis 15. Juli
Studiendauer: Bachelor: 6 Semester; Master: 4 Semester
Voraussetzung: Bachelor: Abitur oder Zugangsprüfung für Personen ohne Abitur, aber mit einer abgeschlossenen Berufsausbildung und einer anschließend mindestens dreijährigen beruflichen Tätigkeit; 12 Wochen Praktikum.

Master: Hochschulabschluss in einer einschlägigen Fachrichtung (Bachelor oder Diplom) mit der Note „gut".
Praktika: 20 Wochenstunden im 5. Studiensemester

Bremen

Hochschule Bremen

Fachbereich 8, Sozialwesen, Neustadtwall 30, 28199 Bremen, Tel. (04 21) 59 05-7 59
E-Mail: fbsozial@fbsw.hs-bremen.de, Internet: http://www.pflegeleitung.hs-bremen.de
Studiengang/Abschluss: Internationaler Studiengang für Pflegeleitung (ISP) – Diplom-Pflegewirt (FH)
Form: Vollzeitstudium
Beginn: Wintersemester; Anmeldungen bis 15. Juli
Studiendauer: 8 Semester (3 Semester Grundstudium, 5 Semester Hauptstudium)
Ziel: Der Studiengang ISP ist international ausgerichtet, daher ist ein Studiensemester im Ausland obligatorisch.
Praktika: Im 6. und 7. Semester findet eine integrierte Praxisphase statt. Die Studierenden führen in der Theorie-Praxis-Phase ein Praktikum und ein von der Hochschule begleitetes Projekt in einer von ihnen gewählten Einrichtung des Gesundheitswesens durch.

Universität Bremen

Fachbereich 11 Human- und Gesundheitswissenschaften, Postfach 330 440, 28334 Bremen
Internet: http://www.public-health.uni-bremen.de/studium
Studiengang/Abschluss: Öffentliche Gesundheit (Public Health) – Magister Public Health/ Master of Public Health (M.P.H)
Form: Vollzeit
Beginn: Wintersemester, Bewerbung bis zum 31. Mai
Studiendauer: 4 Semester
Voraussetzung: Ein gesundheitswissenschaftlich relevantes Studium an einer wissenschaftlichen Hochschule **oder** ein mindestens sechssemestriges Fachhochschulstudium und den Nachweis über eine wenigstens dreijährige gesundheitswissenschaftlich relevante Berufstätigkeit; Bestehen der Aufnahmeprüfung.
Schwerpunkte: soziale Sicherung; Epidemiologie
Extra: Es stehen 25 Studienplätze pro Jahr zur Verfügung

Hamburg

Fachhochschule Hamburg

Fachbereich Sozialpädagogik, Studiengang Pflege, Saarlandstr. 30, 22303 Hamburg
Tel. (0 40) 4 28 75-70 17, Internet: http://www.haw-hamburg.de/fh/campus/studgg/stg-pf.html
Studiengang/Abschluss: Pflege – Diplom-Pflegewirt (FH)
Form: Vollzeitstudium
Beginn: Wintersemester; Bewerbungen 1. Dezember bis 15 Januar
Studiendauer: 8 Semester (3 Semester Grundstudium, 5 Semester Hauptstudium)
Schwerpunkte: Krankenpflege oder Altenpflege; Rehabilitation; Management und Qualitätssicherung; Anleitung und Beratung
Praktika: im 5. Semester

Fachhochschule Hamburg
Fachbereich Ökotrophologie, Lohbrügger Kirchstr. 65, 21033 Hamburg
Tel. (0 40) 4 28 75-61 12, Internet: http://www.haw-hamburg.de/fh/campus/studgg/stg-ges.html
Studiengang/Abschluss: Gesundheit – Diplom-Gesundheitswirt (FH)
Form: Vollzeitstudium
Beginn: Sommersemester; Bewerbungen 1. Dezember bis 15. Januar
Studiendauer: 8 Semester (3 Semester Grundstudium, 5 Semester Hauptstudium)
Schwerpunkte: Prävention/Gesundheitsförderung; Epidemiologie/Gesundheitsberichterstattung
Praktika: ein Praxissemester im Hauptstudium

Fern-Fachhochschule Hamburg
Holstenwall 5, 22035 Hamburg, Tel. (01 80) 52 35 210
E-Mail: info@fern-fh.de, Internet: http://www.fern-fh.de
Studiengang/Abschluss: Pflegemanagement – Diplompflegewirt (FH)
Form: berufsbegleitendes Fernstudium; Präsenzlehrveranstaltungen in den regionalen Studienzentren Bonn, Delmenhorst, Freiburg, Gütersloh, Kassel, München, Neumünster, Nürnberg und Potsdam
Beginn: Frühjahrssemester (Beginn 1. Januar); Bewerbungen bis 15. November. Herbstsemester (Beginn 1. Juli); Bewerbung bis 20. Mai
Studiendauer: 8 Semester (3 Semester Grundstudium, 5 Semester Hauptstudium)
Schwerpunkte: Stationäre Krankenversorgung; Stationäre Altershilfe; Ambulante Dienste
Praktika: Ein 20 Wochen umfassendes Hauptpraktikum ist Bestandteil des Hauptstudiums und kann studienbegleitend durch eine entsprechende berufliche Tätigkeit nachgewiesen werden.
Kosten: Es werden Studiengebühren in Höhe von monatlich 245 Euro erhoben.

Fachhochschule Hamburg
Lohbrügger Kirchstr. 65, 21033 Hamburg, Tel. (0 40) 4 28 75-61 06
Internet: http://www.public-health-hamburg.de
Studiengang/Abschluss: Public Health (Aufbaustudiengang) – Master of Public Health
Form: Vollzeit und Teilzeit möglich
Bewerbung: Vom 15. Oktober bis 15. Januar
Studiendauer: 3 Semester
Voraussetzung: abgeschlossenes Hochschulstudium; mindestens ein Jahr Berufserfahrung; gute Englischkenntnisse; Eingangstest
Kosten: 1.000 Euro pro Semester

Hessen

Evangelische Fachhochschule Darmstadt
Zweifalltorweg 12, 64293 Darmstadt, Tel. (0 61 51) 87 98-25
E-Mail: sekretariat-fb2@efh-darmstadt.de, Internet: http://www.efh-darmstadt.de
Studiengang/Abschluss: Pflegewissenschaft – Diplom-Pflegewissenschaftler
Form: Vollzeitstudium
Beginn: Wintersemester; Bewerbungen bis 15. Mai
Studiendauer: 8 Semester (3 Semester Grundstudium, 5 Semester Hauptstudium)
Voraussetzung: Studienbewerber, die keine Pflegeausbildung haben, müssen ein mindestens dreimonatiges Vorpraktikum in der Pflege nachweisen.

Praktika: Drei studienbegleitende Praktika in den ersten 3 Semestern, ein vierwöchiges Aufbaupraktikum im 4. Semester und ein integriertes praktisches Studiensemester im 6. Semester.
Extra: Für die Zukunft strebt der Fachbereich die Möglichkeit zum Erwerb des Masterabschlusses an.

Fachhochschule Frankfurt/Main
Fachbereich Pflege und Gesundheit, Nibelungenplatz 1, 60318 Frankfurt, Tel. (0 69) 15 33-25 10, E-Mail: stbcps@abt-s.fh-frankfurt.de, Internet: http://www.fb4.fh-frankfurt.de/sg-ca

Studiengang	Pflege	Pflegemanagement
Abschluss	Diplom-Pflegewirt (FH)	
Beginn	Wintersemester, Bewerbung bis 15. Juli	Sommersemester; Bewerbungen bis 15. Januar
Studiendauer	8 Semester (3 Semester Grundstudium, 5 Semester Hauptstudium)	9 Semester (3 Semester Grundstudium, 1 Projektsemester, 3 Semester Hauptstudium)
Form	Vollzeitstudium	berufsbegleitend
Ziel	Das Studium bildet für besonders qualifizierte Tätigkeiten im Gesundheits- und Sozialwesen aus.	Das Studium soll die Studierenden für betriebliche Leitungsaufgaben in Pflegeeinrichtungen befähigen.
Praktika	Studienbegleitend sind Teilpraktika im Umfang von sechs Monaten in verschiedenen Arbeitsfeldern der Pflege zu absolvieren.	

Fachhochschule Fulda
Fachbereich Pflege und Gesundheit, Marquardstr. 35, 36039 Fulda, Tel. (06 61) 96 40-6 00
Internet: http://www.fh-fulda.de/fb/pg/index.htm

Studiengang	Pflege	Pflegemanagement	Gesundheitsmanagement (Health Care Management)
Abschluss	Diplom-Pflegewirt(FH)	Bachelor of Science (B.Sc.), Master of Science (M.Sc.)	
Beginn	Wintersemester Anmeldung bis 15. Juli		
Studiendauer	8 Semester (3 Semester Grundstudium, 5 Semester Hauptstudium)	6 Semester für den Bachelor und 4 Semester für den Master of Science	
Voraussetzung	Bewerber ohne Berufsausbildung in einem Pflegeberuf müssen ein achtwöchiges Vorpraktikum nachweisen.	Der Nachweis der Berufsausbildung entfällt, wenn bereits ein pflegewissenschaftlich relevantes Studium abgeschlossen wurde und mit der Bewerbung für den Studiengang Pflegemanagement ein Zweitstudium angestrebt wird.	
Form	Vollzeitstudium	berufsbegleitend	Vollzeit oder berufsbegleitend im Praxisverbund bzw. duales Studium

Studiengang	Pflege	Pflegemanagement	Gesundheitsmanagement (Health Care Management)
Ziel	Das Studium soll die Studierenden dazu befähigen, Pflege wissenschaftlich fundiert auszuüben, ihre Qualität zu sichern, ihre Rahmenbedingungen methodisch begründet und mit kritischer Distanz zu gestalten und notwendige Qualifikationen zu erwerben, sich in Führungsaufgaben einzuarbeiten und Pflege auch selbstverantwortlich und in selbstständiger Praxis auszuüben.	Der Studiengang will Pflegekräfte für Managementaufgaben qualifizieren und baut auf den vorhandenen beruflichen Kompetenzen auf. Eine enge Zusammenarbeit mit den Studierenden im Studiengang Gesundheitsmanagement ist ausdrücklich erwünscht, da eine optimierte Kooperation unterschiedlicher Berufsgruppen bereits während des Studiums erprobt werden soll. Die Pflege soll in die Entwicklung der Gesundheitswissenschaften/Public Health stärker einbezogen werden.	Der Studiengang will gezielt Beschäftigte in Gesundheitsberufen für Managementaufgaben qualifizieren und baut auf den vorhandenen beruflichen Kompetenzen auf. Eine interdisziplinäre Zusammensetzung der Studierenden ist erwünscht, da eine optimierte Kooperation unterschiedlicher Berufsgruppen bereits während des Studiums erprobt werden soll.
Schwerpunkte	▪ Angewandte Pflegewissenschaft ▪ Pflege in Psychiatrie und Psychosomatik Pflegemanagement ▪ Public Health/ Gesundheitsförderung Interkulturelle Pflege ▪ Pflegeinformatik	▪ Management ▪ Gesundheitswissenschaften/Pflegewissenschaft ▪ Kommunikation ▪ Wissenschaft ▪ Forschung	
Praktika	im 4. und 7. Semester		

ebs Gesundheitsakademie Oestrich-Winkel
ebs GESUNDHEITSAKADEMIE GmbH, Schloß Reichartshausen, 65375 Oestrich-Winkel
Tel. (0 67 23) 69-1 65, E-Mail: gesundheitsoekonomie@ebs.de
Internet: http://www.gesundheitsoekonom.de
Studiengang/Abschluss: Gesundheitsökonomie – Gesundheitsökonom (ebs)
Form: berufsbegleitend
Beginn: Im Januar und Juli
Studiendauer: 2 Semester (1. Blockwoche 5 Wochenendphasen)
Voraussetzung: Abgeschlossenes Studium an einer Universität oder Fachhochschule in verschiedenen Studiengängen (Medizin, Naturwissenschaften, Betriebswirtschaft, Volkswirtschaft, Rechtswissenschaft, Sozialwissenschaften, Verwaltungswissenschaften, Informatik etc.). Personen, die die für die Teilnahme erforderliche Eignung im Beruf oder auf andere Weise erworben haben.

Diese Bewerber sollen über die allgemeine Hochschulreife, die fachgebundene Hochschulreife oder die Fachhochschulreife verfügen. Vergleichbare ausländische Studienabschlüsse werden anerkannt.
Ziel: Umfassende Ausbildung über den Gesundheitsmarkt und Vermittlung von betriebswirtschaftlichen Grundlagen
Extra: Studiengebühren ca. 9.000 Euro

Niedersachsen

Fachhochschule Braunschweig/Wolfenbüttel, Wolfsburg
Dekanat des Fachbereichs Gesundheitswesen, Wielandstraße 1–5, 38440 Wolfsburg, Tel. (0 53 61) 83-1301, Internet: http://www.fh-wolfenbuettel.de/fb/g
Studiengang/Abschluss: Management im Gesundheitswesen – Diplom-Kaufmann (FH)
Form: Vollzeitstudium
Beginn: Wintersemester; Bewerbungen bis 15. Juli
Studiendauer: 8 Semester (3 Semester Grundstudium, 5 Semester Hauptstudium)
Voraussetzung: 16-wöchiges Praktikum in einer kaufmännischen Einrichtung oder einer Einrichtung des Gesundheitswesens
Schwerpunkte: Krankenhäuser als betriebswirtschaftliche Systeme; Pflege- und Rehabilitationseinrichtungen als betriebswirtschaftliche Systeme
Praktika: im 5. und 8. Fachsemester

Evangelische Fachhochschule Hannover
Blumhardstr. 2, 30625 Hannover, Tel. (05 11) 53 01-1 71, Internet: http://www.efh-hannover.de
Studiengang/Abschluss: Pflegemanagement – Diplom-Pflegewirt (FH)
Form: berufsbegleitend
Beginn: Wintersemester, Bewerbung bis 15. April
Studiendauer: 8 Semester
Voraussetzung: zweijährige Berufspraxis im erlernten Pflegeberuf
Kosten: Die Studiengebühr beträgt 90 Euro pro Monat.

Fachhochschule im DRK, Göttingen
Reinhäuser Landstraße 19–21, 37083 Göttingen, Tel. (05 51) 5 07-5 08 00
E-Mail: kontakt@drk-fachhochschule.de, Internet: http://www.drk-fachhochschule.de

Studiengang	Pflegemanagement	Internationales Gesundheits- und Sozialmanagement
Abschluss	Bachelor of Arts in Nursing Management	Master of Arts in Nursing Management
Beginn	Winter- und Sommersemester (kann sich ändern)	voraussichtlich ab Wintersemester 2004 (Details an der FH)
Studiendauer	6 Semester	4 Semester
Voraussetzung	Berufserfahrung ist nützlich, wird aber nicht zwingend vorausgesetzt.	Er setzt einen einschlägigen ersten akademischen Studienabschluss voraus.
Form	Vollzeit und berufsbegleitend	Vollzeitstudium

Studiengang	Pflegemanagement	Internationales Gesundheits- und Sozialmanagement
Schwerpunkte	Wirtschaftswissenschaften und Managementlehre	Gesundheitsversorgung und -sicherung; Strategisches Management
Extra	1.410 Euro pro Semester (235 Euro monatlich)	Bitte bei der Hochschule erfragen.

Medizinische Hochschule Hannover
OE 5410, 30623 Hannover, Tel. (05 11) 5 32-59 99
Internet: http://www.mh-hannover.de/institute/epi/public-health-studium/sph
Studiengang/Abschluss: Bevölkerungsmedizin und Gesundheitswesen (Public Health) – Magister Public Health/ Master of Public Health (M.P.H.)
Form: Vollzeit oder berufsbegleitend
Beginn: Wintersemester; Bewerbungsschluss ist jeweils der 31. Mai
Studiendauer: 3 Semester Vollzeit oder 2 bis 3 Jahre in Teilzeit
Voraussetzung: abgeschlossenes wissenschaftliches Hochschulstudium; schriftliche Aufnahmeprüfung (zwei Stunden)
Schwerpunkte: Management im Gesundheitswesen; Gesundheitsförderung und präventive Dienste; Epidemiologie
Extra: Die Zulassungszahl ist auf 20 Studierende jährlich begrenzt.

Fachhochschule Nordost-Niedersachsen und Uni Lüneburg
Zentrum für Angewandte Gesundheitswissenschaften, Wilschenbrucher Weg 84a
21335 Lüneburg, Tel. (0 41 31) 6 77-9 59, E-Mail: amir@uni-lueneburg.de,
Internet: http://www.fhnon.de/zag/index.html
Studiengang/Abschluss: Angewandte Gesundheitswissenschaften – Zertifikat „Angewandte/r Gesundheitsberater/in", wenn im Vertiefungssemester weitere Seminare zur Gesundheitsberatung absolviert werden.
Form: berufsbegleitend
Beginn: Sommersemester, Bewerbung bis zum 1. Februar eines Jahres
Studiendauer: 3 Semester (inkl. Prüfungssemester)
Voraussetzung: abgeschlossenes Hochschulstudium (insbesondere Pädagogen, Sozialarbeiter, Psychologen, Ärzte etc.) **oder** 2 Jahre Berufserfahrung in Krankenpflege, Krankenkassen und gesundheitsrelevanten Behörden
Schwerpunkte: verhaltensbezogene Gesundheitsprobleme und Interventionen; lebensalterbezogene Gesundheitsprobleme und Interventionen; verhältnisbezogene Gesundheitsprobleme und Interventionen
Kosten: 500 Euro für den Studiengang (625 Euro mit zusätzlichem Vertiefungssemester)
Extra: Es stehen 24 Studienplätze zur Verfügung.

Fachhochschule Münster
Fachbereich Pflege, Röntgenstr. 7–9, 48149 Münster, Tel. (02 51) 83-6 58 51
E-Mail: pflege@fh-muenster.de
Internet: http://www.fh-muenster.de/FB12/studium/pflegemanagement.htm
Studiengang/Abschluss: Pflegemanagement – Diplom-Pflegewirt (FH)
Form: Vollzeitstudium
Beginn: Wintersemester; Bewerbung bis 15. Juli

Studiendauer: 8 Semester (5 Semester Grundstudium, 3 Semester Hauptstudium)
Voraussetzung: Nachweis einer einjährigen Berufserfahrung nur, wenn die Pflegeausbildung zwei Jahre betrug, sonst genügt ein Ausbildungsnachweis
Schwerpunkte: Krankenhaus; Ambulante Dienste; Alten-/Pflegeeinrichtungen
Praktika: Das Praxissemester ist zu Beginn des Hauptstudiums zu absolvieren.

Fachhochschule Oldenburg/Ostfriesland/Wilhelmshaven

Fachbereich Sozialwesen, Constantiaplatz 4, 26723 Emden, Tel. (01 80) 56 78 07-0
Internet: http://www.fho-emden.de
Studiengang/Abschluss: Praxisorientierte interdisziplinäre Gesundheitswissenschaft (Public Health) – Master of Public Health (M.P.H.)
Form: berufsbegleitend
Beginn: Wintersemester; Bewerbungsschluss ist der 31. Mai
Studiendauer: 6 Semester
Voraussetzung: abgeschlossenes gesundheitsbezogenes Studium an einer Universität oder einer Fachhochschule; mindestens zwei Jahre Berufstätigkeit; halbstündiges Auswahlgespräch
Ziel: Über die Kenntnisse des klassischen öffentlichen Gesundheitswesen und der sozialen Sicherung hinaus sollen die Studierenden in dem Aufbaustudiengang befähigt werden, mehr von den wissenschaftlichen und gesellschaftlichen Zusammenhängen ihrer Berufstätigkeit zu verstehen und das Gelernte im Hinblick auf die Gesundheitsförderung im weitesten Sinne anzuwenden.
Kosten: Es fallen Studiengebühren in Höhe von 300 Euro pro Semester an.
Extra: Es stehen 25 Studienplätze pro Jahr zur Verfügung.

Fachhochschule Osnabrück

Fachbereich Wirtschaft, Postfach 1940, 49009 Osnabrück, Tel. (05 41) 9 69-21 40
E-Mail: kontakt@wi.fh-osnabrueck.de, Internet: http://www.wi.fh-osnabrueck.de/index_fbwi.htm

Studiengang	Krankenpflegemanagement	Pflege- und Gesundheitsmanagement
Abschluss	Diplom-Kauffrau/-mann (FH)	Diplom-Kauffrau/-mann (FH)
Beginn	Winter- und Sommersemester. Bewerbungen bis 15.07. oder 15.01.	Sommersemester, Bewerbungen bis 15. Januar
Studiendauer	8 Semester (3 Semester Grundstudium, 5 Semester Hauptstudium)	8 Semester (4 Semester Grundstudium, 4 Semester Hauptstudium)
Voraussetzung	Abitur oder Fachweiterbildung Berufsausbildung im Pflegebereich	Berufliche Praxis im Gesundheitswesen, davon mindestens zwei Jahre in leitender Funktion.
Form	Vollzeitstudium	berufsbegleitend
Ziele/ Schwerpunkte	Vermittlung von betriebswirtschaftlichen und pflegewissenschaftlichen Erkenntnissen und Methoden. Kommunikationsfähigkeit, Kreativität, analytische und konzeptionelle Fähigkeiten sollen gefördert werden.	Im Studium werden schwerpunktmäßig betriebswirtschaftliche Erkenntnisse und Methoden vermittelt, die geeignet sind, betriebliche Ziel-, Planungs-, Organisations- und Kontrollsysteme zu entwickeln, zu modifizieren, zu implementieren und zu evaluieren.
Praktika	im 4. und 8. Semester	im 4. und 8. Semester

Fachhochschule Osnabrück
Fachbereich Wirtschaft, Postfach 1940, 49009 Osnabrück, Tel. (05 41) 9 69-30 00
E-Mail: pfw@wi.fh-osnabrueck.de
Internet: http://www.wi.fh-osnabrueck.de/stgaenge/diplom/pflewi/index.shtml
Studiengang/Abschluss: Pflegewissenschaft – Diplom-Pflegewirt (FH)
Form: Vollzeitstudium
Beginn: Wintersemester; Bewerbungen bis 15. Juli
Studiendauer: 8 Semester (3 Semester Grundstudium, 5 Semester Hauptstudium)
Praktika: im 4. und 8. Semester

Fachhochschule Osnabrück
Fachbereich Wirtschaft – Geschäftsstelle MBA Gesundheitsmanagement/Management & Health
Postfach 1940, 49009 Osnabrück, Tel. (05 41) 9 69-29 34
E-Mail: mbamh@wi.fh-osnabrueck.de, Internet: http://www.wi.fh-osnabrueck.de
Studiengang/Abschluss: Gesundheitsmanagement/Management & Health – Master of Business Administration (MBA)
Studiendauer: 4 Semester
Voraussetzung: abgeschlossenes Hochschulstudium; einschlägige Berufserfahrung in Leitungsfunktion in Einrichtungen oder Unternehmen des Gesundheits- und Sozialsystems.
Ziele: Problemlösungskompetenz; ökonomische Fachkompetenz; Kommunikations-, Sozial- und Führungskompetenz
Kosten: etwa 13.000 Euro für das gesamte Studium

Katholische Fachhochschule Norddeutschland, Osnabrück
Fachbereich Gesundheitspflege, Detmarstr. 2–8, 49074 Osnabrück, Tel. (05 41) 3 58 85-0
E-Mail: Kuratorin@kath-fh-nord.de, Internet: http://www.kath-fh-nord.de
Studiengang/Abschluss: Pflegemanagement – Diplom-Pflegewirt (FH)
Form: berufsbegleitend
Beginn: alle zwei Jahre im Wintersemester
Studiendauer: 8 Semester (4 Semester Grundstudium, 4 Semester Hauptstudium)
Voraussetzung: mindestens zweijährige berufliche Tätigkeit; Bejahung eines an der Lehre der kath. Kirche orientierten Studiums und der kirchlichen Trägerschaft der Kath. Fachhochschule Norddeutschland wird erwartet.
Extra: Es wird ein so genannter „Teilnehmerbeitrag" in Höhe von etwa 80 Euro pro Monat erhoben. Die Prüfungsgebühr beträgt etwa 150 Euro.

Nordrhein-Westfalen

Universität Bielefeld
Fakultät für Gesundheitswissenschaften, School of Public Health – WHO Collaborating Center
Postfach 10 01 31, 33501 Bielefeld, Tel. (05 21) 1 06-00
E-Mail: gesundheit@uni-bielefeld.de, Internet: http://www.uni-bielefeld.de

Studiengang	Health Communication	Public Health Epidemiology
Abschluss	Bachelor of Science in Health Communication (BHC)	Master of Public Health (MPH) / European Master of Public Health (EMPH) Master of Science in Epidemiology (MSE)
Beginn	Wintersemester	Sommersemester. Bewerbung vom 1. November bis 15. Januar des darauf folgenden Jahres für Studienanfang
Studiendauer	6 Semester	4 Semester
Voraussetzung	Abitur	Hochschulabschluss; praktische Tätigkeiten im Gesundheitswesen von mindestens einem Jahr; Eignungs-Feststellungsprüfung
Form	Vollzeit	Vollzeitstudium – im Falle einer Teilzeitbeschäftigung kann die Studienzeit ausgedehnt werden
Ziel	Der Studiengang vermittelt gesundheitswissenschaftliche Kenntnisse von Theorien und Methoden für die Anwendung in der Berufspraxis. Die Absolventen sollen die wichtigsten Theorien, Methoden, Verfahren und Strategien in Berufsfeldern der Gesundheitskommunikation beherrschen.	Der Zusatzstudiengang folgt dem Vorbild der internationalen „Schools of Public Health", knüpft aber auch an die deutsche Tradition der Sozialhygiene und Gesundheitsfürsorge an. Die Gesundheitswissenschaften verstehen sich als Brücke zwischen den biomedizinischen und den Sozial-, Verhaltens-, Umwelt- und Managementwissenschaften.
Schwerpunkte	Personale Kommunikation Organisationskommunikation Massenkommunikation	Aus den Fächern Versorgung und Pflege, Bevölkerungsmedizin, Epidemiologie, Gesundheitsförderung, Gesundheitsökologie, Gesundheitsökonomie, Gesundheitssystemgestaltung, Prävention oder Rehabilitation sind 4 Schwerpunkt zu wählen.
Praktika	2 Pflichtpraktika von jeweils mind. 8 Wochen	
Extra	75 Studienplätze pro Jahr	

Heinrich-Heine-Universität Düsseldorf
Klinikum der Heinrich-Heine-Universität Düsseldorf , Zusatzstudiengang Public Health, Postfach 10 10 07, 40001 Düsseldorf, Tel. (02 11) 81-1 97 76, E-Mail: public-health@uni-duesseldorf.de, Internet: http://www.uni-duesseldorf.de/WWW/MedFak/PublicHealth/
Studiengang/Abschluss: Öffentliche Gesundheit und Epidemiologie – Magister für Public Health (postgrad.) (M.P.H.)
Form: berufsbegleitend
Beginn: Sommersemester; Bewerbung bis zum 31.12. des Vorjahres
Studiendauer: 4 Semester Vollzeit oder max. 5 Jahre berufsbegleitend

Voraussetzung: Abgeschlossenes Universitätsstudium der Human-, Zahn-, Tiermedizin, der Pharmazie, der Naturwissenschaften, der Gesellschaftswissenschaften oder vergleichbarer Fächer; erfolgreiche Teilnahme am Eingangstest. Einschlägige Berufserfahrung ist erwünscht.
Ziel: Das Studium dient in erster Linie der Weiterqualifizierung von im Gesundheitswesen tätigen Experten, die aktiv an zukunftsweisenden Entwicklungen mitwirken wollen. Das übergeordnete Studienziel besteht darin, die vorhandene, auf individuelle Gesundheit und Krankheit bezogene Wissens- und Handlungskompetenz konsequent um eine bevölkerungs- und systembezogene Perspektive zu ergänzen.

Katholische Fachhochschule Nordrhein-Westfalen

Kontakt	Abteilung Köln Fachbereich Gesundheitswesen Wörthstr. 10, 50668 Köln Tel. (02 21) 77 57-1 98 E-Mail: redaktion@kfhnw.de Internet: http://www.kfhnw.de/zentrale/ gesundheitswesen/index.php	Abteilung Aachen Sekretariat des Masterstudiengangs Robert-Schuman-Str. 25, 52066 Aachen Tel. (02 41) 6 00 03-23 E-Mail: master-aachen@kfhnw.de Internet: http://www.kfhnw.de/aachen
Studiengang	Pflegemanagement	**Leitung und Management in multi-professionellen Gesundheits- und Sozialdiensten**
Abschluss	Diplom-Pflegeleiter/ Diplom-Pflegemanager (FH)	Master of Arts in Interprofessional Health and Community Care (M.A.)
Beginn	Wintersemester, Bewerbungsfrist vom 1. Januar bis 1. April	Wintersemester (nächster Beginn voraussichtlich 2005)
Studiendauer	8 Semester (4 Semester Grundstudium, 4 Semester Hauptstudium)	4 Semester
Voraussetzung	Mindestens zweijährige Berufserfahrung in der Pflege. Für ein Drittel der Studierenden wird der Zugang ohne Fachhochschulreife oder Abitur durch eine Einstufungsprüfung ermöglicht, wenn eine abgeschlossene Pflegeausbildung und dazu eine fünfjährige Berufserfahrung vorgewiesen werden kann.	• Hochschulabschluss (Bachelor oder Diplom) in Sozialpädagogik, Heilpädagogik, Sozialarbeit, Pflegepädagogik, Pflegemanagement oder Ähnliche) • Dreijährige Berufspraxis im Gesundheitsbereich oder in der Sozialen Arbeit.
Form	berufsbegleitend	berufsbegleitend
Ziel	Der Studiengang qualifiziert insbesondere durch die Vermittlung von Kompetenzen auf den Gebieten der Betriebswirtschaftslehre, Pflege und Personalführung für die Aufgaben der Leitung eines Pflegedienstes in Einrichtungen des Gesundheits- und Sozialwesens. Durch die berufsbegleitende Form des Studiums findet eine enge Verzahnung	• Aneignung und Entwicklung von multiprofessionellen Kooperationsformen und angemessenen Leitungs- und Managementkonzepten • Entwicklung von Netzwerkkompetenzen und Befähigung zum Projektmanagement • Integration wirtschaftswissenschaftlicher Kompetenzen in die Konzepte der Gesundheits- und Sozialdienste

	von wissenschaftlicher Theorie und Praxis statt.	• Initiierung, Begleitung, Kontrolle und Durchführung ganzheitlich orientierter Forschung
Praktika	im 5. Semester	

Universität Köln

Institut für Gesundheitsökonomie und klinische Epidemiologie, Gleueler Str. 176-178 / III.
50935 Köln , Tel. (02 21) 46 79-0, Internet: http://www.medizin.uni-koeln.de/kai/igmg
Studiengang/Abschluss: Gesundheitsökonomie – Diplom-Gesundheitsökonom
Form: Vollzeit
Beginn: Sommer- und Wintersemester
Studiendauer: 9 Semester
Voraussetzung: Abitur
Schwerpunkte: Verbindung von Ökonomie und Medizin
Praktika: studienbegleitendes Projekt in der Industrie oder bei Krankenkassen
Extra: hochschuleigenes Zulassungsverfahren

Evangelische Fachhochschule Rheinland-Westfalen-Lippe

Fachbereich V– Studiengang Pflege, Immanuel-Kant-Str. 18-20, 44803 Bochum
Tel. (02 34) 3 69 01-1 76, -1 79, E-Mail: dekanat5@efh-bochum.de, Internet: http://efh-bochum.de
Studiengang/Abschluss: Pflege – Diplom
Form: Präsenzstudium
Beginn: Wintersemester; Anmeldung bis15. Juli
Studiendauer: 8 Semester (4 Semester Grundstudium, 4 Semester Hauptstudium)
Voraussetzung: mindestens zweijährige Berufserfahrung
Ziel: Das Studium vermittelt theoretische Kenntnisse und praxisbezogene Handlungskonzepte der Pflege sowie die wissenschaftlichen Grundlagen und Arbeitsweisen aus den relevanten Gebieten u.a. der Pflegewissenschaft, Pflegemethodik, Ethik, Sozialmedizin, Gerontologie, Soziologie, Sozialpolitik, Psychologie, Gesundheitsbildung und -förderung, aber auch der Betriebswirtschafts- und Organisationslehre.

Hochschule Niederrhein

Fachbereich Gesundheitswesen, Reinarzstr. 49, 47805 Krefeld, Tel. (0 21 51) 8 22-4 60
Internet: http://www09.mg.hs-niederrhein.de
Studiengang/Abschluss: Gesundheitswesen – Technische Medizinwirtschaft – Diplom-Gesundheitsökonom
Form: Vollzeit oder berufsbegleitend
Beginn: Wintersemester; Bewerbung bis zum 15. Juli
Studiendauer: 8 Semester (Vollzeitstudium); 10 Semester (kooperatives Studium)
Voraussetzung: berufspraktische Erfahrung oder 12 Wochen Praktikum
Ziel: Die Hochschule bietet einen Modellstudiengang Gesundheitswesen – Technische Medizinwirtschaft an, mit einer Kombination der Lehrgebiete medizinische Grundlagen, Organisation und Betriebswirtschaft sowie Informationstechnologie im Gesundheitswesen und Medizintechnik.
Schwerpunkte: Medizin; Technik von Datenverarbeitung und Informationssystemen; Betriebswirtschaft und Organisationslehre
Praktika: Praktikum von 18 Wochen Dauer

Universität Witten/Herdecke
Fakultät Medizin, Institut für Pflegewissenschaft, Stockumer Str. 12, 58453 Witten
Tel. (0 23 02) 6 69-3 81, E-Mail: pflegewissenschaft@uni-wh.de,
Internet: http://www.uni-wh.de/pflege/index.html
Studiengang/Abschluss: Pflegewissenschaft – Bachelor/Master of Science in Nursing (BScN/
MScN)
Form: Vollzeitstudium
Beginn: Wintersemester, Bewerbung bis 15. Juli
Studiendauer: 6 Semester (Bachelor); 3 Semester (Master)
Voraussetzung: hochschulinterne Eingangsprüfung
Ziel: Im Bachelorstudiengang werden neue Felder für die Pflege erschlossen: familienorientierte
Pflege, Methodik der Qualitätsentwicklung, Gutachten-Assessment und Klassifikationssysteme.
Der Masterstudiengang soll zur selbstständigen Forschung, Methoden- und Theorieentwicklung
befähigen.
Schwerpunkte: Gesundheit/Krankheit/Gesundheitswesen/Familie; Pflege; wissenschaftliche Hintergründe
Praktika: Im Bachelorstudiengang wird ein 13-wöchiges Inlands- bzw. Auslandspraktikum und im
Masterstudium nochmals ein vierwöchiges Auslandspraktikum verlangt.
Kosten: 300 Euro pro Monat

Rheinland-Pfalz

Technische Universität Kaiserslautern – Zentrum für Fernstudien und universitäre Weiterbildung
Postfach: 3049, 67653 Kaiserslautern, Tel. (06 31) 2 05-49 25
E-Mail: zfuw@rhrk.uni-kl.de, Internet: http://www.zfuw.de
Studiengang/Abschluss: Management von Gesundheits- und Sozialeinrichtungen – Zertifikat
Form: berufsbegleitend
Beginn: 1. Oktober
Studiendauer: 2 Semester
Voraussetzung: Zugelassen werden Absolventen von Hochschulen (Universität oder Fachhochschule) gleich welcher Fachrichtung.
Kosten: ca. 900 Euro pro Semester

Katholische Fachhochschule Mainz
Saarstrasse 3, 55122 Mainz, Tel. (0 61 31) 2 89 44-0, Internet: http://www.kfh-mainz.de
Studiengang/Abschluss: Pflegemanagement – Diplom-Pflegewirt (FH)
Form: Vollzeitstudium im Grundstudium, berufsbegleitend im Hauptstudium
Beginn: Wintersemester; Bewerbungen 1. Februar bis 30. April
Studiendauer: 8 Semester (4 Semester Grundstudium, 4 Semester berufsbegleitendes Hauptstudium) wird durchgeführt
Voraussetzung: zweijährige Berufspraxis
Praktika: Nach dem 2. und 3. Semester sind jeweils vierwöchige Praktika abzuleisten.
Extra: Jährlich werden 40 Studienplätze vergeben. Die Zulassung zum Studium ist nicht an die
Zugehörigkeit zur katholischen Kirche gebunden.

Sachsen

Evangelische Fachhochschule für Soziale Arbeit Dresden

Postfach 200143, 01191 Dresden, Tel. (03 51) 4 69 02-0
E-Mail: presse@ehs-dresden.de, Internet: http://www.ehs-dresden.de
Studiengang/Abschluss: Pflegewissenschaft/Pflegemanagement – Diplom-Pflegewirt (FH)
Form: berufsbegleitend
Beginn: Wintersemester; Bewerbung bis 15. April
Studiendauer: 8 Semester (4 Semester Grundstudium und 4 Semester Hauptstudium)
Praktika: Im 6. Semester ist ein vierwöchiges Praktikum vorgesehen, in dem die Studenten andere Arbeitsfelder in der Pflege als den ausgeübten Beruf kennen lernen. Das Praktikum sollte im Ausland absolviert werden.

Technische Universität Dresden

Medizinische Fakultät, Fetscherstr. 74, 01307 Dresden
Tel. (03 51) 4 58-28 28, E-Mail: stdekmed@rcs.urz.tu-dresden.de
Internet: http://www.tu-dresden.de/med-lehre/public-health/ph-index.html
Studiengang/Abschluss: Public Health – Magister für Public Health (postgrad.) (M.P.H.)
Form: Vollzeit
Beginn: Die Immatrikulation erfolgt alle 2 Jahre in den geraden Kalenderjahren.
Studiendauer: 4 Semester
Voraussetzung: Abgeschlossenes Universitätsstudium der Human-, Zahn-, Tiermedizin, der Pharmazie, der Naturwissenschaften, der Gesellschaftswissenschaften oder vergleichbarer Fächer; erfolgreiche Teilnahme am Eingangstest. Einschlägige Berufserfahrung ist erwünscht.
Extra: etwa 30 Studienplätze pro Ausbildungsgang

Sachsen-Anhalt

Martin-Luther-Universität Halle-Wittenberg

Medizinische Fakultät – Institut für Gesundheits- und Pflegewissenschaft, Magdeburger Str. 27
06097 Halle/Saale, Tel. (03 45) 5 57 44 66, E-Mail: pflegewissenschaft@medizin.uni-halle.de
Internet: http://www.medizin.uni-halle.de/pflegewissenschaft
Studiengang/Abschluss: Pflege- und Gesundheitswissenschaft – Diplom-Pflege- und Gesundheitswissenschaftler. Gleichzeitig wird ein weiteres Diplom mit dem Titel „Master of Science in Nursing and Health (MScNH)" ausgestellt, das die Gleichrangigkeit des Diplomabschlusses im englischsprachigen Raum belegt.
Form: berufsintegrierendes Studium
Beginn: Wintersemester, Bewerbung bis 15. Juli
Studiendauer: 9 Semester
Voraussetzung: Nur Abitur und Berufsausbildung im Pflegebereich. Eine weitere Berufspraxis ist nicht vorgeschrieben.
Schwerpunkte: Allgemeine und klinische Pflege- und Gesundheitswissenschaft; Pflege- und Gesundheitspädagogik/Medizinpädagogik; Pflege- und Gesundheitsmanagement
Praktika: ein dreiwöchiges Orientierungspraktikum im Grundstudium und zwei sechswöchige Praktika im Hauptstudium.
Extra: 40 Studienplätze pro Jahr

Fachhochschule Magdeburg-Stendal
Fachbereich Sozial- und Gesundheitswesen, Postfach 3680, 39011 Magdeburg
Tel. (03 91) 8 86-42 90, Internet: http://www.sozialwesen.hs-magdeburg.de
Studiengang/Abschluss: Gesundheitsförderung/-management – Diplom-Gesundheitswirt (FH)
Form: Vollzeitstudium
Beginn: Winter- und Sommersemester; Bewerbungen bis 15.07. oder 15.01.
Studiendauer: 8 Semester
Voraussetzung: 20-wöchiges Vorpraktikum, das aber anteilig noch während des Studiums absolviert werden kann
Ziel: Die Absolventen sollen die Fähigkeit besitzen, empirische Untersuchungen (z.B. Screening, Fragebogenerhebung) zu planen und auszuwerten sowie Instrumentarien zur Beurteilung präventiver Vorgehensweisen zu erkennen, einzuschätzen und einzusetzen. Die Studierenden werden auf Managementaufgaben im Gesundheitswesen vorbereitet.
Praktika: Im Grundstudium ein Organisationspraktikum und im Hauptstudium ein Anwendungspraktikum. Zwei integrierte berufspraktische Studiensemester im 7. und 8. Semester.

Fachhochschule Magdeburg-Stendal
Fachbereich Sozial- und Gesundheitswesen, Breitscheidstr. 51, 39114 Magdeburg
Tel. (03 91) 88 64-3 42, E-Mail: fernstudium@sgw.hs-magdeburg.de
Internet: http://www.sozialwesen.hs-magdeburg.de
Studiengang/Abschluss: Angewandte Gesundheitswissenschaft – Zertifikat Gesundheitsmanager/Bachelor of Applied Health Science
Form: berufsbegleitend
Beginn: Sommersemester
Studiendauer: 4 Semester (Zertifikat), 3 Semester (Bachelor)
Voraussetzung: Abgeschlossene Berufsausbildung und mindestens zweijährige einschlägige Berufspraxis **oder** Hochschulstudium.
Kosten: 690 Euro pro Semester

Fachhochschule Magdeburg-Stendal

	Fachbereich Sozial- und Gesundheitswesen Brandenburger Str. 9 39104 Magdeburg	
	Tel. (03 91) 8 86-47 11 E-Mail: ggf@sgw.hs-magdeburg.de	Tel. (03 91) 8 86-42 94 E-Mail: eumahp@sgw.hs-magdeburg.de
Studiengang	Gemeindebezogene Gesundheitsförderung	Health Promotion and Sustainability in Europe
Abschluss	Zertifikat	European Master in Health Promotion
Beginn	Auskunft beim Institut	Wintersemester
Studiendauer	3 Semester	4 Semester
Voraussetzung	Abgeschlossene Berufsausbildung und mindestens zweijährige einschlägige Berufspraxis oder Hochschulstudium; Internetzugang	Abgeschlossenes Hochschulstudium in einem gesundheitswissenschaftlichen Fachgebiet oder abgeschlossenes Hochschulstudium und Praxiserfahrung in einem Arbeitsfeld der Gesundheitswis-

		senschaften; ausreichende Kenntnisse der deutschen und englischen Sprache
Form	weiterbildendes Fernstudium	weiterbildendes Fernstudium
Kosten	450 Euro pro Semester	

Westsächsische Hochschule Zwickau

Fachbereich Gesundheits- und Pflegewissenschaften, Dr.-Friedrich-Ring 2a, 08056 Zwickau
Tel. (03 75) 5 36-34 28, E-Mail: FB.GP@fh-zwickau.de
Internet: http://www.fh-zwickau.de/pflege/PM.htm
Studiengang/Abschluss: Pflegemanagement – Diplom-Pflegewirt (FH)
Form: Vollzeitstudium
Beginn: Sommersemester. Bewerbungen bis 15. Januar – (In Abhängigkeit von der Schulferien-regelung in Sachsen können sich die Termine jährlich um einige Tage verschieben.)
Studiendauer: 8 Semester (4 Semester Grundstudium, 5 Semester Hauptstudium)
Voraussetzung: Grundpraktikum (26 Wochen) vor dem Studium für Bewerber ohne pflegerische Berufsausbildung
Ziel: Mit der Vermittlung pflegewissenschaftlicher, psychologischer und soziologischer Kenntnisse gewinnen die Absolventen die notwendige Kompetenz, einerseits das Gesundheits- und Krank-heitserleben von Individuen und sozialen Gruppen zu verstehen und andererseits ihre Mitarbeiter zu motivieren und zu führen.
Praktika: im 6. Semester

Thüringen

Fachhochschule Jena

Fachbereich Sozialwesen – Fernstudiengang Pflege/Pflegemanagement, Postfach 10 03 14
07703 Jena, Tel. (0 36 41) 2 05-8 50, E-Mail: pflege@fh-jena.de, Internet: http://pflege.sw.fh-jena.de
Studiengang/Abschluss: Pflege/Pflegemanagement – Diplom-Pflegewirt (FH)
Form: Fernstudiengang
Beginn: Wintersemester, Bewerbung bis 15. Juli
Studiendauer: 8 Semester (4 Semester Grundstudium, 5 Semester Hauptstudium)
Voraussetzung: mindestens vierjährige Tätigkeit im Pflegebereich
Schwerpunkte: Vertiefungsrichtung Theorie und Praxis der Pflege; Vertiefungsrichtung Pflegema-nagement
Extra: etwa 50 Studienplätze

Institutionen und Verbände

Bundesministerium für Gesundheit und Soziale Sicherung (BMGS)
Postfach 08 01 63, 10001 Berlin
Tel. (01 88) 85 27-0, E-Mail: info@bmgs.bund.de
Internet: http://www.bmgs.bund.de

Deutsche Krankenhausgesellschaft (DKG)
Münsterstraße 169, 40476 Düsseldorf

Tel. (02 11) 4 54 73-0, E-Mail: dkg.mail@dkgev.de
Internet: http://www.dkgev.de

Deutscher Berufsverband für Pflegeberufe (DBfK)
Geisbergstraße 39, 10777 Berlin
Tel. (0 30) 21 91 57-0, E-Mail: dbfk@dbfk.de
Internet: http://www.dbfk.de

Deutscher Pflegeverband e.V. (DPV)
Mittelstraße 1, 56564 Neuwied
Tel. (0 26 31) 83 88 0, E-Mail: deutscher_pflegeverband_dpv@t-online.de
Internet: http://www.dpv-online.de

Deutscher Verband für Gesundheitswissenschaften DVGE
Hebelstraße 29, 79104 Freiburg
Tel. (07 61) 2 03-55 18, E-Mail: dvge@medsoz.uni-freiburg.de
Internet: http://www.dvge.de

Deutscher Verein für Pflegewissenschaft e.V.
Bürgerstraße 47, 47057 Duisburg
Tel. (02 03) 35 67 93, E-Mail: Info@DV-Pflegewissenschaft.de
Internet: http://www.dv-pflegewissenschaft.de

Public Health Absolventen Deutschland e.V. (PHAD)
Wenckebachstraße 18a, 12099 Berlin
Tel. (0 30) 75 44 79 06, E-Mail: geschaeftsstelle@phad.de
Internet: http://www.phad.de

Sachverständigenrat für die Konzertierte Aktion im Gesundheitswesen
c/o Bundesministerium für Gesundheit und Soziale Sicherung
Am Propsthof 78a, 53121 Bonn
Tel. (02 28) 941-22 94, -22 98 oder (0 18 88) 4 41-22 94, -22 98, E-Mail: svr@bmgs.bund.de
Internet: http://www.svr-gesundheit.de

@ Links

- http://www.gesundheit-psychologie.de/Gesundheitswissenschaften (Informationen über Gesundheit und Public Health und Psychologie)
- http://www.pflegenet.com (Informationen rund um die Pflege)
- http://www.pflegestudium.de (Information über die Studiengänge in Pflege und Gesundheit)
- http://www.vincentz.net (Informationen für Pflege, Therapie und Betreuung)

5 Sport

Vorwort von Michael Groß

Sport ist mehr als körperliche Bewegung, mehr als eine Leistung. Mehr als höher, schneller, weiter. Sport steht als Synonym für ein modernes Lebensgefühl: Menschen treffen sich und wollen gemeinsam Spaß haben, Grenzen erkennen oder mitunter auch überschreiten, neue Erfahrungen sammeln, Länder und Kulturen kennen lernen. Sport ist global für Menschen ein Katalysator, Freude im Leben zu haben, für sich und andere Neues zu entdecken.

Auf dem Erlebniswert des Sports ist eine ganze Freizeitindustrie entstanden, weltweit und in vielen Facetten. Explodiert ist auch die Anzahl der Sportarten, die in der Breite oder professionell betrieben werden. Auf dem Wasser wird zum Beispiel nicht mehr nur gesurft. „Kiting" oder „Wakeboarding" sind derzeit „in" und erweitern dauerhaft das Angebot, gefördert natürlich von der Sportartikel-, Reise- und Freizeitindustrie. Sport ist ein Megatrend und das dauerhaft, buchstäblich in wechselnden Spielarten.

Der Sportmarkt boomt. Und damit verbunden sind eine Vielzahl von neuen Berufschancen, die Platz für Seiteneinsteiger wie für Profis aus fast allen anderen Berufsgruppen bieten. Aber: Immer stärker wird der Wettbewerbsdruck, sich für den Beruf nicht nur durch einen Surfschein oder eine Skilehrerausbildung zu qualifizieren. Gerade wenn man sein Hobby zum Beruf machen möchte, ist die zusätzliche Ausbildung in anderen Fachbereichen sinnvoll, um den Horizont und die eigenen Karrierechancen zu erweitern. Denn im Sport gilt es – mehr als in anderen Berufsfeldern –, flexibel zu bleiben und auf neue Anforderungen schnell zu reagieren. Im Sport ist nichts so stetig wie der Wandel und die permanente Fortentwicklung und Weiterbildung.

Eigentlich ist Sport ein „Studium generale" – von den Natur-, über die Sozial- und Sprachwissenschaften bis zu den Wirtschaftswissenschaften. Alle tragen einen Teil zum professionellen Sportbetrieb bei, je nachdem, welchen Schwerpunkt man sich setzt: Ob Medizin und Rehabilitation, Reisebranche oder Management, alles ist möglich. Die klassischen Trainer- und Lehrerberufe machen nur einen kleinen Teil der möglichen Optionen aus, die sich heute, im Vergleich mit vor 20 Jahren, als Einstieg bieten.

Das Sammelsurium an Ausbildungs- und Studienmöglichkeiten ist mittlerweile kaum mehr zu übersehen. Der Ausbildungs- und Studienführer bringt deshalb alle Facetten nahe, um aus dem Hobby einen Beruf zu machen, und soll auch aufzei-

gen, welche Weiterbildungsmöglichkeiten es gibt, um später mit der Freizeitbeschäftigung anderer seinen Beruf auszuüben. Die fundierte Ausbildung ist dazu inzwischen, wie in anderen „klassischen" Studienberufen Jura oder Medizin, eine Eintrittskarte in das „Big Business". Der Wettbewerb im Job ist zugleich auch sportlich, sicher härter als fast in allen anderen Branchen. Dafür ist aber auch vielerorts der Gestaltungsspielraum größer, die eigene Initiativkraft wichtiger, um Erfolg zu haben. Gute Ideen haben im Sport immer Chancen, sich durchzusetzen.

Der Studienführer soll Lust auf mehr machen, auch für den Sport die „unsportliche" Studienbank zu drücken. Es lohnt sich. Sport ist die schönste Nebensache der Welt.

Michael Groß

Überblick

Sport – damit verbindet man Namen wie Michael Schumacher, Hanna Stockbauer oder Boris Becker, Joggen durch den Park oder Inlineskaten durch gesperrte Innenstädte. Aber Sport als Studienfach oder gar Berufssparte? Der Sport ist mittlerweile zu einem ganzen Industriezweig herangewachsen, der jährlich neue Trends auf den Markt bringt, sich um die Volksgesundheit bemüht und Menschen fit halten will. Ein Industriezweig, in dem nicht nur Sportgrößen wie Gabriela Sabatini mit eigenen Modemarken agieren, sondern der Fitnesstrainer im Sportstudio an der Ecke ebenso beschäftigt wie Vereinsmanager, die namhafte Fußballklubs in eine Aktiengesellschaft umwandeln, oder „Tüftler", die sich immer neue Sportgeräte ausdenken, um Sportbegeisterte bei Laune zu halten.

Sport als Ausbildungsgang an den Hochschulen ist ein noch relativ junges Fachgebiet. Angefangen hat es wohl mit Turnvater Jahn, der als Erster die Ausbildung zum Sportlehrer einführte, indem er 1816 ein 12-Punkte-Programm für die Ausbildung von „Turnlehrern" entwickelte. Die Universitäten sträubten sich zunächst, Sport als Wissenschaft in ihren Hallen zu unterrichten, doch als im Jahr 1921 das „Deutsche Hochschulamt für Leibesübungen" gegründet wurde, zogen die preußischen Hochschulen nach und eröffneten Institute für Leibesübungen. Bis Mitte der 60er-Jahre festigte sich die Ausbildung der „Leibeserziehung" und setzte sich dann in den 70er-Jahren mit der Bezeichnung „Sportwissenschaft" durch. Zeitgleich lief die Anerkennung der Deutschen Sporthochschule Köln als wissenschaftliche Hochschule mit Promotions- und Habilitationsrecht.

Denken die meisten beim Thema Sport in Verbindung mit der Universität gleich an die Sportlehrer, so ist dies heute nur noch ein Teilaspekt des Sportstudiums. Daneben werden Sportwissenschaftler, Sportökonomen bzw. Sportmanager sowie Sportjournalisten und Sportinformatiker ausgebildet, wobei in den vergangenen Jahren der Altensport und Sport als Rehabilitation durch die stark wachsende Zahl älterer Menschen zunehmend an Bedeutung gewonnen hat.
Wie in der Hochschullandschaft allgemein üblich, werden derzeit neben den herkömmlichen Diplom- und Magisterstudiengängen an vielen Universitäten Bachelor- und Masterstudiengänge nach angelsächsischem Vorbild aufgebaut. Sie sollen eine straffere Ausbildung und flexiblere Entscheidungen bei der Berufswahl gewährleisten. Wer sich zum Beispiel bei Studienbeginn nicht sicher ist, ob er in den Lehrerberuf gehen will, kann das erziehungswissenschaftliche Studium bis zum Master aufschieben.

Um den verschiedenen Schwerpunkten des sportwissenschaftlichen Studiums gerecht zu werden, haben wir die Studienmöglichkeiten in drei Kategorien aufgeteilt. Im ersten Teil wird das Studium der Sportwissenschaften im weitesten Sinne behandelt, also Sport als Wissenschaft, Sport und Fitness, Sport für Senioren, Sport zur Prävention und Rehabilitation, Leistungssport, Sportjournalismus und Sport und Informatik sowie Sport und Technik. Danach schließen sich die ökonomischen Studiengänge an, die hauptsächlich auf eine Tätigkeit im Sportmanagement abzielen. Den Abschluss bildet der Bereich Sportpädagogik. Hier finden sich die Studiengänge, die Sportlehrer im außerschulischen Bereich ausbilden, also Diplom-Sportlehrer, Lehrer im freien Beruf sowie Sportpädagogen.

5.1 Sportwissenschaften

Überblick

Sport als Wissenschaft ist noch relativ jung. Aber die Bedeutung von ausreichend Bewegung und damit von Sport wird dem modernen Menschen zunehmend bewusster. Breitensport, das heißt Ausgleich zur sitzenden Tätigkeit, welche die meisten Menschen heute ausüben, liegt im Trend – egal ob Skaten, Joggen, Walken oder Trainieren im Fitnessstudio. Und da kommt die Sportwissenschaft ins Spiel. Denn was so viele Menschen bewegt, sollte wissenschaftlich untersucht werden. So wurden im Laufe der Zeit aus den Disziplinen Geschichte, Soziologie, Psychologie und Medizin Teilaspekte herausgelöst und im sportwissenschaftlichen Studium gebündelt. In der Sportwissenschaft werden zum Beispiel Übungen entwickelt, die dem Bewegungsmangel entgegenwirken sollen.

Weiterhin untersucht die Sportwissenschaft die sportlichen Bewegungen des Menschen und deren Auswirkung auf die Individuen und die Gesellschaft. Im Fokus stehen alle gesellschaftlichen Bereiche mit Bezug zum Sport: Schulsport, Freizeitsport, Berufssport, Leistungssport, präventiver und rehabilitativer Gesundheitssport, Behindertensport, Sportorganisation, Sportpolitik und Sportökonomie sowie Sport als Mittel der sozialen Integration und des psychischen Wohlbefindens.

Der Studiengang Sportwissenschaft wird an Universitäten angeboten und kann mit dem Diplom, Magister sowie mittlerweile auch mit dem Bachelor oder Master abgeschlossen werden. Dabei bieten die Hochschulen unterschiedliche Schwerpunkte an. Dementsprechend ist für den Magister, aber auch für manche Bachelorstudiengänge ein eventuelles Zweitfach zu wählen. Es empfiehlt sich in Kombination mit Psychologie, Pädagogik, Soziologie, Politikwissenschaft oder Geographie. Aber auch Wirtschafts- und Rechtswissenschaften sowie Medizin oder Ökotrophologie (Haushalts- und Ernährungswissenschaft) sind eine sinnvolle Ergänzung.

Inhalt und Studienaufbau

Das Studium der Sportwissenschaft steht auf zwei Säulen. Eine Säule ist der theoretische Teil, der sich mit Pädagogik, Didaktik und Methodik des Sports, Psychologie, Medizin, Soziologie und Geschichte des Sports, Bewegungs- und Trainingslehre, Sportstättenbau, Sportverwaltung, Sportpublizistik und Sportrecht auseinander setzt. Die andere ist der praktische Teil, in dem Sportarten wie Leichtathletik, Geräteturnen, Gymnastik und Tanz, Schwimmen, Ballsportarten und Trendsportarten gelehrt werden.

Zunächst werden im Grundstudium des Magister- oder Diplomstudiengangs bzw. im Bachelorstudiengang die Grundlagen der wissenschaftlichen und praktischen Teilbereiche vermittelt. An den meisten Universitäten ist das Grundstudium für alle gleich aufgebaut. Es dient damit auch der Orientierung, denn im Hauptstudium oder in den Masterstudiengängen werden die Grundlagen vertieft und mit individuellen Schwerpunkten ergänzt. Diese variieren je nach Universität oder Fachhochschule. Die gängigsten Spezialisierungen sind:

- Training und Leistung
- Sport und Gesundheit
- Freizeit- und Gesundheitssport
- Leistungs- und Wettkampfsport
- Prävention und Rehabilitation
- Sport im Erwachsenen- und Seniorenalter
- Medien und Kommunikation
- Sport und Informatik

Studienschwerpunkte

Sport ist nicht gleich Sport, denn so unterschiedlich wie die Studienschwerpunkte sind auch die späteren Berufe. Da wäre zunächst die reine Theorie der Sportwissenschaft. Wer sich für diesen Weg entscheidet, der legt in der Regel den Grundstein für eine spätere wissenschaftliche Laufbahn. Allerdings ist dies kein Muss, denn den Absolventen der theoretisch ausgerichteten Studiengänge stehen natürlich auch andere Berufe offen.

Sport und Wort, das vereinen Sportwissenschaftler, die sich auf Medien und Kommunikation spezialisieren. Hier werden zukünftige Sportreporter wie Dieter Kürten oder Gerhard Delling ausgebildet. Aber auch bei Zeitungen, in den elektronischen Medien oder in den Pressestellen von Sportartikelherstellern oder Sportvereinen sind sie zu finden.

Eine kleine Nische besetzen Absolventen, die Sport mit Informatik kombinieren. Sie arbeiten überall dort, wo es Schnittstellen zwischen Sport und der EDV gibt: Zeitmessung oder ähnliche Software, die von Vereinen, Firmen oder dem olympischen Komitee benötigt werden. Auch Technik ist eine Nische, in der Stundenten für die Entwicklung und Produktion von Sportgeräten ausgebildet werden.

Das Gros der Tätigkeiten bereitet jedoch auf Jobs vor, die dann tatsächlich mit Bewegung zu tun haben. Das sind diejenigen Absolventen, die sich direkt oder indirekt mit dem Training verschiedener Gruppen beschäftigen. Sie leiten Menschen an, die ihre Speckröllchen wegtrainieren wollen, nach der Arbeit etwas Spaß und Bewegung haben oder einfach nur fit bleiben wollen. Oder sie trainieren Menschen, die hoch hinauswollen, einen Titel anstreben und deswegen Leistungssport betreiben. Und schließlich schulen sie eine dritte Gruppe, die Sport ausübt, um die Gesundheit zu erhalten oder zu verbessern, also Sport als Rehabilitationsmaßnahme nutzt. Einen Sonderbereich bildet dabei der Schwerpunkt Seniorensport. Auch die Ausbildung an den Hochschulen richtet sich nach dieser Aufteilung, daher sind im Folgenden die Universitäten nach diesen drei Schwerpunkten sortiert. Das soll die Suche nach der geeigneten Hochschule im angestrebten Berufswunsch erleichtern.

Studiendauer und Abschlüsse

Der Abschluss zum Diplom-Sportwissenschaftler ist in der Regel in acht Semestern zu erreichen, Sportwissenschaftler mit einem Magister Artium müssen mit neun Semestern inklusive Prüfungen und Magisterarbeit rechnen. Schneller geht es mit einem Bachelor: Da haben Sportwissenschaftler bereits nach sechs Semestern den ersten Abschluss in der Tasche. Ein darauf aufbauender Masterabschluss nimmt, je nach Hochschule, zwischen zwei und vier Semester in Anspruch.

Zulassungsvoraussetzungen

Eine Studienplatzvergabe für den Diplomstudiengang Sportwissenschaft über die ZVS besteht lediglich in Nordrhein-Westfalen für die deutsche Sporthochschule Köln sowie für die Universität Bochum. Andere Hochschulen haben universitätsinterne Zulassungsverfahren, bei denen sportliche Aktivitäten und ehrenamtliches Engagement bewertet werden. Näheres dazu kann man im Adressteil unter den jeweiligen Hochschulen nachlesen und natürlich auf den Internetseiten der Hochschulen selbst erfahren.

✔ **Zulassungsvorrausetzungen für das Studium der Sportwissenschaft**

- Abitur (allgemein oder fachgebunden)
- Ärztliche Bescheinigung über die volle Sporttauglichkeit
- Bestehen der Eignungsprüfung

Sporteignungsprüfung

Die sportliche Fitness wird an den meisten Hochschulen mittels einer so genannten Sporteignungsprüfung getestet. Nur wer diese erfolgreich ablegt, wird auch zum Studium zugelassen. Diese Prüfung wird von den Bundesländern geregelt und findet je nach Bundesland zentral ein- oder zweimal im Jahr statt. Genaue Informationen erteilen die Hochschulen. Es empfiehlt sich, die Anforderungen frühzeitig in Erfahrung zu bringen, und dann daraufhin zu trainieren. Wer unvorbereitet erscheint, ist oft chancenlos.

Im Allgemeinen werden folgende Disziplinen geprüft:
- Geräteturnen
- Leichtathletik
- Schwimmen
- Spiele
- Gymnastik (nur für Frauen)

Beim Geräteturnen müssen die Bewerber von der Hochschule vorgegebene Übungen absolvieren, in der Leichtathletik werden beispielsweise ein Fünfkampf aus 1000-Meter-Lauf, 2000-Meter-Lauf oder 3000-Meter-Lauf in vorgegebener Zeit, Weit- oder Hochsprung, Kugelstoßen oder Schleuderball verlangt. Beim Schwimmen besteht die Prüfungsleistung aus 100 Metern Brust oder Kraul in einer festgelegten Zeit. Von den vier Spielarten, Basketball, Fußball, Handball und Volleyball müssen Männer drei Spielarten absolvieren, Frauen zwei. Bei der Gymnastik müssen sich die Frauen einer Prüfungsaufgabe ohne Handelement und einer Prüfungsaufgabe mit dem Seil stellen.

5.1.1 Sportwissenschaftliche Theorie

Inhalt

Hier liegt der Fokus auf der wissenschaftlichen Theorie. Das Magisterstudium der Sportwissenschaft an der Uni Freiburg besteht beispielsweise aus fachwissenschaftlichen und fachpraktischen Inhalten. Die beiden Bereiche Sportwissenschaftliche Theorie sowie Theorie und Praxis der Sportarten sind eigenständige Teile des Sportstudiums.

1. Sportwissenschaftliche Theorie
- Geistes- und sozialwissenschaftlicher Disziplinbereich: Sportpädagogik, Sportpsychologie, Sportsoziologie, Sportgeschichte
- Medizinisch-naturwissenschaftlicher Disziplinbereich: Trainingswissenschaft, Bewegungswissenschaft, Biomechanik, Sportmedizin (Funktionelle Anatomie, Leistungsphysiologie, Traumatologie/Orthopädie, Prävention und Rehabilitation)

Ergänzt wird der Bereich der sportwissenschaftlichen Theorie durch Lehrveranstaltungen zu sportwissenschaftlichen Arbeitsmethoden.

2. Theorie und Praxis der Sportarten
- Grundfächer der Sportartengruppe A: Geräteturnen, Gymnastik/Tanz, Leichtathletik, Schwimmen
- Grundfächer der Sportartengruppe B: Basketball, Fußball, Handball, Volleyball
- Sportbereich C: Wahlfächer wie Alpinistik, Fechten, Gymnastik/Tanz, Inlineskating, Judo, Radfahren, Reiten, Spiele, Trampolinturnen, Wassersport, Wintersport etc.

Berufsfelder

Da hier der Schwerpunkt auf der Theorie der Sportwissenschaft liegt, bietet sich für Absolventen in erster Linie eine akademische Laufbahn an. Ansonsten hängt der berufliche Werdegang sehr stark von dem belegten Zweitfach und den gewählten Schwerpunkten ab.

Tätigkeitsbereiche für Sportwissenschaftler:[20]
- Sportverwaltungstätigkeiten
- Leiter- oder Beratertätigkeiten (in Großvereinen, bei der Kommune, bei Krankenkassen, bei Bildungswerken, kirchlichen Einrichtungen, Erwachsenenbildungseinrichtungen, in Sport- und Leistungszentren, in Kliniken mit Rehabilitationseinrichtungen, in Großbetrieben (Betriebssport), in Freizeitsporteinrichtungen und Hotels oder Tourismusunternehmen)
- Angestellter oder selbstständiger Unternehmer (in der Gesundheits- und Freizeitsportindustrie, in der Sportartikelindustrie, bei privaten Sportschulen und Sporteinrichtungen, wie Fitness- und Gesundheitsstudios)
- Tätigkeit als Sportjournalist oder Publizist
- Tätigkeit in der Öffentlichkeitsarbeit, Public Relations

---

[20] vgl. http://www.uni-augsburg.de: Berufe für Magisterabsolventen

Hochschulen

Studienort	Abschluss	Schwerpunkt
U Darmstadt	Magister Artium	Wissenschaftlicher Bereich Kombinierbar z.B. mit BWL, Jura, Erziehungswissen-schaften
U Freiburg	Magister Artium	Je nach Zeitfach
	Bachelor of Arts	Sportwissenschaft als Nebenfach
U Frankfurt a.M.	Magister Artium	Sportwissenschaftliche Theorie
U Gießen	Magister Artium	Je nach Zweitfach
U Göttingen	Magister Artium	Interkulturelle Sportentwicklung, Sportgeschichte
U Halle-Wittenberg	Magister Artium	Je nach Zweitfach
U Hamburg	Magister Artium	Je nach Hauptfach
U Heidelberg	Magister Artium	Sporttheorie (mit besonderer wissenschaftstheoretischer und forschungsmethodischer Akzentuierung)
U Jena	Magister Artium	Theorie und Praxis in drei Sportarten nach Wahl
U Konstanz	Bachelor/ Master of Arts	Spezialisierung in den verschiedenen sportwissenschaft-lichen Disziplinen möglich
U Magdeburg	Magister Artium	Als Haupt- und Nebenfach
U Mainz	Magister Artium	Als Haupt- oder Nebenfach mit einem Schwerpunkt (Behindertensport, Leistungssport, Rehabilitationssport, Alterssport, Fitnesssport)
U Oldenburg	Magister Artium	Sport in sozial- und freizeitpädagogisch orientierten Tätig-keitsfeldern und Einrichtungen Sport in gesundheitlich und therapeutisch orientierten Tätigkeitsfeldern und Einrichtungen
U Saarland	Magister Artium	Als Haupt- oder Nebenfach mit den Schwerpunkten Sport-pädagogik/Psychologie/Soziologie, Bewegungswissen-schaften/Sportmedizin/Training oder Sportgeschichte/Organisation/Recht
U Stuttgart	Magister Artium	Je nach Zweitfach
U Potsdam	Magister Artium	Nur als Nebenfach mit Vertiefung in Sport und Freizeit; Sport und Gesundheit; Sport und Leistung
U Regensburg	Magister Artium	Sportpädagogik mit dem Schwerpunkt Regionale Sport-förderung
U Tübingen	Magister Artium	Je nach Zweitfach
U Wuppertal	Magister Artium (nur Nebenfach)	Je nach Zweitfach. Die Ausbildung findet gemeinsam mit dem Lehramt statt.

5.1.2 Medien und Kommunikation

Inhalt
Wer den Traum vom großen Sportreporter hat, wählt Sportwissenschaft mit dem
Schwerpunkt Medien und Kommunikation. Neben den sportwissenschaftlichen
Grundlagen wie Bewegungs- und Trainingslehre, Empirische Sportpädagogik,
Sportmedizin und Soziologie des Leistungssports stehen in diesem Bereich Lehr-
veranstaltungen wie Medienorganisation und Mediengeschichte, Kommunikati-
onswissenschaften, Sportpublizistik, Sportjournalismus national und internatio-
nal, Ethik und Moral im Sportjournalismus, journalistische Darstellungsformen,
Multimedia und Sport, PR und Werbung im Sport, Medien und Sport sowie eine
Lehrredaktion Sportjournalismus auf dem Studienplan.

Berufsfeld
Sportwissenschaftler mit diesem Schwerpunkt haben ein eindeutiges Berufsbild
und dementsprechende Einsatzfelder:
- Sportjournalist bei Printmedien, Funk und Fernsehen, Nachrichtenagenturen
- Pressereferent bei Vereinen, Verbänden und anderen Sportorganisationen
- Mitarbeiter in der Medien-, Markt- und Meinungsforschung

Allerdings ist derzeitig die Situation auf dem Arbeitsmarkt für Journalisten im Allgemeinen nicht so rosig. Die anhaltende Werbeflaute in den Medien veranlasst die
Verlage und Sender zu Sparmaßnahmen, die auch zulasten der Sportjournalisten
gehen.

Hochschulen		
Studienort	**Abschluss**	**Schwerpunkt**
U Hamburg	Diplom-Sportwissenschaftler	Medien, Journalistik
U Göttingen	Magister Artium	Sportpublizistik
DSHS Köln	Diplom-Sportwissenschaftler	Medien und Kommunikation
U Leipzig	Magister Artium	Sport und Medien
TU München	Bachelor, Master Diplom-Sportwissenschaftler	Sport, Medien und Kommunikation

Adressen
Verband Deutscher Sportjournalisten e.V. (VDS)
Karl-Dillinger-Straße 83, 67071 Ludwigshafen-Oggerheim
Tel. (06 21) 67 18 07 60, E-Mail: office@sportjournalist.de
Internet: http://www.sportjournalist.de

5.1.3 Sport und Informatik/Technik

Auch wenn EDV, Technik und Sport auf den ersten Blick vielleicht nicht viel miteinander zu tun haben, so täuscht dies. Denn der Sport geht beispielsweise bei der Leistungsmessung mit der Informationstechnik oder bei der Entwicklung von neuen Sportgeräten mit dem technischen Fortschritt Hand in Hand. Ziel des Studiums ist es, eine wissenschaftliche, fächerübergreifende Ausbildung anzubieten, die Sportwissenschaft mit Informatik oder Technik kombiniert. Einen hohen Stellenwert nehmen dabei die berufspraktischen Erfahrungen ein, die während des Studiums abzuleisten sind.

Inhalt
Die TU Darmstadt vermittelt neben dem sportwissenschaftlichen Basiswissen in dem Studiengang Informatik Grundlagen von Datenbanksystemen, grafische Datenverarbeitung, Informations- und Datenschutzrecht, EDV in der Sportwissenschaft, Einsatz von Grafik und Animation, Messwertaufnahme und -verarbeitung, Didaktik der EDV oder Software-Ergonomie sowie Trainings- und Wettkampforganisation.
Beim technischen Studiengang in Chemnitz stehen neben der Sportwissenschaft die mathematisch-naturwissenschaftlichen Fächer wie höhere Mathematik, Chemie, Physik und Informatik und die ingenieurwissenschaftlichen Angebote wie Konstruktionslehre, Fertigungslehre, Werkstofftechnik, Elektrotechnik, technische Mechanik, technische Thermodynamik sowie Mess- und Steuerungstechnik auf dem Lehrplan.

Berufsfelder
Einen Job finden die Diplom-Sportwissenschaftler mit dem Schwerpunkt Informatik an den Schnittstellen zwischen Sport und der EDV. Zeitmessung, Stadionsoftware oder auch Trainingssoftware sind die Gebiete, auf denen sie tätig werden. Als Experten planen und prüfen sie den Einsatz der EDV auf allen Gebieten des Sports und können entsprechende Software oder Datenbanken in sportwissenschaftlichen oder sonstigen sportbezogenen Einrichtungen und Organisationen entwickeln und implementieren. Zwischen Softwarehäusern oder Forschungseinrichtungen und Organisationen aus dem Bereich des Sports werden sie als Mittler eingesetzt. Arbeitgeber sind dabei Vereine, Sportartikelhersteller oder auch Olympiastützpunkte.

Daneben gibt es noch die Sportgerätetechniker: Sie entwickeln, erproben, vertreiben oder warten Sportgeräte in den Bereichen Freizeitsport, Gesundheitssport, Leistungssport und Schulsport. Dabei müssen sie die jeweiligen Normen beachten. Sie kennen die Regeln der Sportarten, wissen, was in der Jugend- und Bewegungskultur vor sich geht und sind auf dem neuesten Stand der Werkstoffentwicklung und in puncto Design. Sie prüfen das Material und die Funktion von Sportausrüstungen, konzipieren gerätetechnische Ausstattung von Sporthallen, Sportstätten, Spielplätzen und Freizeitanlagen, und sie entwickeln Gerätesysteme für die Trainings- und Leistungsdiagnostik.

Potenzielle Arbeitgeber für Sportinformatiker und Sportgerätetechniker sind:
- Selbstverwaltungen des Sports (Sportverbände, Sportbünde, große Vereine)
- Einrichtungen des Leistungs- und Freizeitsports (Olympiastützpunkte, Leistungszentren, Freizeitparks, Tourismusbranche)
- Herstellerfirmen von Sport-, Spiel- und Trainingsgeräten sowie sportspezifischen Ausrüstungen
- Forschungseinrichtungen auf dem Gebiet des Sports
- Vertriebs- und Wartungsfirmen von Sportgeräten der öffentlichen Sportverwaltung
- Kommerzielle Sportanbieter wie Rehabilitationskliniken und Gesundheitszentren
- Medien im Sport

Hochschulen		
Studienort	**Abschluss**	**Schwerpunkt**
TU Chemnitz	Magister Artium	Sportwissenschaft im Chemnitzer Modell 2. Hauptfach fakultätsübergreifend: • Automatisierungstechnik • Mathematik • Grafische Technik 2. Hauptfach fakultätsintern: • Informatik • Sportgerätetechnik
TU Darmstadt	Diplom-Sportwissenschaftler	Informatik
U Magdeburg	Diplom-Sportingenieur	Sport und Technik

5.1.4 Freizeit-, Breiten- und Betriebssport

Inhalt
Die folgenden Studiengänge sind auf den Bereich Freizeitsport und Fitness ausgerichtet. Das heißt, die Studierenden lernen neben den sportwissenschaftlichen Grunddisziplinen in weiteren praktischen und theoretischen Lehrveranstaltungen das, was beim Freizeit- und Betriebssport wichtig ist. An der DSHS Köln beispielsweise geht es bei dem Schwerpunkt Freizeit und Fitness um die Bewegungskultur und den Freizeitsport. Dahinter verbergen sich Veranstaltungen über Planung, Organisation und Management von Sportveranstaltungen, Einblicke in die Didaktik der Kreativität sowie Praxis, Methodik und Fachtheorie in den Freizeit- und

Kreativitätsbereichen. Zudem finden lehrpraktische Studien statt. An der Universität Mainz etwa werden im Freizeitsport Sportarten wie Wassersport, Ballspiele, Winter- und Bergsport, kleine Spiele, New Games oder Tanz angeboten.

Berufsfelder
Sportwissenschaftler, die sich auf den Bereich Freizeitsport spezialisiert haben, konzipieren, organisieren und leiten Sportveranstaltungen in Vereinen, Betrieben oder Gesundheitszentren. Sie werden

- Freizeitsportreferenten in Sportverbänden, Sportvereinen, Bildungswerken, Freizeit- und Wohlfahrtsverbänden oder großen Betrieben oder
- Spiel- und Tanzpädagogen in Tanz-, Theater-, Spiel- und Kultureinrichtungen oder
- Mitarbeiter oder Manager im Tourismus, in der Freizeitindustrie (Gesundheits- und Wellnesszentren, Multisportanlagen, Fitnessstudios etc.) sowie in kommunalen Einrichtungen.

Da ihr Einsatzgebiet sehr groß ist, beurteilt Arno Krombholz, Fachberater für den Schwerpunkt Freizeit, Gesundheit und Training an der Universität Bochum, auch die Aussichten auf eine Anstellung nach dem Studium als sehr gut. Derzeit findet eine Verlagerung der Sportangebote vom Gesundheitswesen – hier vor allem der Krankenkassen – hin zur privaten Vorsorge statt. In den vergangenen Jahren sind Sportstudios und Wellnessangebote wie Pilze aus dem Boden geschossen. Immer mehr Hotels und Kuranlagen schreiben sich Wellness auf die Fahnen. Und auch in den Betrieben hat sich ein Bewusstsein für die Bedeutung von Prävention gebildet. Denn schließlich ist es günstiger, den Mitarbeitern ein Freizeitangebot zu bieten und so deren Gesundheit zu unterstützen, als einen Arbeitsausfall auszugleichen. Daher wird die Nachfrage nach Sportwissenschaftlern in diesem Bereich auch in den kommenden Jahren voraussichtlich nicht abreißen.

Hochschulen		
Studienort	**Abschluss**	**Schwerpunkt**
U Bochum	Diplom-Sportwissenschaftler Bachelor/Master (vor. ab SS 2004)	Freizeit, Gesundheit und Training
U Greifswald	Magister Atrium, Bachelor	Tourismus
U Hamburg	Diplom-Sportwissenschaftler	Betrieb, Freizeit, Weiterbildung
U Kiel	Magister Artium	Sport und Freizeit
DSHS Köln	Diplom-Sportwissenschaftler	Freizeit und Kreativität
U Leipzig	Magister Artium	Sport und Freizeit
U Magdeburg	Magister Artium	Training in Freizeit, Betrieb und Verein
U Mainz	Diplom-Sportwissenschaftler	Freizeitsport
U Rostock	Bachelor/Master of Arts	Freizeit und Sport

5.1.5 Leistungs- und Wettkampfsport, Training

Natürlich sind die Studiengänge Freizeit- und Leistungssport nicht voneinander zu trennen. Denn Freizeitsportler werden unter Umständen zu Leistungssportlern, beispielsweise wenn sie dem derzeitigen Modetrend folgen und für einen Marathon trainieren. Auch an den Universitäten gibt es Überschneidungen in Form von Studiengängen mit dem Schwerpunkt Freizeit- und Leistungssport. Wegen ihrer Fokussierung auf den Leistungssport sind solche Studiengänge an dieser Stelle aufgeführt.

Inhalte
Das Grundstudium steht ganz im Zeichen der sportwissenschaftlichen Grundlagen in Theorie und Praxis. Im Hauptstudium findet dann die Spezialisierung auf die Aspekte des Leistungssports statt. Studenten hören etwas über ethische Aspekte von Leistung und Höchstleistung, über die Belastungsgestaltung und Belastungsverträglichkeit, über sportartspezifische Diagnostik und Steuerung sowie über Theorie, Praxis und Methodik ausgewählter Sportarten. Lehrpraktische Studien, Sportpsychologie und Einblick in die Beziehung zwischen Trainer und Athlet im Leistungssport runden das Profil eines zukünftigen Coachs von Leistungssportlern ab.

Berufsfelder und Berufsaussichten
Die Berufsmöglichkeiten reichen von der praktischen Tätigkeit als Trainer in Vereinen, Verbänden und anderen übergeordneten Sportorganisationen, über die planerische und beurteilende Aufgabe als Diagnostiker in wettkampf- und leistungssportlichen Organisationen bis hin zur Bürotätigkeit als Mitarbeiter in der Sportartikelindustrie.

Die DSHS Köln sieht Absolventen des Studienschwerpunktes Training und Leistung in folgenden Berufen:
- Trainer im Verein mit Aufgaben in der Betreuung breiten- und leistungssportlicher Gruppen
- Trainer im Verein mit Aufgaben in der Organisation, Koordination und Konzeption von breiten- und leistungssportlichen Angeboten
- Trainer in Vereinen oder überregionalen Organisationen mit Aufgaben in der Konzeption und Durchführung von Nachwuchsförderprogrammen
- Trainer in übergeordneten Sportorganisationen mit Aufgaben in der Konzeption und organisationsleistungssportlicher Angebote
- Diagnostiker in wettkampf- und leistungssportlichen Organisationen mit Aufgaben in der leistungssportbegleitenden Diagnostik
- Wissenschaftlicher Mitarbeiter in Institutionen mit dem Aufgabengebiet der motorischen Diagnostik und Bewegungsanalyse

- Spezialist bei öffentlichen und kommerziellen Anbietern zur Erstellung individueller Trainingsprogramme
- Wissenschaftlicher Mitarbeiter in der Sport- und Sportartikelindustrie mit Aufgaben in der wissenschaftlichen Optimierung von Sportausrüstungsgegenständen

Ein Blick auf die Trainerbänke von Fußballvereinen oder anderen Leistungsverbänden im Sport zeigt, dass dort in der Regel Menschen sitzen, die sich früher selbst einen Namen auf dem Sportplatz gemacht haben. Berühmtestes Beispiel zurzeit ist wohl Rudi Völler. Für Diplom-Sportwissenschaftler des Schwerpunkts Leistungssport ist es deswegen nicht besonders leicht, eine Vollzeitstelle als Trainer zu bekommen. Sie stehen in Konkurrenz zu den berühmten Exsportlern und den Trainern, die von den Sportfachverbänden ausgebildet werden. Abhilfe schafft da beispielsweise die DSHS Köln. Dort können für Studienleistungen, beispielsweise in der Leichtathletik, Trainerlizenzen oder Teiltrainerlizenzen erworben werden, da viele der dort tätigen Dozenten gleichzeitig Ausbilder bei den Fachverbänden sind.

Hochschulen		
Studienort	**Abschluss**	**Schwerpunkt**
HU Berlin	Diplom	Leistungssport
U Bielefeld	Bachelor of Arts	Individuelle Profilierung im Sport (nur als Nebenfach)
U Jena	Diplom-Sportwissenschaftler	Bewegung und Leistung
	Magister Artium	Sport und Leistung (Fitnesstraining)
DSHS Köln	Diplom-Sportwissenschaftler	Training und Leistung
U Leipzig	Magister Artium	Sport und Leistung
U Mainz	Diplom-Sportwissenschaftler	Leistungssport
TU München	Bachelor, Master Diplom-Sportwissenschaftler	Freizeit- und Leistungssport
U Paderborn	Diplom-Sportwissenschaftler	Breiten- und Leistungssport

5.1.6 Gesundheitsförderung, Prävention und Rehabilitation

Während der Bereich Freizeitsport eher darauf ausgerichtet ist, gesunde Menschen fit zu halten, sind die Studiengänge für Gesundheitsförderung darauf ausgerichtet, Krankheiten vorzubeugen oder zu bekämpfen.

Inhalt
Für Spezialisten im Bereich Prävention und Rehabilitation ist neben den sportwissenschaftlichen Hintergründen in Theorie und Praxis vor allem das medizinische

Wissen über den menschlichen Köper von Bedeutung. So lernen die Studenten die biologischen Grundlagen von Bewegung und Leistung kennen, werfen einen Blick auf die medizinischen Grundlagen eingeschränkter Funktionen und Fähigkeiten, besuchen Veranstaltungen in sportlicher Motorik und Training, erfahren etwas über Lebensstil und Gesundheit und ganz wichtig, erlernen die pädagogisch-didaktischen, psychologischen und soziologischen Methoden von Prävention und Rehabilitation.

Berufsfelder und Berufsaussichten
Absolventen dieses Studiengangs steht das weite Arbeitsfeld „Sport und Gesundheit" offen. Ihre Zielgruppen finden sich im Breiten- und Freizeitsport sowie auf dem Feld der Prävention und Rehabilitation durch Sport. Die tägliche Arbeit besteht darin, Freizeit- und Gesundheitsprogramme von Gemeinden, Verbänden oder Betrieben zu entwickeln, zu organisieren und zu leiten. Potenzielle Berufe sind:

- Sporttherapeut in Sport-, Erholungs-, Kur- und Rehabilitationszentren
- Referent bei Krankenkassen, Verbänden und Beratungsstellen des Gesundheitswesens
- Gesundheitstrainer in Gesundheits- und Fitnesseinrichtungen, Betrieben und Sportvereinen sowie in kommunalen, staatlichen, kirchlichen und privaten Einrichtungen zur Betreuung und Förderung besonderer Zielgruppen (z.B. entwicklungsgehemmte Kinder und Jugendliche, akut und chronisch Kranke, behinderte Menschen, Familien- und Seniorengruppen)

Nach Angaben der DSHS Köln finden 40 Prozent ihrer Absolventen einen Arbeitsplatz im Gesundheitsbereich. Hier ist man auch der Ansicht, dass Prävention und vor allem Rehabilitation in den kommenden Jahren eine steigende Nachfrage erleben werden. Das liegt nicht zuletzt an der demographischen Entwicklung mit einem steigenden Anteil an Senioren, die unter chronischen und degenerativen Erkrankungen leiden.

Hochschulen		
Studienort	**Abschluss**	**Schwerpunkt**
U Augsburg	Magister Artium	Freizeit- und Gesundheitssportarten
HU Berlin	Diplom	Präventions- und Rehabilitationssport
U Bochum	Diplom-Sportwissenschaftler	Prävention und Rehabilitation
U Freiburg	Bachelor of Arts	Bewegungsbezogene Gesundheitsförderung
U Erlangen-Nürnberg	Diplom	Prävention und Rehabilitation
U Göttingen	Magister Artium	Sporttherapie
U Greifswald	Magister Artium, Bachelor	Bewegung und Gesundheit

Studienort	Abschluss	Schwerpunkt
U Hamburg	Diplom-Sportwissenschaftler	Sozialarbeit, Behindertenarbeit, Dritte-Welt-Arbeit
U Heidelberg	Magister Artium	Sport in Prävention und Rehabilitation (Nebenfach, nur zusammen mit Sport als Hauptfach wählbar)
U Jena	Diplom-Sportwissenschaftler	Prävention und Rehabilitation
	Magister Artium	Sport und Gesundheit (Rehabilitation)
U Karlsruhe	Bachelor/Master of Arts	Sport und Gesundheit
U Kiel	Magister Artium	Sport und Gesundheit
U Koblenz	Diplom-Gesundheitsmanager	Management im Gesundheitssport (Aufbaustudium)
DSHS Köln	Diplom-Sportwissenschaftler	Prävention und Rehabilitation
U Leipzig	Magister Artium	Sport und Rehabilitation
U Mainz	Diplom-Sportwissenschaftler	Präventions- und Rehabilitationssport
U Marburg	Magister (nur Nebenfach)	Bewegungspädagogik in der Sozialarbeit Sportmedizinische Projekte
	Diplom (Aufbaustudium)	Motologie
TU München	Bachelor, Master Diplom-Sportwissenschaftler	Präventions- und Rehabilitationssport
U Oldenburg	Magister Artium	Sport in gesundheitlich und therapeutisch orientierten Tätigkeitsfeldern und Einrichtungen
U Osnabrück	Magister Artium	Motopädie Psychomotorik Sport als Therapie
U Potsdam	Diplom	Rehabilitation und Prävention
U Rostock	Bachelor/Master of Arts	Sport und Gesundheit
U Tübingen	Diplom-Sportwissenschaftler	Breiten- und Gesundheitssport
U Würzburg	Aufbaustudiengang	Sport und Gesundheit

5.1.7 Sport für Senioren

Inhalt
Alterssport mit seinen gesundheitlichen, ökonomischen und finanziellen Implikationen erfordert die Ausbildung von speziell geschulten Fachkräften. Daher geht beispielsweise die Universität in Bonn im Schwerpunkt Alterssport auf die besondere Herangehensweise beim Sport für Senioren ein. Die Professoren der sportwissenschaftlichen Fakultät tun dies mit Lehrveranstaltungen über die Theorie und

Praxis altersbezogener Sportbereiche, berichten von den Erkenntnissen und Aspekten im Hinblick auf das menschliche Alter aus der Sicht der Teildisziplinen und von den Methoden und Arbeitsformen der Sportwissenschaft. Zudem führen sie berufsfeldbezogene Studien mit den Studenten durch. Auch die wissenschaftlichen Grunddisziplinen Sportmedizin, Bewegungslehre, Trainingslehre, Sportpädagogik, Sportpsychologie, Sportsoziologie und Sportgeschichte stehen für die zukünftigen Seniorentrainer auf dem Lehrplan.

Berufsfelder und Berufsaussichten
Sportwissenschaftler mit dem Schwerpunkt Alterssport finden überall dort eine Anstellung, wo Fitness für Senioren gefragt ist. Das können Kurbetriebe sein oder auch spezielle Fitnessangebote in Volkshochschulen oder Sportvereinen. Absolventen des Studiengangs dürften gute Berufschancen haben, denn der Studiengang geht speziell auf die Bedürfnisse von Menschen über 60 ein. Diese Bevölkerungsgruppe macht einen zunehmend größeren Anteil unserer Gesellschaft aus. Experten gehen sogar davon aus, dass bis 2030 ein Drittel der Bevölkerung in Deutschland über 60 Jahre alt sein wird. Das bietet gute Zukunftsperspektiven für „Alterssportler".

Hochschulen		
Studienort	**Abschluss**	**Schwerpunkt**
U Bonn in Zusammenarbeit mit DSHS Köln	Diplom- Sportwissenschaftler	Alterssport
U Kiel	Magister Artium	Sport und Alter

 Literatur

Bücher
- **Massow, Martin:** Atlas Gesundheits- und Wellnessberufe. Neue Chancen in der Zukunftsbranche. Über 180 Berufsporträts aus Medizin und Ernährung, Fitness und Freizeit, Schönheit und Pflege. München: Econ, 2001.

Zeitschriften
- **Sportwissenschaft:** Herausgegeben vom Deutschen Sportbund und vom Bundesinstitut für Sportwissenschaft. Hofmann Verlag (Internet: http://www.hofmann-verlag.de)
- **Schriften der Deutschen Vereinigung für Sportwissenschaft.** Verlag: Czwalina. (http://www.tu-darmstadt.de/dvs)

5.2 Sportmanagement/Sportökonomie, Sportverwaltung

Sport bewegt nicht nur den Körper, er bewegt auch Bares – genauer gesagt 30 Milliarden Euro. Diese werden nach Angaben des Münchner Instituts für Freizeitwirtschaft jährlich mit Produkten und Dienstleistungen rund um den Sport umgesetzt. Das fängt bei der Sportbekleidung an, die den modischen Trends unterliegt, geht über Fitnessstudios, in denen die Muskeln gestählt werden, und endet beim samstäglichen Bundesliganachmittag, der einen Blick auf die Sponsorentrikots der Bundesligaspieler freigibt. Und im Sommer kämpft bei der Tour de France das Team Telekom gegen das Gerolsteiner Team. Sport und Wirtschaft sind miteinander verzahnt. Deswegen suchen Sportvereine, Sportorganisationen und die Sportwirtschaft zunehmend betriebswirtschaftlich ausgebildete Fach- und Führungskräfte, die nicht nur im Anzug eine gute Figur machen, sondern auch sportlich bewandert sind. Und genau dort setzen die Fachhochschulen und Universitäten mit den Schwerpunkten Sportmanagement und Sportökonomie an.

Inhalt und Studienaufbau

Die Ausbildung in den Studiengängen Sportökonomie oder Sportmanagement ist zweigleisig. Auf einer Strecke liegen Theorie und Praxis von Sportarten sowie sportwissenschaftliche Inhalte wie Trainingslehre, Sportmedizin, Sportbiologie und Sportpädagogik. Auf der anderen werden wirtschaftswissenschaftliche Zusammenhänge wie Marketing, Unternehmensrechnung, Organisation und Personalwesen sowie Themen aus dem Bereich Rechtswissenschaft gelehrt.

Einen besonderen Weg geht dabei die Fachhochschule Koblenz. Dort wird in Zusammenarbeit mit den Landessportverbänden ein Studium im Praxisverbund angeboten (pro Semester 120 Stunden Praktika in Sportvereinen sowie der Erwerb von Sportlizenzen).

Grundstudium	Hauptstudium
• Mathematik	• Projekt- und Veranstaltungsmanagement
• Informatik	• Vereinsmanagement
• Betriebswirtschaftslehre	• Sportcontrolling
• Volkswirtschaftslehre	• Sportfinanzierung
• Finanz- und Rechnungswesen	• Sportsponsoring
• Recht	• Vereinsrecht
• Einführung Sportmanagement	• Organisation und Führung im Sport
• Sportanlagen- und -gerätekunde	• Sportmarketing/PR
• Sportarten	• Sportcontrolling

Grundstudium	Hauptstudium
• Methoden- und Sozialkompetenz	• Steuerlehre
	• Informatik
	• Recht/Wirtschaftspolitik
	• Sportpädagogik/Sporttourismus
	• Sportarten
	• Methoden- und Sozialkompetenz
	• Internationale Aspekte des Sportmanagements

Studiendauer und Abschlüsse

Acht Semester führen in der Regel zu einem universitären Diplomabschluss in Sportökonomie, für einen Magister mit ökonomischem Schwerpunkt bedarf es neun Semester, ein Bachelor wird in sechs Semestern erreicht und der darauf aufbauende Master in durchschnittlich drei Semestern. An den Fachhochschulen sind acht Semester bis zum Diplom-Kaufmann mit dem Schwerpunkt Sport einzurechnen.

✔ Zulassungsvoraussetzungen

- Abitur (allgemein oder fachgebunden)
- Je nach Hochschule ist auch eine sportpraktische Eignungsprüfung abzulegen (bei der jeweiligen Hochschule zu erfragen)
- Eventuell ein Praktikum (bei der jeweiligen Hochschule zu erfragen)

Arbeitsmarkt und Tätigkeitsfelder

Nach dem Studium erwarten Sportmanager und Sportökonomen Jobs in der Sportindustrie. Vor allem die Bereiche Vertrieb und Verkauf sowie Marketing und Werbung suchen nach den sportlich ausgebildeten Managern. Wer sich für Trends im Sport interessiert, wird sich für eine Position in der Marktforschung erwärmen können. Andere treten vielleicht in die Fußstapfen von ehemaligen Sportlern wie Uli Hoeneß und gehen ins Vereinsmanagement, wo sie mit Sportlern und Sportvereinen verhandeln. Manche Sportökonomen führen auch die Schulung von Vertriebspersonal, Vertriebspartnern und dem Fachhandel durch, wo es darauf ankommt, das entsprechende (sportliche) Image einer Marke zum Ausdruck zu bringen.

In Sportverbänden und -vereinen arbeiten sie als Berater, Planer oder Organisatoren mit den Aufgaben PR oder Sponsoring. Ähnliche Tätigkeiten bieten auch die PR-Abteilungen von Fernsehsendern mit Sportberichterstattung, Sporteventagenturen, Unternehmen des Sporttourismus oder Fitnessstudios.

✔ Mögliche Aufgaben

- Aus- und Fortbildung
- Beratung
- Lehrtätigkeit
- Marketing
- Marktforschung
- Öffentlichkeitsarbeit, Public Relations
- Organisation
- Personalwesen
- Training
- Verkauf
- Vertrieb
- Werbung

Klaus Zieschang, Professor für Sportwissenschaft an der Uni Bayreuth, weiß, dass derzeit nahezu alle Absolventen nach spätestens vier Monaten eine Anstellung finden. Zurzeit kommen die meisten sportökonomischen Absolventen von den Hochschulen Bayreuth, Leipzig und Köln. Das wird sich in naher Zukunft ändern, wenn die ersten Studienabgänger aus Bochum und den anderen Universitäten und Fachhochschulen, die erst kürzlich einen sportökonomischen Studiengang eröffnet haben, auf den Markt drängen. Dann könnte es zu einem Überangebot von Sportökonomen kommen, sodass sich Absolventen wahrscheinlich auch in anderen Branchen umschauen müssen. Es zahlt sich daher aus, besonders den betriebswirtschaftlichen Teil des Studiums zu vertiefen, um sich eine breite Palette an Einsatzmöglichkeiten offen zu halten.

Die Berufsaussichten verbessern sich außerdem, wenn die Studenten während des Studiums mindestens ein Semester im Ausland studiert haben. Denn auch die Sportindustrie ist international tätig. Da Sportökonomie in vielen Personalabteilungen noch nicht so bekannt ist, schreiben wenige Unternehmen ihre Stellen explizit für Sportökonomen aus: Bei der Jobsuche sind daher Eigeninitiative und Blindbewerbungen gefragt.

Nach der Erfahrung der Universität Bayreuth landet etwa ein Drittel der Absolventen in Sportgroßvereinen und Sportverbänden (z.b. Fußball- oder Tennisverbänden), ein weiteres Drittel findet eine Anstellung in der Sportartikelindustrie, etwa fünf bis zehn Prozent arbeiten in den Medien (dabei nehmen die neuen Medien einen großen Stellenwert ein) und zehn bis 15 Prozent landen in Sportagenturen, Eventagenturen und Managementagenturen. Die Berufsaussichten bei Krankenkassen und Krankenversicherungen sind derzeit wegen der Umstrukturierung im Gesundheitswesen nicht so rosig.

Hochschulen

Studienort	Abschluss	Schwerpunkt
U Bayreuth	Diplom-Sportökonom European Master (Euro. M. Sc.)	Health and Fitness Sport Management
HU Berlin	Diplom-Sportwissenschaftler	Sportmanagement
U Bielefeld	Bachelor of Arts Master of Arts(ab WS 2004/05)	Gesundheit und Management Prävention und Management Organisationsentwicklung und Management
U Bochum	Diplom	Sportmanagement
FH Braunschweig/ Wolfenbüttel	Diplom-Kaufmann	Sportmanagement
TU Chemnitz	Magister Artium	Sportwissenschaft im Chemnitzer Modell mit BWL als zweitem Hauptfach
U Göttingen	Magister Artium	Internationales Sportmanagement Sportmanagement
U Heidelberg	Magister Artium	Sportorganisation und Sportökonomie
FH Heilbronn	Diplom-Betriebswirt	Sportmanagement
U Kiel	Magister Artium	Management und Sport
U Karlsruhe	Bachelor/Master of Arts	Gesundheits- und Fitnessmanagement (als Nebenfach)
FH Koblenz	Diplom-Bertriebswirt	Sportmanagement
DSHS Köln	Diplom	Ökonomie und Management
U Leipzig	Magister Artium	Sport und Management
U Mainz	Diplom-Sportwissenschaftler	Ökonomie
TU München	Bachelor, Master Diplom-Sportwissenschaflter	Sportökonomie und Sportmanagement
U Osnabrück	Magister Artium	Sportmanagement
U Potsdam	Diplom	Sportmanagement/Sportverwaltung
U Stuttgart	Diplom Magister Artium	Management im Freizeit- und Gesundheits- sport Management im Leistungs- und Wettkampfsport
U Tübingen	Bachelor/Master	Sportmanagement

📖 **Literatur**

- **Galli, Albert; Gömmel, Rainer; Holzhäuser, Wolfgang u.a. (Hrsg.):** Sportmanagement. Grundlagen der unternehmerischen Führung im Sport aus Betriebswirtschaftslehre, Steuern und Recht für den Sportmanager. München: Vahlen, 2002.
- **Trosien, Gerhard:** Sportökonomie. Ein Lehrbuch in 15 Lektionen. Aachen: Meyer & Meyer, 2003.

5.3 Sportpädagogik/Diplom-Sportlehrer

Im Gegensatz zu den Sportwissenschaftlern und Sportmanagern sind Sportpädagogen sowie Diplom-Sportlehrer hauptsächlich im praktischen Bereich zu Hause. Sie arbeiten als Lehrer außerhalb der Schule und entwerfen, organisieren und führen dabei sportpraktische Angebote im Freizeitsport, in der Sporttherapie oder im Rehabilitationssport durch. Sie sind bei Kinder- oder Jugendfreizeiten für das sportliche Angebot zuständig oder wenden in Kureinrichtungen die neuesten sportwissenschaftlichen Erkenntnisse an. Eine Spezialisierung bietet die Universität Regensburg ihren Studenten mit dem Schwerpunkt „regionale Sportförderung" an. Absolventen dieses Studiengangs entwerfen Sportangebote und Bewegungsmöglichkeiten für Menschen in einer bestimmten Region. Wenn sie im wissenschaftlichen Bereich bleiben wollen, besteht für Diplom-Sportlehrer die Möglichkeit, das sportliche Bewegungshandeln des Einzelnen bezogen auf seine Entwicklung und Lebensgestaltung zu untersuchen.

Inhalt

Am Ende des Studiums der Sportpädagogik sollen die Absolventen in der Lage sein, einen Übungs-, Trainings- und Wettkampfbetrieb selbst leiten oder organisieren zu können. Als Grundlage dafür setzen sie sich in ihrem Studium mit Themen wie etwa Leistungsproblematik, Sport und Freizeit, Sport und Umwelt, Sport und Gesundheit, Interaktion im Sport sowie Sport und Gesellschaft auseinander. Daneben erlernen sie die sportwissenschaftlichen Grunddisziplinen Sportpsychologie, Sportsoziologie, Sportphilosophie, Sportgeschichte, Sportrecht, Sportstatistik und -informatik, Sportmedizin, Diagnostik, Sportmotorik, Sportbiomechanik sowie allgemeine Trainingswissenschaft. Bei den sportpraktischen Veranstaltungen können die Studenten aus Geräteturnen, Gymnastik und Tanz, Leichtathletik, Schwimmen, Judo, Sportspiele, Wasserfahrsport, Touristik und Skilauf wählen. Eine Sportart zu studieren heißt, neben der Praxis natürlich auch, Methodik und Theorie zu lernen.

Um die Studenten auf ihr zukünftiges Arbeitsleben vorzubereiten, gehört an den meisten Universitäten ein Fachpraktikum in Vereinen oder ähnlichen Institutionen zum Bestandteil des Studiums. Die Dauer variiert von Universität zu Universität. Genaue Informationen geben die sportwissenschaftlichen Institute.

Studiendauer und Abschlüsse

Für den Diplom-Sportlehrer ist eine Studienzeit von acht Semestern anzusetzen. Für einen Magister Artium studiert man in der Regel neun Semester.

Schwerpunkte

Wie im sportwissenschaftlichen Bereich gibt es auch in der Sportpädagogik diverse Schwerpunkte:
- Leistungssport
- Rehabilitationssport
- Sporttherapie
- Behindertensport
- Freizeitsport
- Präventions- und Fitnesssport
- Regionale Sportförderung
- Sport in sozial- und freizeitpädagogisch orientierten Tätigkeitsfeldern und Einrichtungen

✔ Zulassungsvoraussetzungen

- Abitur (allgemein oder fachgebunden)
- Ärztliche Bescheinigung über die volle Sporttauglichkeit
- Bestehen der Eignungsprüfung

Berufsfelder und Berufsaussichten

Sportpädagogen leiten, planen und organisieren Sportveranstaltungen für verschiedene Gruppen unterschiedlicher Alters- und Herkunftsstruktur. Daneben stehen lehrende und verwaltende Tätigkeiten in folgenden Einrichtungen zur Auswahl:
- Gesundheitseinrichtungen
- Kur- und Bäderzentren
- Ambulante Rehabilitationszentren
- Kliniken (z.B. Psychiatrische, Psychosomatische, Orthopädische Kliniken)

- Vorschulische Einrichtungen und Frühförderstellen
- Lehr- und Forschungseinrichtungen, Hochschulsport, Dienstsport
- Sportbünde und Sportfachverbände (in Bundes-, Landes- und Territorialstrukturen)
- Sportvereine (Übungs-, Trainings- und Organisationsebenen)
- Staatliche Verwaltungen und Behörden (Ministerien, Regierungs- und Bezirkspräsidien)
- Städtische und kommunale Sporteinrichtungen
- Wirtschaftsunternehmen
- Kommerzielle Sporteinrichtungen

Die Universität Saarbrücken hat in einer Studie die Berufsaussichten für Absolventen mit dem Abschluss Diplom-Sportlehrer untersucht. Etwa 80 Prozent der Absolventen (Abschlussjahr 2001) haben eine Vollzeitbeschäftigung gefunden. Lediglich fünf Prozent waren arbeitslos oder auf Jobsuche. Die anderen hatten laut Studie kein Interesse an der Aufnahme einer Berufstätigkeit. Von den Berufstätigen hatten fast 90 Prozent eine Stelle mit Bezug zu ihrem Studium. Bei 24,5 Prozent von ihnen handelt es sich um eine befristete Beschäftigung. Näheres zu der Studie kann man unter http://www.swi.uni-saarland.de einsehen.

Hochschulen		
Studienort	**Abschluss**	**Schwerpunkt**
U Halle- Wittenberg	Diplom-Sportlehrer (auch als Aufbaustudium)	Prävention/Rehabilitation/Therapie Breiten- und Wettkampfsport
U Oldenburg	Magister Artium	Sport in sozial- und freizeitpädagogisch orientierten Tätigkeitsfeldern und Einrichtungen
U Leipzig	Diplom-Sportlehrer	Leistungssport, Rehabilitationssport, Sporttherapie und Behindertensport Freizeitsport, Breiten- und Präventionssport Sportmanagement
U Saarland	Diplom-Sportlehrer	Präventions- und Rehabilitationssport Breiten- und Freizeitsport Leistungs- und Spitzensport
U Würzburg	Magister Artium	Sportpädagogik

 Literatur

Bücher
- **Balz, Eckart; Kuhlmann, Detlef:** Sportpädagogik. Ein Lehrbuch in 14 Lektionen. Aachen: Meyer & Meyer, 2002.

- **Elflein, Peter:** Sportpädagogik und Sportdidaktik. 2. Auflage. Baltmannsweiler: Schneider Verlag Hohengehren, 2002.
- **Hucht, Margarete; Kunkel, Andreas:** Studienführer Lehramt. Würzburg: Lexika, 2004.

Fachzeitschriften
- **Sportpädagogik.** Verlag: Friedrich (http://www.friedrich-verlag.de)
- **Sportwissenschaft.** Verlag: Hofmann (http://www.hofmann-verlag.de/sw/)
- **Sport Praxis.** Verlag: Leske + Budrich

5.4 Adressen und Links

Hochschulen

Im Folgenden sind die Adressen der Universitäten und Fachhochschulen aufgeführt, die ein sportwissenschaftliches Studium anbieten. Die Informationen sind aus dem WS 2003/04. Es können sich Änderungen ergeben, deshalb ist es ratsam, sich bei den Instituten über die aktuellen Bestimmungen zu erkundigen.

Baden-Württemberg

Albert-Ludwigs-Universität Freiburg im Breisgau
Institut für Sport und Sportwissenschaft der Universität Freiburg, Schwarzwaldstr. 175
79117 Freiburg, Tel. (07 61) 2 03-45 16, E-Mail: studsek@sport.uni-freiburg.de
Internet: http://www.sport.uni-freiburg.de
Studiengang/Abschluss: Sporttherapie, Sportwissenschaften, Bewegungsbezogene Gesundheitsförderung – Bachelor of Arts, Magister Artium
Beginn: Wintersemester
Regelstudienzeit: 6 Semester (Bachelor), 9 Semester (Magister)
Zulassung: hochschuleigenes Zulassungsverfahren
Schwerpunkte: Bewegungsbezogene Gesundheitsförderung (Bachelor Haupt- und Nebenfach), Sporttherapie (Bachelor Nebenfach)
Sporteignungsprüfung: Die Eignungsprüfung erfolgt nach den Vorgaben des Landes Baden-Württemberg und erstreckt sich auf folgende Teilgebiete: Leichtathletik, Schwimmen, Gerätturnen, Spiele, Gymnastik (nur für Bewerberinnen). Der Antrag auf Teilnahme an der Eignungsprüfung ist bis zum 15. Mai beim Institut für Sport und Sportwissenschaft der Universität Freiburg oder beim Institut für Sportpädagogik und Sport der Pädagogischen Hochschule Freiburg einzureichen.

Ruprecht-Karls-Universität Heidelberg
Institut für Sport und Sportwissenschaft, Im Neuenheimer Feld 700, 69120 Heidelberg
Tel. (0 62 21) 4 77-6 05 E-Mail: gt3@urz.uni-heidelberg.de bzw. v99@ix.urz.uni-heidelberg.de
Internet: http://www.issw.uni-heidelberg.de
Studiengang/Abschluss: Sportwissenschaft, Sport in Prävention und Rehabilitation (nur als Nebenfach in Verbindung mit Sportwissenschaft) – Magister Artium
Beginn: Wintersemester
Regelstudienzeit: 9 Semester (8 Semester und ein Prüfungssemester)
Zulassung: Für das Hauptfach besteht ein Numerus clausus. Kriterien sind u.a. bisherige außerschulische Sportaktivitäten und/oder der erfolgreiche Abschluss eines Leistungskurses Sport. Weitere Informationen erteilt das Institut.
Schwerpunkte: Sporttheorie (mit besonderer wissenschaftstheoretischer und forschungsmethodischer Akzentuierung); Sportorganisation und -ökonomie; Sport in Prävention und Rehabilitation
Sporteignungsprüfung: Geräteturnen, Leichtathletik, Schwimmen und Spiele sowie Gymnastik (nur für Frauen). Der Antrag auf Teilnahme ist jeweils bis zum 15. Mai zu stellen.

Fachhochschule Heilbronn – Hochschule für Technik und Wirtschaft, Künzelsau
FH Heilbronn/Standort Künzelsau, Studentensekretariat, Daimlerstr. 35, 74653 Künzelsau
Internet: http://www.fh-heilbronn.de
Studiengang/Abschluss: Betriebswirtschaft mit den Schwerpunkten Kultur- und Freizeitmanagement und Sportmanagement – Diplom-Betriebswirt (FH)
Beginn: Sommer- und Wintersemester
Regelstudienzeit: 8 Semester
Zulassung: FH-interner Numerus clausus
Eignungsfeststellungsverfahren: Test, der die Chancen auf einen Studienplatz erhöht. (Bewerbung zum Wintersemester bis zum 15.07. zum Sommersemester bis zum 15.01.)
Extra: Neben dem Abitur gilt auch ein Testbericht des Studierfähigkeitstests oder/und ein Abschlusszeugnis der IHK einer kaufmännischen Ausbildung.

Universität Karlsruhe
Institut für Sport und Sportwissenschaft, Kaiserstr. 12, 76128 Karlsruhe, Tel. (07 21) 6 08-71 50, Internet: http://www.uni-karlsruhe.de/~sportwiss
Studiengang/Abschluss: Sportwissenschaft, Gesundheits- und Fitnessmanagement – Bachelor of Arts, Master of Arts
Beginn: Wintersemester, Anmeldeschluss: 15. Juli
Regelstudienzeit: 6 Semester (Bachelor), 4 Semester (Master)
Zulassung: Hochschuleigenes Zulassungsverfahren: Ein schriftlicher Bericht, der den bisherigen schulischen, beruflichen und sportlichen Werdegang im Hinblick auf das angestrebte Studium und den angestrebten Beruf darstellt und dabei insbesondere auf außerschulische Aktivitäten (Leistungen und Weiterbildungen) eingeht. Kopien der Zeugnisse, Urkunden und andere Dokumente, die den bisherigen Werdegang belegen.
Schwerpunkt: Sport und Gesundheit
Sporteignungsprüfung: Nach Vorgaben des Landes Baden-Württemberg (siehe Uni Freiburg).

Universität Konstanz
Fachbereich Sportwissenschaft, Postfach D 30, 78457 Konstanz, Tel. (0 75 31) 88 36 51,

Internet: http://www.uni-konstanz.de/FuF/SportWiss
Studiengang/Abschluss: Sportwissenschaft – Bachelor/Master of Arts
Beginn: nur Wintersemester
Regelstudienzeit: 6 Semester (Bachelor), 2 Semester (Master)
Zulassung: Vergabe der 15 Studienplätze durch ein hochschuleigenes Zulassungsverfahren, in das die Abiturnote, sportliche Qualifikation und Erfolge, Trainerlizenzen oder gegebenenfalls ein bewegungsbezogener Beruf eingehen.
Sporteignungsprüfung: Nach der Verordnung des Landes Baden-Württemberg (siehe Uni Freiburg)
Praktika: Im Bachelor- und Masterstudiengang ist während der vorlesungsfreien Zeit jeweils eine mindestens zweimonatige berufspraktische Tätigkeit bei einer der Sportwissenschaft affinen Institution abzuleisten.

Universität Stuttgart
Institut für Sportwissenschaft, Allmandring 28, 70569 Stuttgart, Tel. (07 11) 6 85-31 52
E-Mail: sekretariat@sport.uni-stuttgart.de, Internet: http://www.uni-stuttgart.de/ifs
Studiengang/Abschluss: Sportwissenschaft – Diplom, Magister Artium
Regelstudienzeit: 9 Semester
Zulassung: hochschulinterner Numerus clausus
Schwerpunkte: Management im Freizeit- und Gesundheitssport; Management im Leistungs- und Wettkampfsport
Sporteignungsprüfung: Eignungstest des Landes Baden-Württemberg (siehe Uni Freiburg)
Extra: Im Diplomstudiengang sind 4 Wochen Praktikum im Grundstudium und 8 Wochen im Hauptstudium vorgeschrieben.

Eberhard-Karls-Universität Tübingen
Institut für Sportwissenschaft, Wilhelmstr. 124, 72074 Tübingen
Tel. (0 70 71) 29-7 26 29, E-Mail: monika.raetz@uni-tuebingen.de
Internet: http://medien2.ifs.sozialwissenschaften.uni-tuebingen.de/ifs/index.shtml
Studiengang/Abschluss: Sportwissenschaft – Diplom, Bachelor, Master, Magister
Beginn: Wintersemester
Regelstudienzeit: 8 Semester (Diplom), 6 Semester (Bachelor), 4 Semester (Master), 9 Semester (Magister)
Zulassung: Eignungsfeststellungsverfahren für alle Studiengänge (sportliche Erfolge, Ehrenämter und Ähnliches in Kopie)
Schwerpunkte: Diplom: Breiten- und Gesundheitssport; Bachelor/Master: Sportmanagement
Sporteignungsprüfung: Laufen (100m, 2000m für Frauen, 3000m für Männer); Weitsprung oder Hochsprung, Kugelstoßen oder Schleuderball; Schwimmen (100m Brust oder 100m Kraul); Fußball, Basketball, Volleyball und Handball; Geräteturnen

Bayern

Universität Augsburg
Sportzentrum, Universitätsstraße 3, 86135 Augsburg, Tel. (08 21) 5 98-28 01
Internet: http://www.sport.uni-augsburg.de
Studiengang/Abschluss: Sportwissenschaften – Magister Artium

Beginn: Wintersemester
Regelstudienzeit: 8 Semester
Sporteignungsprüfung: Die Eignungsprüfung in Sport und Sportwissenschaft findet einmal jährlich (Anfang Juli) abwechselnd an den Sportausbildungsstätten der bayerischen Universitäten statt. Schriftliche Anmeldung bis 1. Juni (Ausschlussfrist) beim Sportzentrum der jeweiligen Universität. Eine ausführliche Informationsbroschüre mit den erforderlichen Anmeldeformularen ist ab Ende Februar erhältlich. Es werden grundlegende sportpraktische Fähigkeiten und Fertigkeiten in den fünf Disziplinen Gerätturnen, Gymnastik/Tanz, Spiele, Schwimmen und Leichtathletik überprüft.
Praktika: jeweils vier Wochen Praktikum im Grund- und Hauptstudium.

Universität Bayreuth

Institut für Sportwissenschaft, Universitätsstr. 30, 95440 Bayreuth, Tel. (09 21) 55-34 61
E-Mail: institut.sportwissenschaft@uni-bayreuth.de
Internet: http://www.uni-bayreuth.de/departments/sport
Studiengang/Abschluss: Sportökonomie (Diplom), European Master (Sportmanagement, Health and Fitness), Zusatzausbildung „Gesundheit und Fitness" (Hochschulzertifikat) – Diplom-Sportökonom (Univ.)
Beginn: Wintersemester, Anmeldeschluss 15. Juli
Regelstudienzeit: 8 Semester
Zulassung: hochschuleigenes Zulassungsverfahren
Sporteignungsprüfung: siehe Uni Augsburg
Praktika: Um zur Diplomprüfung zugelassen zu werden, muss ein dreimonatiges Wirtschafts- oder Verwaltungspraktikum in sportbezogenen Einrichtungen nachgewiesen werden.

Friedrich-Alexander-Universität Erlangen-Nürnberg

Institut für Sportwissenschaft und Sport (ISS), Gebbertstr. 123, 91058 Erlangen
Tel. (0 91 31) 85-2 81 90, E-Mail: lydia.schott@sport.uni-erlangen.de
Internet: http://www.sport.uni-erlangen.de
Studiengang/Abschluss: Sportwissenschaft – Diplom
Beginn: Winter- und Sommersemester
Regelstudienzeit: 8 Semester
Schwerpunkte: Sport im Erwachsenen- und Seniorenalter (Prävention und Rehabilitation)
Sporteignungsprüfung: siehe Uni Augsburg

Ludwig-Maximilians-Universität München

Fakultät für Sportwissenschaft, Connollystr. 32, 80809 München
Tel. (0 89) 2 89-2 46 20, -2 46 24, Internet: http://www.sp.tum.de
Studiengang/Abschluss: Sportwissenschaft – Diplom, Bachelor, Master, Magister
Beginn: Wintersemester
Regelstudienzeit: 8 Semester (Diplom), 6 Semester (Bachelor), 3 Semester (Master)
Zulassung: hochschuleigenes Zulassungsverfahren
Schwerpunkte: Freizeit- und Leistungssport; Sport, Medien und Kommunikation; Präventions- und Rehabilitationssport; Sportökonomik und Sportmanagement
Sporteignungsprüfung: siehe Uni Augsburg

Universität Regensburg
Institut für Sportwissenschaft/Sportzentrum, Universitätsstr. 31, 93053 Regensburg
Tel. (09 41) 9 43-25 17, E-Mail: institut.sport@psk.uni-regensburg.de
Internet: http://www.uni-regensburg.de/Einrichtungen/Sportzentrum
Studiengang/Abschluss: Sportwissenschaft – Magister Artium
Beginn: Wintersemester
Regelstudienzeit: 9 Semester
Schwerpunkte: Regionale Sportförderung
Sporteignungsprüfung: siehe Uni Augsburg

Bayerische Julius-Maximilians-Universität Würzburg
Institut für Sportwissenschaft/Sportzentrum, Judenbühlweg 11, 97082 Würzburg
Tel. (09 31) 8 88-65 02, 65 03, E-Mail: sportzentrum@mail.uni-wuerzburg.de
Internet: http://www.uni-wuerzburg.de/sportzentrum
Studiengang/Abschluss: Sportpädagogik (Magister im Haupt- und Nebenfach); **Aufbaustudiengang Sport und Gesundheit** (soll in einen Diplomstudiengang überführt werden – nähere Informationen beim Institut) – Magister Artium, Bachelor of Arts (nur als Nebenfach)
Beginn: Wintersemester
Regelstudienzeit: 9 Semester (Magister), 6 Semester (Bachelor), 2 Semester (Aufbaustudiengang)
Schwerpunkte: Bewegungserziehung/-förderung; Schulsport; Vereinssport; Behindertensport
Sporteignungsprüfung: siehe Uni Augsburg

Berlin

Humboldt-Universität zu Berlin
Institut für Sportwissenschaft, Konrad-Wolf-Str. 45, 13055 Berlin, Tel. (0 30) 20 93-46 30
Internet: http://www2.hu-berlin.de/spowi
Studiengang/Abschluss: Sportwissenschaft – Diplom
Beginn: Wintersemester
Regelstudienzeit: 9 Semester
Zulassung: hochschuleigenes Zulassungsverfahren
Schwerpunkte: Leistungssport oder Präventions- und Rehabilitationssport.
Ergänzungsschwerpunktvarianten: Leistungssport oder Präventions- und Rehabilitationssport sowie Sport und Gesellschaft oder Sportmanagement sowie Sport und Gesellschaft
Sporteignungsprüfung: In der Eignungsprüfung werden Gerätturnen, Gymnastik/Tanz, Leichtathletik, Schwimmen, sowie Sportspiele getestet. Zur Prüfung ist eine so genannte Sporttauglichkeitserklärung mitzubringen.

Brandenburg

Universität Potsdam
Am Neuen Palais 10, 14469 Potsdam, Tel. (03 31) 9 77-11 20
E-Mail: sportpsychologie@rz.uni-potsdam.de, Internet: http://www.uni-potsdam.de/u/sport/index.htm
Studiengang/Abschluss: Sportwissenschaften – Diplom, Magister Artium
Beginn: Winter- und Sommersemester
Regelstudienzeit: 8 Semester (Diplom), 9 Semester (Magister)

Zulassung: hochschulinternes Auswahlverfahren
Schwerpunkte: Diplom: Sportmanagement, Sportverwaltung; Prävention und Rehabilitation.
Magister: Sport und Freizeit; Sport und Gesundheit; Sport und Leistung; Sport und Management
Sporteignungsprüfung: Leichtathletik, Gerätturnen, Schwimmen, wahlweise Basketball, Fußball, Handball oder Volleyball und Bewegung/Gymnastik/Tanz.

Hamburg

Universität Hamburg
Fachbereich Sportwissenschaft, Mollerstr. 10, 20184 Hamburg, Tel. (0 40) 4 28 38-24 74
E-Mail: FB19.Sekretariat@uni-hamburg.de
Internet: http://www.rrz.uni-hamburg.de/sport/welcome.html
Studiengang/Abschluss: Sportwissenschaft als Diplom- Haupt- und Nebenfach sowie als Magisternebenfach – Diplom, Magister Artium
Regelstudienzeit: 9 Semester
Zulassung: hochschuleigenes Zulassungsverfahren
Schwerpunkte: Betrieb, Freizeit, Weiterbildung; Behindertenarbeit, Sozialarbeit, Dritte-Welt-Arbeit; Medien, Journalistik

Hessen

Technische Universität Darmstadt
Institut für Sportwissenschaft, Magdalenenstraße 27, 64289 Darmstadt, Tel. (0 61 51) 16 31 61
E-Mail: institut@ifs.sport.tu-darmstadt.de, Internet: http://www.sport.tu-darmstadt.de
Studiengang/Abschluss: Magisterstudium **Sportwissenschaft** (Haupt- und Nebenfach), Diplomstudiengang **Sportwissenschaft mit Schwerpunkt Informatik**
Beginn: Winter- und Sommersemester (Magister), nur Wintersemester (Diplom)
Regelstudienzeit: 10 Semester (Diplom), 9 Semester (Magister)
Sporteignungsprüfung: Im Diplomstudiengang; die Prüfung findet im Juli statt.
Praktika: Begleitet wird das Diplomstudium von einem vierwöchigen Grundpraktikum, einer siebentägigen Exkursion und einem achtwöchigen Fachpraktikum.

Johann-Wolfgang-Goethe-Universität Frankfurt am Main
Institut für Sportwissenschaften, Ginnheimer Landstraße 39, 60487 Frankfurt am Main
Tel. (0 69) 79 82-45 15, Internet: http://www.sport.uni-frankfurt.de
Studiengang/Abschluss: Sportwissenschaften (Haupt- und Nebenfach) – Magister Artium
Beginn: Wintersemester
Regelstudienzeit: 8 Semester im Hauptfach; im Nebenfach mindestens 4 Semester
Zulassung: hochschulinterner Numerus clausus
Schwerpunkt: Der Schwerpunkt liegt auf sportwissenschaftlich-theoretischen Inhalten. Die Lehrveranstaltungen in der Sportpraxis sind gegenüber anderen sportwissenschaftlichen Studiengängen stark reduziert. Es werden nur zwei Sportarten (je eine im Grund- und Hauptstudium) nach Wahl der Studierenden exemplarisch gefordert.
Sporteignungsprüfung: Nur ärztliche Bescheinigung zur Sporttauglichkeit, die nicht älter als sechs Monate ist.
Praktika: Im Hauptfach Sportwissenschaften müssen zwei Praktika in einem Betrieb und in einem Verein abgeleistet werden: Dauer: jeweils 4 Wochen bzw. 160 Stunden.

Justus-Liebig-Universität Gießen
Institut der Sportwissenschaft, Kugelberg 62, 35394 Gießen, Tel. (06 41) 99-2 52 01
Internet: http://www.uni-giessen.de
Studiengang/Abschluss: Sportwissenschaft (Haupt- und Nebenfach) – Magister Artium
Beginn: Winter- und Sommersemester. Bewerbungsschluss bis zum 15.07. für das Wintersemester
(Studienbeginn im Oktober) und bis zum 15.01. für das Sommersemester (Studienbeginn im
April).
Regelstudienzeit: 9 Semester
Sporteignungsprüfung: keine – aber verpflichtende Leistungen in den Sportdisziplinen

Philipps-Universität Marburg
Institut für Sportwissenschaft und Motologie, Barfüßerstraße 1, 35032 Marburg, Tel. (0 64 21)
28-2 39 63, E-Mail: ifsm@mailer.uni-marburg.de, Internet: http://www.uni-marburg.de
Studiengang/Abschluss: Sportwissenschaft im Magisterstudiengang (Nebenfach); Diplom-Aufbaustudiengang **Motologie**
Beginn: Winter- und Sommersemester
Regelstudienzeit: 9 Semester (Magister), 4 Semester (Diplom-Motologie)
Schwerpunkte: Zusatzqualifikation: Sport mit Sehgeschädigten; Motologie; Bewegungspädagogik
in der Sozialarbeit; sportmedizinische Projekte

Mecklenburg-Vorpommern

Universität Rostock
Institut für Sportwissenschaft, Ulmenstr. 69, 18051 Rostock, Tel. (03 81) 4 98-24 48
E-Mail: sportwissenschaft@philfak.uni-rostock.de, Internet: http://www.uni-rostock.de
Studiengang/Abschluss: Sportwissenschaft – Bakkalaureus Artium; Master of Arts (nur als Hauptfach)
Beginn: Wintersemester
Regelstudienzeit: 6 Semester (Bachelor), 4 Semester (Master)
Zulassung: hochschuleigenes Zulassungsverfahren
Schwerpunkte: Sport und Gesundheit; Freizeit und Sport
Achtung: Zum Wintersemester 2003/2004 wurden keine Studenten für den Bachelor aufgenommen. Die aktuelle Situation sollte beim Institut erfragt werden.

Niedersachsen

Georg-August-Universität Göttingen
Institut für Sportwissenschaften, Sprangerweg 2, 37075 Göttingen, Tel. (05 51) 39 56 53
E-Mail: ifs@sport.uni-goettingen.de, Internet: http://www.sport.uni-goettingen.de
Studiengang/Abschluss: Sportwissenschaft (Haupt- oder Nebenfach) – Magister Artium
Beginn: Winter- und Sommersemester
Regelstudienzeit: 9 Semester
Zulassung: hochschuleigenes Zulassungsverfahren
Schwerpunkte: Interkulturelle Sportentwicklung; Internationales Sportmanagement; Sportgeschichte; Sportmanagement; Sportpublizistik; Sporttherapie

Sporteignungsprüfung: keine, aber überdurchschnittliche Fähigkeiten in mindestens zwei Sportarten

Carl von Ossietzky Universität Oldenburg

Sportwissenschaft, FB 5, Postfach 2503, 26111 Oldenburg, Tel. (04 41) 7 98-31 53
Internet: http://www.uni-oldenburg.de/sport
Studiengang/Abschluss: Sportwissenschaft – Magister Artium
Beginn: Wintersemester
Regelstudienzeit: 9 Semester
Schwerpunkte: Sport in sozial- und freizeitpädagogisch orientierten Tätigkeitsfeldern und Einrichtungen; Sport in gesundheitlich und therapeutisch orientierten Tätigkeitsfeldern und Einrichtungen
Sporteignungsprüfung: keine, aber Nachweis des Deutschen Sportabzeichens

Universität Osnabrück

Fachbereich Erziehungs- und Kulturwissenschaften, Sport/Sportwissenschaft, Jahnstr. 41
49069 Osnabrück, Tel. (05 41) 9 69-42 97, E-Mail: uthiemann@Uni-Osnabrueck.de
Internet: http://www.uni-osnabrueck.de
Studiengang/Abschluss: Sportwissenschaft (Magisterhauptfach) – Magister Artium
Beginn: Wintersemester
Regelstudienzeit: 9 Semester
Zulassung: Vergabe der sechs Studienplätze über die Uni
Schwerpunkte: Sportmanagement; Motopädie, Psychomotorik, Sport als Therapie

Nordrhein-Westfalen

FH Braunschweig/Wolfenbüttel

Fachbereich Medien, Sport- und Tourismusmanagement, Karl-Scharfenberg-Str. 55–57
38229 Salzgitter (Calbecht), Tel. (0 53 41) 8 75-6 01, E-Mail: B.Hoetzel@FH-Salzgitter.de
Internet: http://www.fh-wolfenbuettel.de
Studiengang/Abschluss: Sportmanagement – Diplom-Kaufmann (FH)/Diplom-Kauffrau (FH)
Beginn: Wintersemester, Bewerbungsschluss ist jeweils der 15. Juli
Regelstudienzeit: 8 Semester (einschließlich zwei integrierter Praxissemester und Diplomarbeit)
Schwerpunkte: Sportanbieter oder Sportvermarktung
Praktika: Ein 12-wöchiges Vorpraktikum ist vor Beginn des Hauptstudiums nachzuweisen.

Universität Bielefeld

Abteilung Sportwissenschaft, Universitätsstraße 25, 33615 Bielefeld, Tel. (05 21) 1 06-61 16
E-Mail: sportwissenschaft@uni-bielefeld.de, Internet: http://www.uni-bielefeld.de/sport
Studiengang/Abschluss: Sportwissenschaft – Bachelor of Arts, Master of Arts
Beginn: Wintersemester
Regelstudienzeit: 6 Semester (Bachelor), 4 Semester (Master)
Zulassung: Hochschulinterne Zulassungsbeschränkung
Schwerpunkte: Bachelor: Gesundheit und Management (Ein-Fach-Bachelor, außerschulisch); individuelle Profilierung im Sport (nur als Nebenfach). Master: Prävention und Management (geplant ab WS 2004/05); Organisationsentwicklung und Management (geplant ab WS 2004/05).

Sporteignungsprüfung: keine, aber ärztliche Bescheinigung über Sporttauglichkeit bei Einschreibung und studienbegleitende sportpraktische Eignungsprüfung

Ruhr-Universität Bochum
Fakultät für Sportwissenschaften, Stiepeler Straße 129, 44780 Bochum, Tel. (02 34) 32-2 77 93
E-Mail: sportwiss-dekanat@ruhr-uni-bochum.de
Internet: http://sposerver.sportdekanat.ruhr-uni-bochum.de
Studiengang/Abschluss: Sportwissenschaft – Diplom
Beginn: Winter- und Sommersemester
Regelstudienzeit: 8 Semester
Zulassung: Bewerbung über die ZVS
Schwerpunkte: Sportmanagement; Freizeit, Gesundheit, Training; Prävention und Rehabilitation
Sporteignungsprüfung: Eignungstest an der Uni
Praktika: Enthält berufspraktische Ausbildung durch Hospitationen, Lehrversuche und Praktika.

Uni Bonn
Institut für Sportwissenschaft und Sport, Nachtigallenweg 86, 53127 Bonn
Tel. (02 28) 9 10 18 13, E-Mail: sportinstitut@uni-bonn.de
Internet: http://www.sportinstitut.uni-bonn.de
Studiengang/Abschluss: Sportwissenschaft – Diplom
Regelstudienzeit: siehe Deutsche Sporthochschule Köln
Zulassung: siehe Deutsche Sporthochschule Köln
Schwerpunkte: Alterssport
Hinweis: Der Studiengang findet in Zusammenarbeit mit der DSHS statt. Das Grundstudium Sportwissenschaften wird in Köln absolviert. Wer im Hauptstudium den Schwerpunkt „Alterssport" wählt, kommt dann nach Bonn. Langfristig wird erwogen, nach Einführung der Bachelor- und Masterstudiengänge einen Masterstudiengang „Alterssport" einzuführen.

Deutsche Sporthochschule Köln (DSHS)
50927 Köln, Tel. (02 21) 49 82-0, E-Mail: info@dshs-koeln.de
Internet: http://www.dshs-koeln.de
Studiengang/Abschluss: Sportwissenschaft; Zusatzqualifikationen: **Europäische Sportstudien, Sport- und Umweltmanagement, Sportinformatik, Sportförderunterricht** – Diplom-Sportwissenschaftler
Beginn: Winter- und Sommersemester
Regelstudienzeit: 8 Semester
Zulassung: Bewerbung über die ZVS
Schwerpunkte: Training und Leistung; Freizeit und Kreativität; Prävention und Rehabilitation; Ökonomie und Management; Medien und Kommunikation; Alterssport (in Zusammenarbeit mit der Universität Bonn)
Sporteignungsprüfung: Bewerbungsschluss 15. Januar für das Sommersemester, Mitte Juni für das Wintersemester
Hinweis: Spätestens bis 2005/06 plant die DSHS Köln die Umstellung auf Bachelor- und Masterstudiengänge. Dabei soll auch ein Masterstudiengang Alterssport eingerichtet werden.

Universität Paderborn
Wartburgerstr. 100, 33095 Paderborn, Tel. (0 52 51) 60 30 84
Internet: http://sport.uni-paderborn.de

Studiengang/Abschluss: Sportwissenschaft, Sport und Gesundheit – Diplom-Sportwissenschaftler, Bachelor of Science in Exercise and Health Master of Science in Exercise and Health
Beginn: Wintersemester
Regelstudienzeit: 8 Semester
Schwerpunkte: Training und Gesundheit im Breiten- und Leistungssport (Diplom)
Sporteignungsprüfung: Geprüft werden die Leistungen in Leichtathletik; Schwimmen; Turnen und einem Mannschaftsspiel.

Bergische Universität Wuppertal
Betriebseinheit Sportwissenschaft und Allgemeiner Hochschulsport im Fachbereich 3
Fuhlrottstraße 10, 42097 Wuppertal, Tel. (02 02) 4 39 20 09,
Internet: http://www2.uni-wuppertal.de/FB3/sport/welcome.html
Studiengang/Abschluss: Sportwissenschaft (als Magisternebenfach) – Magister Artium
Beginn: Sommer- und Wintersemester
Regelstudienzeit: 9 Semester

Rheinland-Pfalz

Universität Koblenz-Landau
Campus Koblenz – Institut für Sportwissenschaft, Universitätsstr. 1, 56070 Koblenz
Tel. (02 61) 2 87-24 00, Internet: http://www.uni-koblenz.de/sport
Campus Landau – Institut für Sportwissenschaft, Fachbereich 7: Naturwissenschaften, Im Fort, 76829 Landau, Tel. (0 63 41) 2 80-2 46, E-Mail: isw@uni-landau.de
Internet: http://www.uni-landau.de/~sport
Studiengang: Magisterstudiengang **Sportwissenschaft** (Haupt- und Nebenfach)
Beginn: Sommer- und Wintersemester; Bewerbung für das Wintersemester bis zum 15. Juli, für das Sommersemester bis zum 15. Januar
Regelstudienzeit: 9 Semester
Hinweis: Der Studiengang wird voraussichtlich eingestellt. Nähere Informationen beim Institut.

Zentrum für Fernstudien und universitäre Weiterbildung der Uni Koblenz
Zentrum für Fernstudien und Universitäre Weiterbildung, Postfach 201 602, 56016 Koblenz
Tel. (02 61) 2 87-15 71, E-Mail: gesundheit@uni-koblenz.de
Internet: http://www.zfuw.uni-koblenz.de/MiG_info.html
Studiengang/Abschluss: Fernstudiengang Management im Gesundheitssport – Diplom-Gesundheitsmanager
Beginn: erstmalig Sommersemester 2004
Regelstudienzeit: 5 Semester (inkl. 1 Semester für die Diplomarbeit)
Zulassung: Abgeschlossenes Hochschulstudium in den Studienrichtungen: Sportwissenschaften, Sozialpädagogik, Lehramt oder Erziehungswissenschaften sowie der Abschluss eines ökonomischen, juristischen oder medizinischen Studiengangs. Berufspraxis ist von Vorteil.
Schwerpunkte: Anwendung bewegungswissenschaftlicher Erkenntnisse; Ökonomie und Organisation; Kommunikation; Gesundheits- und bewegungswissenschaftliche Theorien; Gesellschaftspolitische und rechtliche Grundlagen; Präsenzphasen und Projektstudien
Hinweis: Die Lehrmaterialien (Studienbriefe) sind als dialogfähige Onlinedokumente auf den Internetseiten abrufbar. Die Studierenden erhalten durch ein persönliches Passwort Zugang zu den

Materialien. Für die Teilnahme am ersten Durchlauf (Matrikel) ist ein Entgelt von 210 Euro (+ Sozialbeitrag) zu entrichten.

FH Koblenz

RheinAhrCampus der FH Koblenz, Fachbereich Betriebs- und Sozialwirtschaft, Südallee 2 53424 Remagen, Tel. (0 26 42) 9 32-2 98, Internet: http://www.rheinahrcampus.de
Studiengang/Abschluss: Sportmanagement – Diplom-Betriebswirt (FH)
Beginn: Wintersemester, Anmeldeschluss ist jeweils der 15. Juli
Regelstudienzeit: 8 Semester
Zulassung: hochschuleigenes Zulassungsverfahren
Hinweis: Es findet eine sehr enge Zusammenarbeit mit dem Deutschen Sportbund und den Sportbünden Rheinland-Pfalz und Nordrhein-Westfalen statt. Die Studenten erwerben neben dem Diplom der Hochschule zugleich die Übungs- und Organisationsleiterlizenzen des Deutschen Sportbundes.
Es ist geplant, einen Bachelor of Business Administration/Sportmanagement und einen Master of Arts and Business einzuführen. Näheres erfährt man bei der FH.

Johannes-Gutenberg-Universität Mainz

Fachbereich Sport, Albert-Schweitzer-Straße 22, 55099 Mainz, Tel. (0 61 31) 39 23-5 06
E-Mail: dekanat.sport.@uni-mainz.de, Internet: http://www.sport.uni-mainz.de
Studiengang/Abschluss: Sportwissenschaft – Diplom, Magister Artium
Beginn: Winter- und Sommersemester
Regelstudienzeit: 9 Semester (Magister), 8 Semester (Diplom)
Schwerpunkte: Diplom: Freizeitsport; Leistungssport; Prävention und Rehabilitation; Ökonomie (ab SS 2004). Magister: Behindertensport; Leistungssport; Rehabilitationssport; Alterssport; Fitnesssport
Sporteignungsprüfung: Die Prüfung findet jeweils im April und November statt.

Saarland

Universität des Saarlandes

Sportwissenschaftliches Institut, Im Stadtwald, 66041 Saarbrücken, Tel. (06 81) 3 02-25 04
E-Mail: karthein@mx.uni-saarland.de, Internet: http://web.swi.uni-saarland.de/swi
Studiengang/Abschluss: Sportwissenschaft (Magister: Haupt- und Nebenfach) – Magister Artium, Diplom-Sportlehrer
Regelstudienzeit: 8 Semester (Diplom), 9 Semester (Magister)
Zulassung: hochschuleigenes Zulassungsverfahren
Schwerpunkte: Magister: Sportpädagogik/Psychologie/Soziologie; Bewegungswissenschaften/Sportmedizin/Training; Sportgeschichte/Organisation/Recht.
Diplom: Präventions- und Rehabilitationssport; Freizeit- und Leistungssport.
Sporteignungsprüfung: Vor Aufnahme des Studiums wird eine Sporteignungsprüfung gefordert (Anmeldung bis 31. Mai).

Sachsen

Technische Universität Chemnitz
Thüringer Weg 11, 09126 Chemnitz, Tel. (03 71) 5 31-45 36
E-Mail: baerbel.schaedlich@phil.tu-chemnitz.de
Internet: http://www.tu-chemnitz.de/phil/sportwissenschaft
Studiengang/Abschluss: Sportwissenschaft – Magister im Hauptfach und Nebenfach
Beginn: Wintersemester
Regelstudienzeit: 9 Semester
Sporteignungsprüfung: Alle Bewerber nehmen am Konditionstest teil, der aus Klimmziehen, Standweitsprung, Seilspringen, Umkehrlauf und Cooperlauf besteht. Für das Magisterhauptfach müssen zwei Sportarten, für das Magisternebenfach eine ausgewählte Sportart nachgewiesen werden.

Universität Leipzig
Sportwissenschaftliche Fakultät, Jahnallee 59, 04109 Leipzig, Tel. (03 41) 97-3 16 00, -01
E-Mail: spodekan@rz.uni-leipzig.de, Internet: http://www.uni-leipzig.de/~sportfak/sport.htm
Studiengang/Abschluss: Sportwissenschaft (als Diplomhauptfach und als Magisterhaupt- und nebenfach) – Diplom-Sportlehrer, Magister Artium
Beginn: Wintersemester, Bewerbung bis Mitte Juli
Regelstudienzeit: 8 Semester (Diplom), 9 Semester (Magister)
Zulassung: örtlicher Numerus clausus für Diplom und Magister als Hauptfach
Sporteignungsprüfung: für alle Studiengänge

Sachsen-Anhalt

Martin-Luther-Universität Halle-Wittenberg
Institut für Sportwissenschaft, 06099 Halle (Saale), Tel. (03 45) 55-2 44 21,
E-Mail Steinecke@sport.uni-halle.de, Internet: http://www.sport.uni-halle.de
Studiengang/Abschluss: Sportwissenschaft – Diplom-Sportlehrer (auch als Aufbaustudium), Magister Artium (Haupt- und Nebenfach)
Beginn: Wintersemester
Regelstudienzeit: 8 Semester (Diplom), 9 Semester (Magister), 4 Semester (Aufbaustudium)
Sporteignungsprüfung: Gerätturnen, Gymnastik/Tanz (nur Frauen), Leichtathletik, Schwimmsport und Sportspiele
Hinweis: Eine Einführung von Bachelor- und Masterstudiengängen ist geplant. Nähere Informationen erteilt die Universität.

Otto-von-Guericke-Universität Magdeburg
Institut für Sportwissenschaft, Stresemannstr. 23, 39104 Magdeburg, Tel. (03 91) 67 14 720
E-Mail: ispw@gse-w.uni-magdeburg.de, Internet: http://www.uni-magdeburg.de/ispw
Studiengang/Abschluss: **Sport und Technik** (Diplom-Sportingenieur), **Sportwissenschaft** (Magister im Haupt- und Nebenfach)
Beginn: Wintersemester (Diplom), Winter- und Sommersemester (Magister)
Regelstudienzeit: 9 Semester
Sporteignungsprüfung: Konditionstest, Bewegungskoordinationstest und Spielfähigkeitstest

Schleswig-Holstein

Christian-Albrechts-Universität zu Kiel
Institut für Sport und Sportwissenschaften, Olshausenstraße 74, 24098 Kiel
Tel. (04 31) 8 80-3750, Internet: http://www.uni-kiel.de/sport
Studiengang/Abschluss: Sportwissenschaft (Haupt- und Nebenfach) – Magister Artium (Bachelor/Master in Vorbereitung)
Beginn: Wintersemester, Bewerbung bei der Universität bis zum 15. Juli
Regelstudienzeit: 8 Semester
Zulassung: hochschuleigenes Zulassungsverfahren
Schwerpunkte: Sport und Gesundheit; Sport und Freizeit; Sport und Alter; Management und Sport
Sporteignungsprüfung: Es werden Ausdauer, Kraftausdauer, Schnellkraft, Koordination unter Präzisionsanforderungen und Koordination unter Zeitdruck geprüft.

Thüringen

Friedrich-Schiller-Universität Jena
Institut für Sportwissenschaft, Seidelstraße 20, 07749 Jena, Tel. (0 36 41) 94 56 00
Internet: http://www.uni-jena.de/Institut_für_Sportwissenschaft.html
Studiengang/Abschluss: Sportwissenschaften – Diplom, Magister Artium
Beginn: Wintersemester
Regelstudienzeit: 8 Semester (Diplom), 9 Semester (Magister)
Schwerpunkte: Diplom: Prävention und Rehabilitation; Bewegung und Leistung. Magister: Sport und Gesundheit (Rehabilitation); Sport und Leistung (Fitnesstraining); Theorie und Praxis in drei Sportarten nach Wahl.
Sporteignungsprüfung: Diplom: Gerätturnen, Leichtathletik, ein Mannschaftsspiel – wahlweise Basketball, Fußball, Handball oder Volleyball, ein Rückschlagspiel – wahlweise Badminton, Tennis oder Tischtennis. Magister: Die Eignungsfeststellung erfolgt wahlweise in einer der zwei aufgeführten Grundsportarten, ergänzt durch eine weitere Sportart aus den Mannschafts- oder Rückschlagspielen.

Verbände und Institutionen

Arbeitsgemeinschaft für Sportpsychologie (asp)
Deutsche Sporthochschule Köln – Psychologisches Institut für Sportwissenschaft
Carl-Diem-Weg 6, 50933 Köln
Tel. (02 21) 49 82-5 72, E-Mail: kleinert@asp-sportpsychologie.org
Internet: http://www.asp-sportpsychologie.org

Arbeitskreis Sportökonomie e.V.
Bundesinstitut für Sportwissenschaft
Postfach 17 01 48, 53027 Bonn
Tel. (0 18 88) 6 40-90 00, E-Mail: martin-peter.buech@bisp.de
Internet: http://www.ak-spooek.de

Bundesinstitut für Sportwissenschaft
Postfach 170148, 53027 Bonn
Tel. (0 18 88) 6 40-0, E-Mail: info@bisp.de
Internet: http://www.bisp.de

Bundesverband der Deutschen Sportartikelindustrie e.V. (BSI)
Postfach 11 60, 53581 Bad Honnef
Tel. (0 22 24) 7 63 81, E-Mail: sportinfo@bsi-ev.de
Internet: http://www.bsi-ev.de

Deutscher Sportbund (DSB)
Otto-Fleck-Schneise 12, 60528 Frankfurt
Tel. (0 69) 6 70 00, E-Mail: dsb-info@dsb.de
Internet: http://www.dsb.de

Deutscher Sportlehrerverband e.V. (DSLV)
Stettiner Straße 4, 34225 Baunatal
Tel. (0 56 01) 96 03 77, E-Mail: dslvbaunatal@aol.com
Internet: http://www.DSLV.de

Deutscher Sportstudio Verband e.V.
Bremer Straße 201b, 21073 Hamburg
Tel. (0 40) 7 66 24 00, E-Mail: dssv@dssv.de
Internet: http://www.dssv.de

Deutsche Vereinigung für Sportwissenschaft e.V. (DVS)
Postfach 73 02 29, 22122 Hamburg
Tel. (0 40) 67 94 12 12, E-Mail: dvs.Hamburg@t-online.de
Internet: http://www.tu-darmstadt.de/dvs

Führungs-Akademie des Deutschen Sportbundes e.V.
Stadthaus, Willy-Brandt-Platz 2, 50679 Köln
Tel. (02 21) 2 21-2 20 13, E-Mail: info@fuehrungs-akademie.de
Internet: http://www.fuehrungs-akademie.de

Verband Deutscher Fitness- und Freizeitunternehmen e.V. (VDF)
Ruhlaer Straße 28, 14199 Berlin
Tel. (0 30) 83 22 30 36, E-Mail: info@fitnessverband.de
Internet: http://www.fitnessverband.de

Verband Deutscher Sportfachhandel e.V. (VDS)
Postfach 34 80, 65024 Wiesbaden
Tel. (06 11) 99 00 50, E-Mail: vds-wiesbaden@t-online.de
Internet: http://www.sportpress.de/vds.htm

@ Links

- http://www.sportberufe.de (Jobs und Informationen zu neuen beruflichen Tätigkeitsfeldern, zu Studiengängen und Zusatzausbildungen, zur Studiengestaltung und zu aktuellen Ereignissen)
- http://www.dsb.de (Homepage des Deutschen Sportbunds)
- http://www.dvs-sportwissenschaft.de (Homepage der Deutschen Vereinigung für Sportwissenschaft e.V.)
- http://www.bisp.de (Homepage des Bundesinstituts für Sportwissenschaft)
- http://www.ist.de (Webseite des Instituts für Sport, Freizeit und Touristik. Hier finden sich Informationen zu Weiterbildungen des Instituts sowie eine Jobbörse)
- http://www.tu-darmstadt.de/dvs/information_adressen/inst_d.html (Liste der sportwissenschaftlichen Institute in Deutschland)
- http://www.sportpaedagogik-online.de (Sportpädagogisches Nachschlagewerk und Diskussionsforum)